乒乓球运动教程

Table Tennis

《乒乓球运动教程》编写组　编

北京体育大学出版社

序

人才培养是高等学校的根本任务，对处于学校工作中心地位的教学工作来说，其质量建设是高等学校的永恒主题。作为传授知识、掌握技能、提高素质的载体，教材在人才培养过程中起着非常重要的作用，是高等学校提高教学质量，促进内涵发展的有力抓手。

一本好的教材，不仅要充分体现教材应有的基础性、示范性和权威性，还要正确把握教学内容和课程体系的改革和创新方向，充分反映学科的教育思想观念、人才培养模式以及教学科研的最新成果，集中展现教材体系的创新，教材内容的更新和教学方法、手段的革新，善于处理好理论与实践、继承与创新、广度与深度、知识与技能、利学与利教的关系，成为开拓学生视野、引导学生探索、鼓励学生奋进的学业与人生兼备的“工具书”。

从中央体育学院到北京体育学院再到北京体育大学，这60年的办学历程，是继承发展的60年，是改革创新的60年，也是教材建设硕果累累的60年。学校不断探索教材建设的内在规律，引领高等体育教育教材建设的创新之路，发展了具有自身特色的教材体系，形成了特色鲜明的三个发展阶段。第一阶段是在上世纪50年代至60年代，我校教师在苏联专家的指导下，制定和编写了各专业的教育计划、大纲和主要教材。这批教师在主持和参与1961年国家体委组织的体育院校18门课程教材编著工作中发挥了重要作用；而这批教材也成为我国独立编写的、对苏联教材模式有所突破的第一批体育院校教材。第二阶段是上世纪70年代末至90年代，我校教师在大量承担第二次重编体育院校教材牵头组织工作的同时，针对学校“三结合”的办学目标和人才培养模式，开始了多学科、多专业的自编教材建设。第三阶段是进入21世纪以后，特别是国家体育总局于2002年下拨教材建设专款480万元之后，我校教材建设在数量和质量上都取得了重大突破。至2010年共立项建设了涵盖我校各专业课程的187项教材，其中有4项教材获得国家级优秀（精品）教材称号，14项教材获得北京市精品教材称号。可以说上述三个阶段的发展，使我校教材建设水平达到了一个空前的高度，为高等体育人才的培养发挥了重要的作用。

为全面提高高等体育教育质量，深化高等体育教育教学改革，继续加强体育学精品教材建设，2012年初，在北京体育大学教学指导与教材建设委员会的具体指导下，我们启动了高等教育体育学精品教材建设工程。学校遴选教育部新颁布的体育学类所属的体育教育、运动训练、社会体育指导与管理、武术与民族传统体育、休闲体育、运动康复、运动人体科学 7 个本科专业的部分基础课程和主干课程开展精品教材建设。我们整合了全校的优质资源，组织专家、教授全程参与教材的规划、编写、初审、终审等过程。按照精品教材的要求，以优秀的教学团队编写优质的教材，出精品、出人才为建设思路，编委会优选学术水平与教学水平兼备、具有创新精神的专家、教授担任教材主编，组织优秀教学团队成员参与教材编写；精确定位教材适用对象，准确把握专业知识结构、能力结构和综合素质要求，深刻领会课程内涵，简洁洗练地表达知识点、能力点和素质点；融入最新的教改成果和科研成果，吸收国外优秀教材的先进理念和成果，创新利于学生自学和教师讲授的教材体例；学校还投入专项资金，对教材进行一体规划、一体设计、一体编审；为全力保证教材编写质量，北京体育大学出版社资深编辑深度介入教材编写的所有环节。当这批教材展现在读者面前时，我们充满了期待。

岁月如流，薪火相传。60 年的教材建设成绩斐然，推动着体育学教材建设步入新的起点、站在新的高度。展望未来，一批批体育学精品教材将随世界一流体育大学的建设进程应运而生，不仅在学校内涵式发展的改革进程中发挥重要作用，而且在全国高等体育院校人才培养中做出积极贡献，在高等教育教材建设中留下浓墨重彩的一笔。

北京体育大学校长

校教学指导与教材建设委员会主任

2013 年 9 月

北京体育大学高等教育体育学精品教材编委会

教材编写组

组　长：唐建军

副组长：刘丰德

成　员（以姓氏笔画为序）：

于　洋　牛剑锋　刘丰德

张瑛秋　唐建军

前 言

《乒乓球运动教程》作为体育院系开设的乒乓球课程的教材，适用于体育教育、运动训练、社会体育专业乒乓球专项训练课和其他各专业乒乓球选修课。可以根据乒乓球教学训练大纲要求和学时，在教学内容上进行选择。

如何使学生获得最大的收益？这个问题是教材编写的首要问题。

我们给乒乓球运动教程编写定了两个目标：（1）给读者提供一种系统地认识乒乓球运动项目的理论视角，建立一个比较完整的乒乓球理论体系；（2）给读者提供内容丰富并反映乒乓球项目技术发展前沿、适宜于乒乓球教学训练使用的有特色的教材。

在教材编写的体系上，把乒乓球项目所涉及的内容在技术论的基础上统一起来，使乒乓球运动在理论上形成一个有机整体。

乒乓球运动的教学训练过程是技能传授的过程，它涉及到三个相互关联的内容，即技术工具的掌握（第二章、第三章），围绕着技术工具掌握所必须学习的技术知识（第一章），以及在技术知识指导下，为有效、合理地掌握技术工具所采用的技术方法（第四章至第七章）。这样，乒乓球教材体系的逻辑结构更为严谨，不同内容之间关系更为清楚，这有助于在教学过程中，不仅强调使学习者详见“树木”，还突出要纵观“森林”。

教材的每一章都有教学提示，对学习的主要内容和目的进行提示；章末有学习要点和思考题，帮助学生对重点学习内容的理解及运用。同时还提供了主要参考书目，便于学生进一步地学习。将具有较高水平的研究成果和学术观点引进了教材中，可以激发读者进行学术追问的兴趣，培养学习者理论探究意识和能力，使教材在乒乓球科学研究新成果、新知识的引进方面与教学训练中的启发式实践活动能够比较好地结合起来。教材还安排不同类型的小专栏、比赛案例以及教学示例等等，把专家和优秀教练员、运动员丰富的知识、经验提供给学习者，拓展其知识视野，加深其对乒乓球技术的认识和体会。

本教材是由北京体育大学乒乓球教研室唐建军教授负责并完成统稿定稿工作。教材第一章的第一节、第二节的部分内容、第二章、第三章、第四章和第五章由唐建军教授编写；第一章第二节部分内容由北京体育大学乒乓球教研室刘丰德教授编写；第六章由北京体育大学乒乓球教研室于洋副教授编写；第七章由北京体育大学乒乓球教研室张瑛秋教授编写；第三章部分内容由北京体育大学乒乓球教研室牛剑锋讲师编写。

感谢北京体育大学教材委员会对教材编写工作的指导与支持；感谢北京体育大学出版社佟晖副编审，他的努力工作保证了教材编写工作的顺利完成。对为本教材中研究成果、经验体会、比赛案例以及教学示例等等提供文献支持的专家、学者、优秀教练员及运动员表示感谢和深深敬意。

《乒乓球运动教程》编写组

2013 年 8 月

乒乓球基本技术

第五章　乒乓球训练

第六章　乒乓球比赛战术

第七章　乒乓球裁判与竞赛组织

第一章
乒乓球运动发展概述与基本理论

○教学提示

1. 了解乒乓球运动的起源、在不同阶段的基本特征以及器材和规则对乒乓球技术发展的影响。

2. 了解乒乓球主导性打法发展特点，不同技术类型打法的演变过程。

3. 了解乒乓球技术的科学知识和经验知识。

乒乓球运动发展概述与基本理论包括两方面内容：一是总结乒乓球运动发展的历程；二是介绍乒乓球运动技术的基础理论知识。

第一节 乒乓球运动发展

乒乓球运动项目从19世纪80年代开始，到今天已经有了100多年的发展历史。在这个过程中，乒乓球运动从一种民间游戏活动演变为一种正式竞技项目，从区域性的竞技项目发展到全球性的竞技项目。在乒乓球运动发展过程中有两个因素始终起着重要作用：竞技制度和乒乓球技术的发展。乒乓球项目组织通过竞赛安排以及训练条件的提供，来引导和保证乒乓球运动技术的发展。

一、乒乓球运动起源

（一）乒乓球运动的游戏阶段

乒乓球作为一种游戏起源于英国，它是从网球运动派生出来的。在18世纪末、19世纪初，当时英国的一些大学生由网球得到启示，在室内以餐桌为球台，以书作球网，用羊皮纸贴面作拍子，用橡胶或软木作球，在餐桌上推来挡去，这种游戏吸引了许多人，英国一家杂志对此还作了报导。

当时球台大小和球网高低都没有统一规定。球拍的长度49.5厘米，类似小的网球拍。每局记分以10分、20分或50分为一局，还有以100分为一局的。发球的方法也没有太多限制，既可将球先击到本方台面后再落到对方台面，也可将球直接发到对方台面。后来游戏在英国流行起来，并被命名为“桌上网球（Table Tennis）”，此时，乒乓球运动的早期作为游戏是家庭娱乐活动之一。

1890年，英格兰越野跑运动员J·吉布从美国带来了一些作为玩具的赛璐珞球，由于这种球打起来发出“乒乓”的声音，于是有人称这项运动为“乒乓球”。

1902年留学英国的日本东京高等师范学校教授坪井玄道将乒乓球整套用具带回日本。

1904年上海四马路一家文具店的老板王道平从日本购进乒乓球器材带回上海，他为了推销这些器材，介绍了在日本看到的打乒乓球的情况，并亲自作了表演。从此中国就开始有了乒乓球活动。1916年上海的基督教青年会设有乒乓球活动房，一些学生开始参加乒乓球活动，随后这项活动逐渐在京、津、沪、穗等几大城市开展起来。

1905—1910年间，乒乓球活动传入中欧的维也纳、布达佩斯；而后逐步扩展到北非的埃及等地。

乒乓球起源阶段的基本特征：一是乒乓球运动在器材和游戏方法上，有明显的网球运动项目的痕迹；二是作为体育运动在活动开展的水平上，还处在游戏水平的阶段。

（二）乒乓球运动成为竞技项目阶段

第一次世界大战结束后，在1918年，欧洲许多国家相继成立了乒乓球协会，因此，乒乓球的竞赛活动得以在各国之间开展。国家间乒乓球运动的比赛活动，不仅促进了乒乓球技术水平的提高，同时也为国际乒乓球组织的成立提供了一定的组织基础。

1926 年 1 月，在柏林国际乒乓球邀请赛期间，在德国人勒赫曼博士倡议下，由他和英国的伊沃·蒙塔古、乔治·罗斯、波佩，匈牙利人雅可比、密可罗维茨以及几个奥地利人，在柏林网球俱乐部召开了一次关于成立乒乓球国际组织的座谈会，会议决定成立临时国际乒联，并委托英国乒协举办第一届欧洲乒乓球锦标赛。

同年 12 月，在英国伦敦举行第一届欧洲乒乓球锦标赛期间，在伊沃·蒙塔古的母亲斯韦思林女士的图书馆，举行了第一次全体会议，通过了国际乒联章程，讨论和通过了乒乓球竞赛规则草案，推选英国乒协负责人伊沃·蒙塔古为国际乒联第一任主席。

参加 1926 年第一届欧洲乒乓球锦标赛的国家有德国、匈牙利、威尔士、英格兰、奥地利、瑞典、捷克斯洛伐克、印度和丹麦。因印度是亚洲国家，国际乒联将此次锦标赛更名为世界乒乓球锦标赛，以后每年举办一届。上述事实标志着乒乓球运动项目成为了正式的竞技项目。

1940—1946 年间，世界乒乓球锦标赛因第二次世界大战而中断。

1957 年第 24 届后改为每两年举办一届。

1980 年，创办了乒乓球运动的另一项世界大赛：世界杯乒乓球赛，比赛每年举办一届。

1988 年第 24 届汉城奥运会乒乓球正式成为奥运会比赛项目。

2000 年，世界乒乓球锦标赛的团体项目和个人项目分开举办。

中国乒乓球运动员第一次参加正式的国际性比赛是在 1927 年，当年的 8 月第 8 届远东运动会在上海举行，乒乓球被列为表演项目。参加这次乒乓球表演赛的只有中国和日本两个国家。1935 年在上海成立了中华全国乒乓球协进会。1949 年中华人民共和国成立后，在北京成立了中国乒乓球协会。

乒乓球成为正式竞技项目的基本特征是：国际乒乓球组织的成立和规则的制定；国际性赛事的出现。

二、乒乓球运动技术发展的阶段划分

乒乓球运动发展的阶段划分是在两个方面进行的。一是在技术层面上来认识，也以取得优异成绩的技术类型打法为标志，划分出乒乓球运动发展的不同历史阶段，讨论在不同阶段中乒乓球技术发展的特点；二是以器材和规则的变化为标志，在乒乓球运动发展过程中，着重讨论器材和规则对乒乓球技术发展的影响。在认识乒乓球运动发展的同时，可以看到乒乓球不同技术类型打法的历史演进过程。

（一）削球打法主导时期（1926—1951 年）

削球打法的下旋削球技术，是欧洲运动员在乒乓球运动发展史上的重要技术创新。所谓削球打法主导时期，是以削球运动员在这 25 年间所取得的比赛成绩为判定标准。造成这一客观事实除了削球技术发展的比较完善外，削球技术类型打法的竞技优势，还获得了器材方面有力支持，而竞赛规则的修改对削球打法没有产生根本性的影响。

这一时期削球打法的代表国家是匈牙利。

1. 比赛成绩

1926—1951 年，国际乒乓球联合会总共举办了 18 届世界乒乓球锦标赛，参加比赛的运动员都是欧洲运动员。在 25 年间欧洲运动员取得了 117 枚金牌（第 11 届女子单打决赛没有确定冠军）中的 109 枚（表 1–1）。在这一阶段中，削球打法成为优势打法，大部分的金牌都被匈牙利的削球运动员夺得。在 35 个男女单打金牌中，12 枚男子单打金牌和 7 枚女子单打金牌由削球运动员获得，占单打总金牌总数的 82.85%。

表 1 –1　1926 ~1951 年间欧洲运动员在世界乒乓球锦标赛中所取得的成绩

国家	匈牙利	捷克	英国	奥地利	罗马尼亚	德国	波兰	苏格兰	美国	共计
金牌数	57.5	25.5	10	5	4.5	4	1.5	1	8	117

2. 削球打法与器材改进

削球打法的成功，除了精湛的技艺外，得益于 1902 年英国人库特发明的胶皮拍。胶皮拍的出现改变了使用木板拍以挡球技术为主的初级击球形式，加大了击球的摩擦力，提高了击球的旋转。胶皮拍与木板拍比较，使用上能攻能守，可以制造旋转。它为削球打法运动员在下旋球技术的稳定运用方面，以及适时进行反攻方面提供了适宜的条件。胶皮拍在进攻打法和削球打法的比较上，由于胶皮拍弹力比较弱，它能够充分地发挥下旋技术使用中控制性、稳定性和旋转性的特点。而进攻技术需要球拍提供力量方面的支持，胶皮拍还不能满足。另外，在 1936 年以前，比赛用的球比较软，使得在技术使用上易于进行削球而不适宜进攻。因此善于利用球拍性能和软球特点，使得削球打法的运动员获得了杰出的成绩。

3. 削球打法与竞赛规则

1936 年第 10 届世界乒乓球锦标赛男团决赛，罗马尼亚和奥地利出场的三名运动员均为削球运动员。由于水平接近，比赛进行了 3 天，耗时 31 小时，结果 5:4 奥地利胜。男子单打决赛也是两个削球运动员，比赛消耗 8 小时没有决出胜负，最后裁判以掷币方式决定冠军归属。在男子单打半决赛中，两个削球运动员在 1 分的争夺中，耗时 2 个半小时。上述事例就是典型的削球打法“马拉松”式比赛，这严重影响了乒乓球运动的健康发展。

为了结束“马拉松”式的比赛，推动乒乓球运动的健康发展，1937 年，国际乒乓球联合会代表大会的各会员国一致同意，决定对比赛器材和规则进行如下修改：

- 限制比赛时间。3 局 2 胜制的比赛时间不得超过 1 小时；5 局 3 胜制的比赛不得超过 1.45 小时。如果在此时间内没有结束比赛，则比分领先者为胜方。
- 改变球台的尺寸。球台宽由 146.4 厘米，加宽为 152.5 厘米；球网高度由 17.3 厘米，降为 15.25 厘米。
- 球由软球改为硬球。
- 通过规则和器材的变化，促进进攻技术的使用。

但这些规则的修改，基本上没有影响削球打法的技术优势。在第 12~18 届的世界乒乓球锦标赛中，男女单打金牌获得者基本还是削球打法运动员。

这个阶段，由于胶皮拍性能的充分使用和削球技术的出现，使乒乓球运动进入到一个讲究制造下旋转的时代。

（二）中远台单面长抽打法主导时期（1952—1959 年）

中远台单面长抽打法，是日本在乒乓球运动发展史上的重要贡献。中远台单面长抽打法主导时期的判定依据，同样是该种打法在比赛中的成绩。造成这一客观事实除了日本运动员的勤奋努力外，中远台单面长抽打法的竞技优势，也获得了来自器材变革方面有力支持。

中远台单面长抽打法的代表国家是日本。

1. 比赛成绩

1952—1959 年，国际乒乓球联合会总共举办了 7 届世界乒乓球锦标赛。日本运动员取得了 49 枚金牌中的 24 枚，其中在 1959 年第 25 届比赛中获得 6 枚金牌，可以说这是日本乒乓球中远台长抽打法最辉煌的时期。

2. 中远台单面长抽打法与器材改进

中远台单面长抽打法的崛起，首先得益于 1951 奥地利人发明的海绵拍。海绵拍与胶皮拍比较，提高了进攻的速度和力量，这为克制用胶皮拍擅长制造的下旋削球打法，提供了器材上的有力支持。海绵拍的进攻性能和中远台单面长抽进攻技术，使得进攻打法的运动员逐步获得优异成绩。

1957 年日本人发明的正胶、反胶海绵拍，进一步提高了长抽进攻技术。海绵拍、海绵胶皮拍进攻速度和性能的充分使用及中远台单面长抽技术的出现，使乒乓球运动进入到一个讲究进攻速度及力量的时代。长抽进攻技术，为日本在 1959 年第 25 届世界乒乓球锦标赛上获得 6 项冠军，提供了有力的技术支持。而海绵胶皮拍潜在的能够制造旋转性能，也揭开了乒乓球运动运用强烈上旋进攻技术的序幕。

3. 中远台进攻打法与竞赛规则

在第 19 届世界乒乓球锦标赛中，日本运动员佐藤博治用一块 8 毫米的黄色软海绵，充分发挥了球拍击球速度快的特点，运用长抽进攻技术获得了男单冠军。同时，在国际乒坛上也引起了关于海绵问题的争论。由于海绵拍的进攻性能比较强，使欧洲削球打法难以获得比赛上的优势，因此，欧洲国家的一些乒坛人士呼吁禁止使用海绵拍。而赞成的一些人认为，在木板上覆盖海绵和胶皮，其道理是一样的，而且 50 年代初奥地利人使用海绵拍也没有遭到非议。时任国际乒联主席蒙塔古肯定了这一新工具对乒乓球技术发展的作用，使得海绵拍得以合法使用。这也意味着长抽进攻打法能够继续存在，日本队可以继续保持它的技术优势。

这个阶段，由于海绵拍和海绵胶皮拍的使用，使乒乓球运动进入到了追求速度的时期。

（三）近台快攻打法主导时期（1960—1969 年）

近台快攻打法，是中国在乒乓球运动发展史上的一项重要的技术创新。近台快攻打法对于速度的认识，一直影响着乒乓球技术发展的方向。近台快攻打法主导时期的判定依据，同样是该种打法在比赛中的成绩。中国近台快攻打法的产生，是对乒乓球实践规律不断总结的结果。近台快攻打法的竞技优势，也获得了来自器材方面有力支持。

近台快攻打法的代表国家是中国。

1. 比赛成绩

1960—1969 年，国际乒乓球联合会举办了 5 届世界乒乓球锦标赛。中国运动员参加了 1961—1966 年的 3 届比赛，夺得了 21 枚金牌中的 11 枚金牌。其中在1965 年第 28 届比赛中获得 5 枚金牌。

2. 近台快攻打法与器材性能发挥

近台快攻打法的成功，除运动员的精湛技艺外，也是建立在正胶海绵拍提供的速度支持的基础上。中国乒乓球在总结战胜日本单面长抽打法和欧洲削球打法的经验基础上，形成了站位近台，以左推右攻和两面进攻为主的近台快攻打法。这种打法充分发挥了正胶海绵拍快速的特点。在进攻速度上比中远台长抽要快，在技术上比单面长抽技术要先进，同时也比较好地解决了反手位的技术（推挡和反手攻）。

3. 近台快攻打法与竞赛规则

1959 年，国际乒乓球联合会就构成球拍的材料、种类、海绵和颗粒胶皮厚度的规定，进行投票表决，结果是 72 票对 19 票，通过了关于球拍规定的规则，结束了长达 6 年的球拍之争，为乒乓球运动技术的发展提供保证。

虽然，此时的正反胶海绵拍在技术性能上已经取代了海绵拍。但是，规则上确定对球拍的要求，避免了一些非技术性的争论，有助于刚刚成熟起来的运用正胶海绵拍实施近台快攻技术打法的稳定发展。

当时对球拍的基本规定如下：

- 球拍的形状、大小和重量不限；
- 底板应平整、坚硬；
- 普通颗粒胶皮覆盖在底板上时，连同黏合剂其厚度不能超过 2 毫米；
- 海绵加颗粒胶覆盖在底板上时，连同黏合剂其厚度不能超过 4 毫米。

4. 不同技术打法的初步形成

海绵胶拍发明不久，1960 年弧圈球技术在日本产生了。由于中国队事先对弧圈球技术有了一定的了解，做了相应的训练准备，在 1961 年第 26 届世界乒乓球锦标赛上，有效地克制了日本队的弧圈球技术。

在一时期，中国运动员张燮林创新性地使用了长胶海绵拍，作为削球打法的球拍。由于长胶海绵拍特异的性能，使得削球打法在旋转变化上更加奇妙。长胶海绵拍削球打法，为中国队在第 27 届世界乒乓球锦标赛团体夺冠，立下汗马功劳。

在这个阶段，由于正胶海绵拍性能的充分使用和近台快攻打法的出现，使乒乓球运动进入到一个在近台的意义上讲究速度的时代。

（四）弧圈球进攻打法兴起和新近台快攻打法创新时期（1970—1987 年）

第 31 届世界乒乓球锦标赛中，19 岁的瑞典运动员本格森一举夺得男单冠军，他在技术上把弧圈球技术和近台快攻进行了比较好的结合，形成了弧圈球结合快攻的打法，并显示出打法上的优势。在第 32 届世界乒乓球锦标赛中，瑞典又夺得了阔别欧洲 20 年之久的男子团体冠军。与此同时，在欧洲还出现了一批弧圈球进攻打法的优秀运动员，如匈牙利两面拉弧圈球打法的约尼尔、舒尔贝克等，约尼尔 1975 年获得了第 33 届世界乒乓球锦标赛男单冠军。1979 年第 35 届世界乒乓球锦标赛中，匈牙利夺得了男子团体冠军。这些成绩标志着欧洲运动员采用弧圈球进攻打法，在技战术方面已经可以和中国的近台快攻相互抗衡。

在此阶段，中国近台快攻打法在保持原有技术特点基础上，又有新的发展，形成了新近台快攻打法。新近台快攻打法是指针对弧圈球技术，形成的一种具有新的近台快攻技术内容的打法。新快攻打法有两个发展方向：一是在传统正胶球拍近台快攻打法的基础上，提高处理回击弧圈球技术的能力。采用的主要新技术有：盖打、反带、推挤弧圈球技术；在处理下旋球方面，正手进攻技术要求既可打低球突击，也能用正胶拉小弧圈球。这一针对弧圈球技术所采用的新技术内容，在世界大赛中取得了很好的成绩。其中的主要代表人物是谢赛克、江加良和陈龙灿。

另一个发展方向，是在逐步认识弧圈球技术先进性的基础上，开始对传统正胶海绵拍的近台快攻打法进行合理地改造，即采用反胶海绵拍，学习弧圈球进攻技术，把正手的拉和打，与反手推挡结合起来，形成和完善了直拍用反胶海绵拍打近台快攻的打法。代表人物是郗恩庭、郭跃华、曹燕华。这一打法也取得了很好的成绩。由此，我们看到了在这个时期中，传统意义的近台快攻打法，随着世界乒乓球技术的发展，其内涵已经发生了新的变化。

弧圈球进攻打法的代表国家是瑞典和匈牙利；新近台快攻打法的代表国家是中国。

1. 比赛成绩

在这一阶段中，欧洲运动员凭借弧圈球技术水平，开始向中国及亚洲技术水平逼近，呈现上升的势头，但尚有差距。这点从以弧圈球进攻打法为代表的欧洲和以近台快攻打法为代表的中国的比赛成绩中可以反映出来。但在其间 9 届单打比赛的 18 枚金牌分布中，还可以看出在两种打法的发展方面，弧圈球进攻打法的成绩明显上升。(表 1–2)

表 1 –2　欧洲与中国、日韩朝比赛成绩及两种打法单打成绩对照表（1971—1987）

	中国	日韩朝	欧洲	共计
总金牌数（枚）	41．5	8	13．5	63
%	65．87	12．69	21．42	100
弧圈打法单打金牌数	6	–	2	8
快攻打法单打金牌数	2	4	–	6
其他打法单打金牌数	4	–	–	4

2. 两种打法与器材变化

乒乓球拍在这一阶段，没有本质性的变化，主要使用的是正反胶海绵拍。但在球拍材料的选用上，出现了碳素纤维的使用。它在提高击球的速度力量的同时，又基本能够保证击球的稳定性。在加工过程的精细程度上，考虑到球拍性能与技术打法的结合，使球拍更加符合竞技乒乓球技术发展的需要。如中国 1960 年为不同打法设计的 032、016、08 型号的红双喜底板，651、652 等型号的正胶胶皮，为近台快攻技术提供了有力的支持。为了提高弧圈球技术的质量，6512 型号的反胶，以及天津橡胶研究所 1972 年研制的 729 型号的反胶胶皮，为中国弧圈球技术打法的发展做出了重要贡献。与此同时，世界各国的乒乓球拍生产，可以达到乒乓球技术对球拍性能上的要求。

3. 两种打法与竞赛规则

国际乒乓球联合会对不同性能球拍在比赛上的使用进行了限制。

1979 年，第 35 届国际乒乓球联合会代表大会规定：一场比赛第一次使用一个球拍前，若对方要求，应出示球拍的两面。

1982 年，规则规定：在比赛时，第一次使用一个球拍前，应允许对手或裁判员检查。

1983—1985 年，规则进一步规定：比赛开始时或比赛过程中，无论何时运动员需要更换球拍，都必须向对手和裁判员出示，并允许他们检查。

1986 年对击球拍面进行限制：规定必须用黏合有覆盖物的拍面击球。

上述规则规定，对弧圈球进攻打法和近台快攻打法在技术上没有产生影响。

4. 各种打法不断完善和发展

横拍采用两面不同性能胶皮，进行削攻结合的打法，再加上倒拍来改变正反手发球和削球在旋转上的变化，往往在比赛中成为奇兵。如梁戈亮、陆元盛、童玲等。

横拍采用两面不同性能胶皮的进攻打法，发挥倒拍正反手发球进行抢攻的威力，在乒乓球比赛中也成为奇兵，如蔡振华。

直拍采用两面不同性能胶皮，进行挡攻削结合的打法，其球拍反面可以进攻，这一打法将原来直拍削球打法又向前推进了一步。如葛新爱、王俊等。

直拍采用两面不同性能胶皮的进攻打法，通过倒板技术来变化球性，为进攻创造机会。如倪夏莲。

这个阶段，由于对反胶进攻性能的进一步认识，使得乒乓球技术进入了速度和旋转结合的时代。

（五）弧圈球进攻打法主导时期（1988 年—）

弧圈球进攻打法主导时期的标志性事件有两个：一是 1988 年的第 24 届奥运会乒乓球比赛上，中国优秀的直拍正胶近台快攻运动员江加良和陈龙灿，在单打比赛中先后失利；瑞典在第 40、41 和 42 届世界乒乓球锦标赛中，连续获得三届团体冠军和第 40、41 两届男单冠军；二是在世界乒乓球锦标赛和奥运会的单打冠军，都是弧圈球进攻打法的运动员。弧圈球进攻打法无疑成为了这个时期的统治性打法。这个时期世界各国的主体打法都趋向于弧圈球进攻打法，同时也保留了本国原有打法基本特点。

弧圈球进攻打法又分为：横拍弧圈球进攻打法，直拍弧圈球进攻打法；直拍横打弧圈球进攻打法。

1. 比赛成绩

从 20 世纪 80 年代末到 90 年代初，以瑞典为代表的欧洲弧圈球进攻打法，在世界重大比赛中（世界乒乓球锦标赛和奥运会），都取得了优异的成绩。中国队通过技术和打法上的不断学习创新，弧圈球技术质量有了明显提高，在 1995 年的第 43 届世界乒乓球锦标赛中重夺男子团体、男子单打冠军，继续保持着乒乓球强国的优势地位。在这个时期中，中国队整体成绩依然很好。

在乒乓球单打世界冠军和奥运会冠军中，弧圈球进攻打法占据绝大多数。（表 1–3）

表 1－3 1989—2013 年不同国家不同打法在世锦赛和奥运会的单打成绩比较

	中国	瑞典	德国	韩国 朝鲜	法国	奥地利	新加坡	共计
金牌总数(枚)	100	8	2	6	1	1	1	119
%	84.03	6.72	1.68	5.04	0.48	0.84	0.84	100
弧圈打法金牌数	29	4	–	1	1	1	–	36
快攻打法金牌数	–	–	–	–	–	–	–	0
其他打法金牌数	–	–	–	–	–	–	–	0

2. 弧圈球打法与器材变化

在弧圈球进攻打法主导时期，乒乓球器材的变化受到两个方面的影响：一是弧圈球技术的影响；二是规则变化的影响。

弧圈球技术对乒乓球器材的影响，主要表现为提高球拍击打弧圈球的性能上。在底板方面，为了提高底板的弹力和稳定性，20 世纪 90 年代，日本蝴蝶（BUTTFERFLY）公司在推出碳素纤维材料后，又推出含有芳基纤维材料、芳基纤维/碳素纤维混织的底板。芳基纤维材料具有高弹减震和超轻重量的特性，使球拍在进攻和控制上获得了比较好的平衡，它与碳素纤维结合，突出了在一定控制性能上的进攻力量的发挥。在胶皮方面，729 系列胶皮为解决弧圈球进攻打法的技术难题，通过胶皮粒子结构的重新排序，使得胶皮也有软硬之分，可以胶皮的不同硬度来控制击球瞬间的吃球深度和弹性。如 729-40H 反胶胶皮的硬度高一些，适合前冲弧圈球；729-40S 的胶皮则软一些，更易于控制球，适合反手拉弧圈球。

规则变化对乒乓球器材的影响，主要表现在采用大球方面。大球时代对球拍提出了新的要求。如在底板生产中要考虑大球比原来重了 0.2 克，来球对底板的冲击力加大这一问题，解决方案是在底板中间加入比较刚性的碳素纤维，保证击球的速度和力量；针对大球变软，球体承受压强的能力有所下降问题，解决方案是在底板木层的双侧增加具有韧性与高弹力的纤维，保证击球时，底板能够发挥力量并均匀柔和作用于球体上；针对大球直径加大了 2 毫米，球体变大的问题，解决方案是用不同硬度层木和不同性能的纤维，按一定的顺序排列，优化底板的整体结构，从而扩大底板有效的击球范围等等（王吉生，2001）。

球拍在技术上的改进，为弧圈球进攻打法提供了有力的物质上的支持。

3. 弧圈球打法与竞赛规则修改

这一时期，乒乓球竞赛规则有了一些重大的变化，这种变化对乒乓球打法发展产生了直接影响。如 1992—1993 年规则规定：球拍两面颜色必须一面为鲜红色，一面为黑色。这一规定，就使得使用两面不同性能球拍进行倒板的打法，在技术发展上受到限制。相反这个规定为弧圈球进攻打法减少了技术发展上的一个障碍。

1998 年，国际乒乓球联合会通过了德国乒协关于“把球拍覆盖物正胶的几何图形中关于正胶胶粒的粒高和胶粒顶直径之比，从 1:3 改为 1:1.1”的提案，1999 年 6 月底开始实施。2000 年，国际乒乓球联合会规则规定比赛用球由原来的直径 38 毫米改为 40 毫米。有利于弧圈球打法在力量上优势的发挥，使得弧圈球打法中以力量为主的运动员技术得以充分发挥。2001 年 9 月 1 日，开始实行 11 分赛制。对于弧圈球进攻打法的影响，概括起来是：“四快一大”。即进入状态快，发球接发球转换快，比分变化快，比赛节奏快，精力消耗大。在弧圈球进攻主导时期，由于乒乓球技术的不断完善和器材技术水平的提高，乒乓球进入速度和旋转融合在一起的时代，即人们不再分开来看速度问题和旋转问题，从技术角度讲，速度和旋转呈现出一体化的趋向。

4. 各种打法的发展情况

不同性能球拍的进攻和防守打法，在这一阶段中也有所发展，并取得了优异的成绩。其代表人物是采用正手反胶和反手长胶进攻打法的邓亚萍，采用正手反胶和反手生胶快攻结合弧圈球打法的王涛，采用正手反胶和反手正胶削球打法的丁松。

三、乒乓球技术和打法的演进过程

乒乓球技术和打法的演进过程，大致可分为五个发展阶段，每个阶段都有其代表打法(表 1–4)。影响世界乒乓球技术打法演进主要有以下几个方面：

表 1 –4　世界乒乓球不同技术和类型打法的演进过程

阶段（时间）	代表性打法	代表国家
第一阶段（1926—1951）	削球	匈牙利
第二阶段（1952—1959）	中远台单面长抽	日本
第三阶段（1960—1969）	近台快攻	中国
第四阶段（1970—1987）	近台快攻、快弧	中国、瑞典
第五阶段（1989—今）	正胶近台快攻、直拍横打、横拍弧圈球进攻	中国、法国、瑞典、德国比利时、白俄罗斯、克罗地亚
	横拍攻削结合与削攻结合	瑞典、韩国

（依吴焕群，2003 改制）

（一）制胜因素对不同技术和打法演进的影响

从世界乒乓球运动的发展来看，世界乒乓球技术和打法是依据技术的不断完善、不断成熟的过程而演进的，同时又是与乒乓球竞技制胜因素——速度、旋转、准确、力量、弧线及变化的科学组合密切相关的。

新技术的出现大幅度地提高了制胜因素的水平，对对手造成很大的不适应，从而取得了对抗中的主动权。如：近台快攻技术，提高了其制胜的核心因素——速度，从而促进了直板快攻打法的发展；欧洲弧圈“爆冲”技术的创新，是制胜因素旋转与速度科学组合的结果，从而使欧洲弧圈球打法的技术更加先进与完善。

由此可以看出，世界乒坛新技术新打法的产生与演进，受其制胜因素的制约，五大制胜因素既相互制约又相互依存，共同影响着世界乒乓球技术的发展。

（二）球拍创新对技术和打法演进的影响

纵观乒坛发展史，我们发现：世界乒坛历次重大的技术突破、打法的演进都与球拍有着密切的关系，如日本采用海绵拍开创的单面长抽技术打法，中国采用正胶海绵拍开创的近台快攻打法，这些都说明新球拍的发明与完善是世界乒乓球技术与打法演进的重要因素。

（三）规则变化对技术和打法演进的影响

世界乒乓球运动的发展，是以获胜为目的的。在乒乓球技术发展方面，运动员都在寻找乒乓球技术优势。在技术探索过程中，出现了具有过大优势的技术，如美国人发明的“那卡尔式”用持球手带出旋转的发球技术、合力发球技术、使用同一颜色不同性能胶皮倒板技术为基础的打法等等。这些技术或打法在规则中受到了明确的限制，导致了这些技术或打法的消失。

在世界乒乓球发展的过程中，各种打法通过适应与反适应，制约与反制约的激烈对抗与竞争不断演进。凡是顺应乒乓球技术发展，符合五大制胜因素内在规律，重视对球拍等改革与创新，就能赢得生存权，就能取得优异的成绩。这是乒乓球技术打法演进的基本规律，遵循者兴，违背者则衰。

第二节　乒乓球运动技术知识

乒乓球技术知识是指在乒乓球运动技术实践过程中，形成的有关乒乓球运动技术运用以及提高的系统化的认识。乒乓球技术知识有两个方面的来源，一是来源于用科学理论对运动技术进行的解释；二是来源于对乒乓球运动技术实践的经验总结，并且形成了一整套的关于乒乓球运动技术的专项性知识。

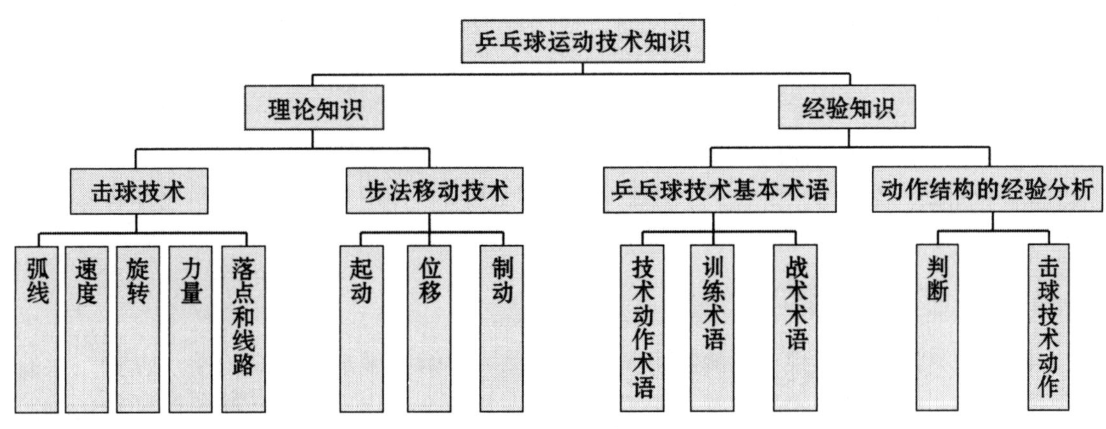

图 1-1　乒乓球运动技术知识结构图

一、击球技术的理论知识

乒乓球击球技术动作的运用，从击球的结果上讲，必须达到两个基本要求：一是根据规则的规定所击的球必须越过或绕过球网，落到对方的台面上，因此，球必须要有合适的弧线；二是打过去的球要有一定的质量，这就要求击球时必须有速度、力量、旋转和落点的变化。

从乒乓球教学训练角度讲，乒乓球击球技术质量的提高，不仅取决于实践经验，也取决于理论认识的程度。学习和研究击球的技术原理，分析球的运行弧线、速度、旋转、力量和落点这 5 个方面的要素，理解它们之间的相互关系，将有助于技术水平的提高。

在乒乓球训练和比赛中，在战术运用上：

1. 要把球打得快，就必须缩短击球时间，通过增加击球力量来缩短球在空中运行的时间，通过控制弧线来缩短击球的距离，从而来提高击球的速度。

2. 要把球打得准，就必须研究弧线的形成及其运行的特点，才能了解击球的命中率的道理。

3. 要把球打得狠，就必须研究怎样去增大击球的爆发力，只有懂得充分利用手臂和腰、腿的协调配合，才能了解击球的力量重要性。

4. 要把球打得转，就必须研究怎样去加强摩擦力，只有弄清球产生旋转的原因以及增强旋转的方法，才能有助于提高击球的旋转。

5. 要把球的落点打好，就必须研究怎样去扩大对方接球的范围，才能有效地调动对手，取得主动。

关于击球技术原理在乒乓球运动技术中的进一步认识，吴焕群（2003）认为：当用拍击球后，球就表现为一定的速度、旋转、力量和一条弧线、一个落点。每一板球都会带有这 5 个可以量化的物理要素，5 个要素属于物理学范畴，是客观的技术性概念，它们构成了一板球的技术质量，即竞技要素。当然，击球技术原理只是击球技术反映的基本规律，这个规律是由人来把握的。因此，出于制胜的考虑，产生出了“快、准、狠、转、变”主观的战术性概念，它们构成乒乓球运动中的制胜因素。竞技要素与制胜因素的组合，以及由此产生乒乓球打法类型及风格。不同的打法类型及风格，在比赛中，每一板击球以及若干板连续击球在技术质量上是有所不同的。上述对乒乓球击球原理在乒乓球技术发展上的进一步认识，内容的划分和关系的认识，反映了对击球技术原理认识的深化。

对击球技术原理与乒乓球运动技术发展关系认识的深入，无疑会使人们更加关注乒乓球击球技术原理问题。如果说，学习乒乓球技术动作是从练习开始的话，理解乒乓球技术的特征则是从了解击球技术原理开始。

（一）关于击球的弧线

由于球网的关系，乒乓球运行的特点，主要是以一定的弧线形式表现出来。在乒乓球运动中，一般认为，击球所产生的弧线，是为了保证击球的命中率。另外，弧线的制造还与线路变化和节奏变化有关。

乒乓球的飞行弧线，主要由弧线曲度和打出距离两部分组成。弧线曲度是指弧线的最高点与台面所形成的高度（图 1–2）；打出距离是指击球点与落点之间的水平直线距离（图 1–3）。

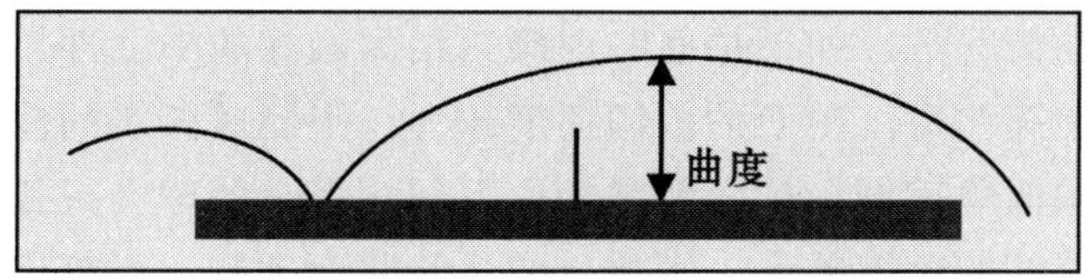

图 1–2　弧线曲度

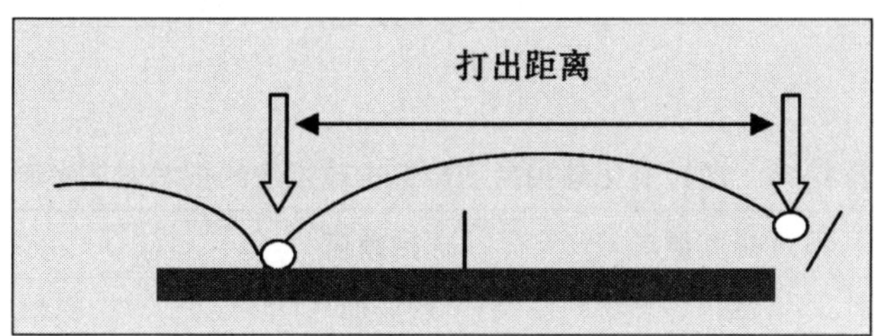

图 1–3　打出距离

乒乓球飞行弧线的产生，是乒乓球在飞行过程中，由于地心引力（使球逐渐下降）和空气的阻力作用造成的。飞行弧线的形状，即曲度的高低和打出距离的长短，受到球拍的用力方向、拍面角度变化、发力大小以及来球情况等影响而有所不同。

1. 用力方向对乒乓球飞行弧线的影响和技术使用方法

击球的用力方向，是指击球时球拍向哪个方向运动。它既可以向前方运动，也可以向前上方、前下方运动。击球用力方向不同，飞行弧线的曲度和打出距离也不同。根据弹道力学的实验证明，在真空中物体发射的角度，以 45 度射程为最远，大于 45 度或小于 45 度时，其射程将会逐渐缩短。但由于乒乓球很轻，空气的阻力对球影响很大，因而乒乓球的实际弧线与弹道抛物线是有区别的。尽管如此，这个道理对于我们了解飞行弧线的曲度与打出距离的相互关系来说，是很有意义的。

（1）在来球比网高的情况下，如果我们在击球时，除向前用力外，还附加一定的向下用力（即向前下方用力），将会使飞行弧线的曲度适当降低，并把打出距离缩短，从而使球落到台上而不致出界。

（2）在来球比网低，甚至比台面低的情况下，如果我们在击球时，除向前用力外，还附加一定的向上用力（即向前上方用力），将会使飞行弧线的曲度适当增高，并把打出距离相应缩短，从而使球落到台上而不致出界。（表 1–5）

表 1–5　通过变化球拍用力方向制造击球弧线的技术方法举例

来球情况	弧线曲度要求	用力方向	技术方法
高于球网	低	向前下	扣杀球；加力推挡；逼角削球等
低于球网	高	向前上	拉加转弧圈球；放高球

2. 拍面角度的变化对乒乓球飞行弧线的影响和技术使用方法

击球时，球拍触球的部位，主要是由拍面角度的变化决定的。球拍触球部位不同，飞行弧线的曲度和打出距离也不同。

在用力方向相同的情况下，如果拍面略前倾，拍面触球的中上部，将会使球飞行弧线的曲度降低，并使打出距离缩短。拍面的前倾角度越大，则使球弧线的曲度越低，打出的距离也越短。相反，如果拍面略后仰，拍面触球的中下部，将会使球飞行弧线的曲度增高，并使打出距离增长。拍面后仰的角度越大，则使球的弧线曲度越高，但打出距离却缩短。如果不改变球拍的用力方向，在拉比较转的下旋球下网时，球拍可以稍微后仰点，以增加击球的弧线曲度。在回击弧圈球时，拍面则应保持一定的前倾角度，使回球的曲度降低，避免球出界。（表 1–6）

表 1 –6　通过变化球拍角度制造击球弧线的技术方法举例

来球情况	弧线曲度要求	球拍角度	技术方法
加转下旋球	高	略后仰	慢搓；拉加转弧圈球
弧圈球	低	前倾	快带（反撕）；快挤；反拉

3. 发力的大小对乒乓球飞行弧线的影响和技术使用方法

在用力方向（向前上方）相同的情况下，击球发力大，球速快，回球飞行弧线的曲度会相应高，打出距离也会增长；相反，击球发力小，球速慢，回球弧线的曲度则会相应降低，打出距离也会缩短。当来球离网较远，而且较低的情况下，利用增大击球力量（加快球速），使弧线的曲度适当增高，打出距离也适当增长，可保证击球既有一定的高度，又有一定的远度。当来球离网较近，而且比网低的情况下，利用减小击球的力量（减慢球速），使弧线的曲度适当降低（但必须保证过网的高度），打出距离也适当缩短，才不会使球出界。（表 1–7）

表 1 –7　通过变化发力制造击球弧线的技术方法举例

来球情况	弧线曲度要求	发力大小	技术方法
离网远且低	高	大	中远台拉球；远台削球
离网近且低	低	小	挑打；拉半台球；减力挡；搓台内球

4. 旋转对乒乓球飞行弧线的影响和技术使用方法

在乒乓球运动技术实践的过程中，旋转对乒乓球飞行弧线的影响有着重要意义。因为在每一板的击球中，乒乓球始终具有一定的速度和一定的旋转。根据流体力学流速越快，压力越小；流速越慢，压力越大的定律：当球带着上旋飞行时，同时带动球体周围的空气一起旋转，而且球体上沿旋转着的气流受到迎面空气的阻力，因而降低流速；而球体下沿的气流与迎面空气阻力方向相同，因而加快了流速。结果是，上旋球的上沿空气压强大，下沿的压强小。（图 1–4）

又由于球体上、下沿的面积相等，因此，在相同条件下，上旋球的飞行弧线比不转球的飞行弧线要低，要短。飞行中下旋球的情况，与上旋球正好相反。球体上沿的空气流速快，压强小；下沿的空气流速慢，压强大，于是，空气给球体一个浮举力。因此，在等同条件下，下旋球比不转球的弧线要高、要长。（表 1–8）

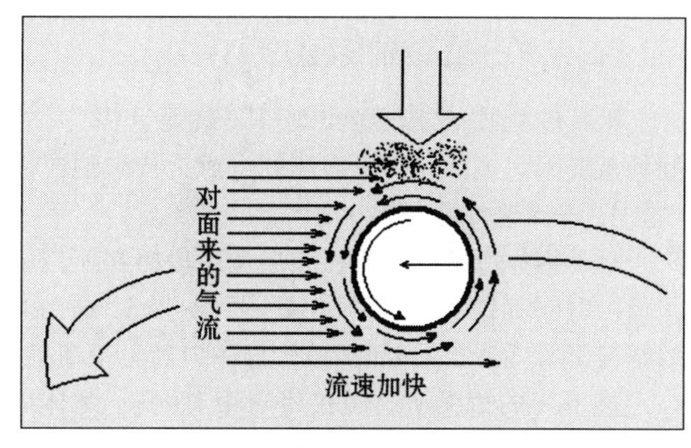

图 1–4　空气对旋转球的影响

同样的道理，飞行的左侧旋，由于左侧压强大，右侧的压强小，因此，球的飞行弧线就向右拐。右侧旋则相反，球的飞行弧线是向左拐。（图 1–5）

表 1 –8　通过变化旋转制造击球弧线的技术方法举例

来球情况	弧线曲度要求	旋转性质	技术方法
离网远且低	高	上旋回击	拉弧圈球
离网近且低	较高	上旋回击	挑打；拉半台球
离网远且低	高	下旋回击	削球
离网近且低	较高	下旋回击	搓球

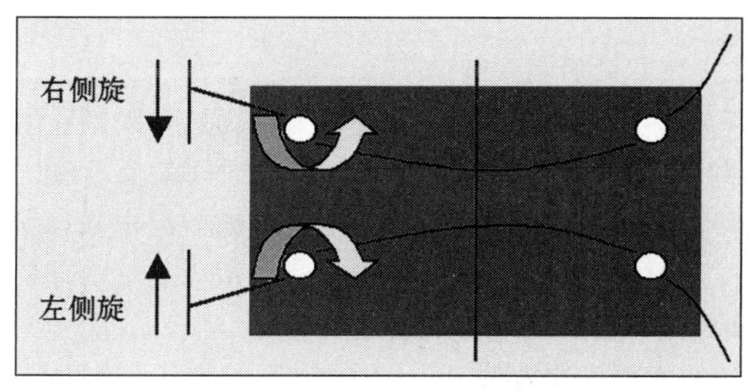

图 1–5　左右侧旋球的飞行轨迹

通过以上的各种分析可以看到，击球时球飞行弧线的轨迹及其变化相当复杂。练习者不仅要根据来球距网的远近、弹起的高低、旋转的性能、以及回击时间的不同来确定自己的回击方法，而且，在回击时还要注意用力方向，拍面角度变化、发力大小，以及旋转性能等方面对飞行弧线的影响。只有尽可能使主观情况（回击方法）符合于客观要求（来球情况），制造合适的飞行弧线，才能使球回得准确。

（二）关于击球的速度

乒乓球竞技的主要特点之一，就是“快”。在乒乓球竞赛的历史中，速度是获得比赛胜利的重要因素，因此，提高速度也成为技术创新和发展的关键性问题。

1. 击球速度的分析

运动物体所通过的路程和通过这段路程所用的时间之比，称为物体运动的速度。速度的快慢与时间和距离有密切关系。根据 V=S/t 这个公式（速度=距离/时间）得知：在时间不变的情况下（即在相同时间内），物体向前运动所通过的距离越长，其速度就越快，反之则慢。在距离不变的情况下（即在相同距离内），物体向前运动所需的时间越短，其速度也越快，反之则慢。因此，乒乓球击球速度的快慢由两方面的因素来决定：

（1）还击来球所需的时间

这段时间是指来球从本方球台跳起，至运动员回球时球拍触球的一瞬间止。在回击球时，这段时间的长短，决定回击球速度的快慢（图 1–6）。在力量同等的情况下，在上升前期击球，回击球速度快于高点期击球，高点期击球快于下降后期击球。

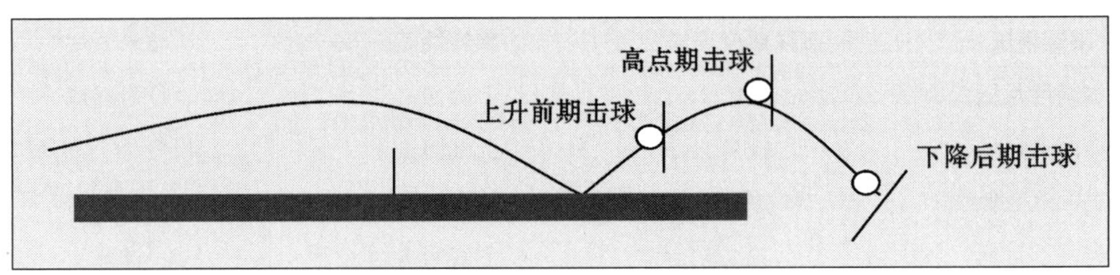

图 1–6　击球时间对击球速度的影响

（2）击球后球在空中飞行的时间

这段时间是从球离拍的一瞬间起，至球落到对方台面的一瞬间止。在打出距离相等的情况下，运动员挥拍击球时爆发力强，则球在空中飞行的时间就会短些，反之则会长些。

为了提高击球的速度，在击球时，一方面是尽可能缩短还击来球所需的时间，另一方面是尽可能缩短球在空中飞行的时间。因此，在击球时应适当提早击球时间，尽可能减小回球弧线的曲度和缩短打出距离，而且还应增大击球力量。

2. 提高击球速度的技术要素和方法

（1）对提高击球速度的认识和研究

在乒乓球的教学和训练中，击球时的挥拍速度是决定击球速度的关键因素，也是教学训练的重点。阮国壁（2000）通过乒乓球的飞出距离来推算挥拍速度，这一研究从击球的挥拍速度的角度支持了乒乓球运动中，球速的快慢与时间和距离有密切关系的解释，并认为乒乓球运动员扣杀球时，挥拍速度决定着球的飞出距离。（图 1–7）

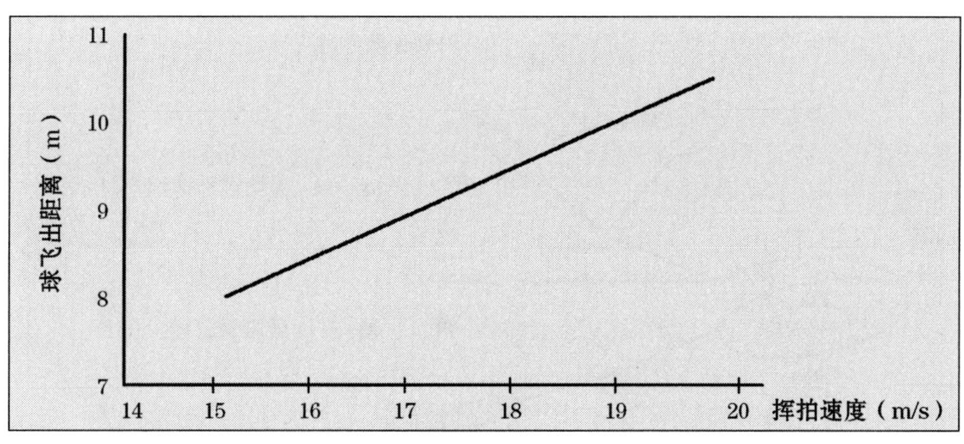

图 1–7　男子挥拍速度与球飞行距离的关系

日本学者西田熏（2001）在如何提高挥拍速度上，提出了球拍加速三级推进的观点，即球拍达到最快速度的过程是一个由身体三个部分逐级加速的过程（图 1–8）。并认为这个过程就是一种鞭打式的动作（图 1–9）。

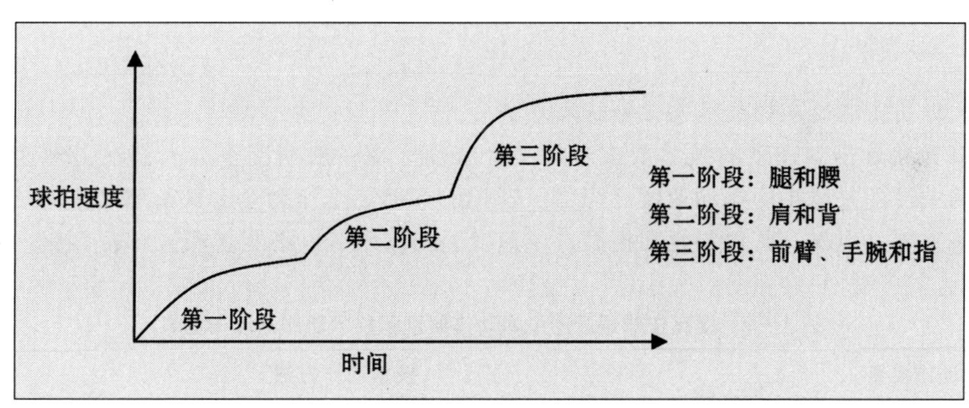

图 1–8　球拍加速的过程示意图（依西田熏，2001）

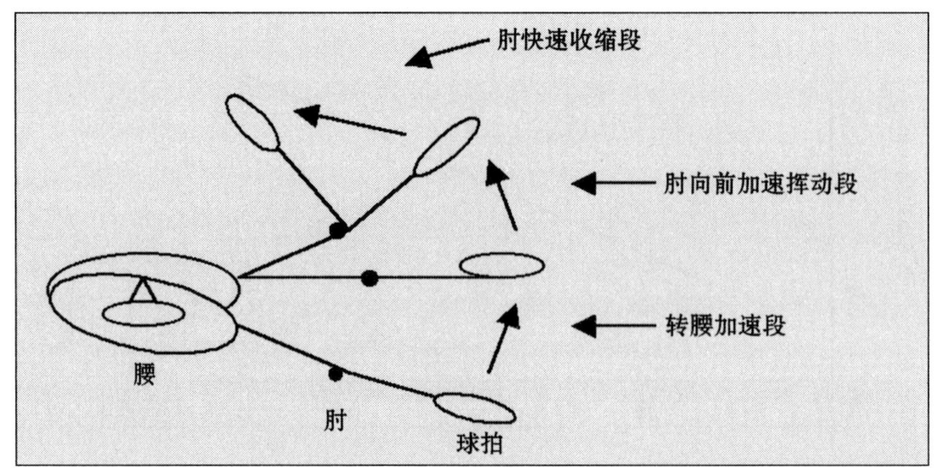

图 1-9 加速挥拍用力模拟示意图

(2) 提高击球速度的技术要素和技术方法

提高乒乓球击球速度的技术要素包括 7 个方面。在一般情况下，人们在击球速度问题上，更为关注的是球拍的挥动速度。当然，球拍的挥动速度作为全身性击球动作的结果，其作用的确重要。但是，其他要素在提高击球速度上的作用，也不能忽视。（表 1–9）

表 1 –9 提高击球速度的技术动作要素和技术动作方法一览表

技术动作要素	技术动作方法
1. 选位	在可能的情况下，靠近球台。
2. 引拍	引拍的距离尽可能小。
3. 击球时间	在上升期以前击球。
4. 触球时加速	在击球瞬间时的挥拍速度应最快。
5. 击球力量	善于利用全身的力量来帮助肩、臂以及手腕的发力。
6. 击球部位	在保证有合理弧线的情况下，尽可能使击球的作用力线靠近球心。
7. 弧线控制	尽可能向前发力，压低弧线，以利于使球获得较大的前进速度。

（三）关于击球的旋转

乒乓球旋转的意义在于，不仅要通过球的旋转及其变化来得分，而且，还要通过球的旋转来提高球的速度，以及在更快速度和更大力量击球条件下的准确性。因此，乒乓球的旋转一直是人们关注的重点。只有了解乒乓球旋转产生的原因以及各种旋转球的变化规律，才能更有效地提高运用和控制各种旋转球的能力。

1. 乒乓球旋转的成因

（1）乒乓球旋转成因的解释

①击球时，如果力的作用线（F）绝对通过球心（O），球只能具有一定的前进速度，而不带有任何旋转。（图 1–10）

②如果击球时力的作用线（F）不通过球心，而与球心有一定的垂直距离，这个垂直距离（L）叫作力臂。由于力臂的产生，使作用力（F）分解为垂直于拍面的分力（f）和平行于拍面的分力（s），前者使球平动，后者使球转动。（图 1–11）

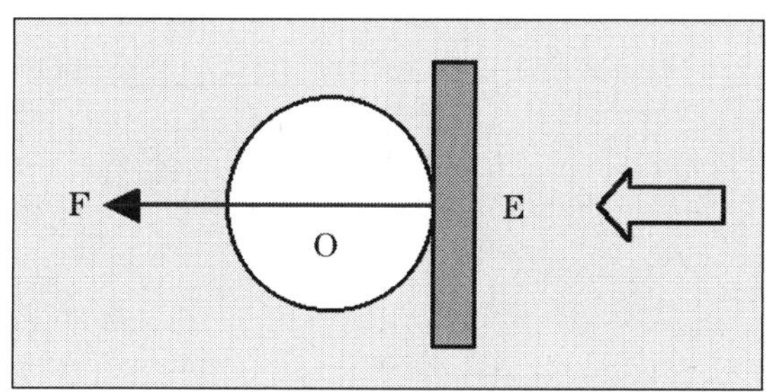

图 1–10　力的作用线通过球心

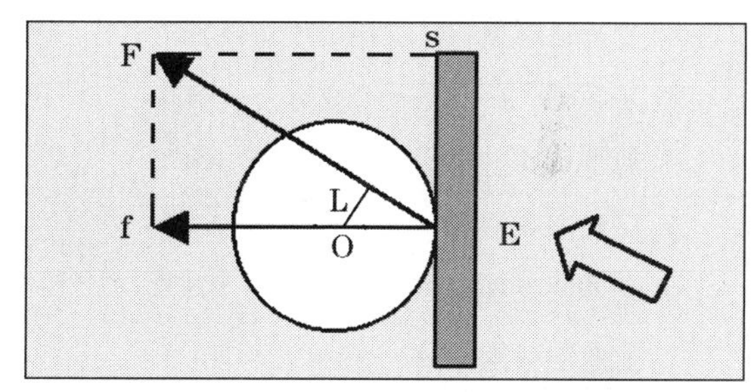

图 1–11　力的作用线不通过球心

③击球时，球拍撞击在球上，造成垂直于拍面的力就是前进力，平行于拍面的力就是摩擦力，而摩擦力正是使球产生旋转的基本原因。

（2）决定乒乓球旋转强弱的因素

①在同等击球力量的条件下，力臂越大，摩擦力也越大，旋转就越强；反之则越弱。摩擦力的大小，与击球时挥拍的用力方向有很大关系。力的作用线越是远离球心，力臂就越大，球的摩擦力越会相对增强，前进速度越会相对减慢；力的作用线越接近球心，力臂就越小，球的摩擦力越会相对减小，前进速度越会相对加快。

②在具有相同力臂的条件下，击球力量越大，旋转也越强，反之越弱。击球力量的大小，决定着挥拍速度，挥拍速度越快，尤其是击球瞬间的速度越快，球拍对于球的摩擦作用也越强；反之则越弱。

③球拍的粘性越好，摩擦力也越大，因而旋转也越强，反之则越弱。正贴海绵拍和生胶海绵拍，由于球拍的软胶体的变形，使球拍和球的接触时间增长，因而使球拍对于球的摩擦作用得到增强，反贴海绵拍由于表面柔软，粘性较好，不仅能使拍与球的摩擦力增大，而且还能使拍与球相互作用的时间适当增长，从而更有利于增强球的旋转。

④用球拍的不同部位击球，对球的旋转也有一定的影响。在球拍的挥拍速度一定时，用靠近球面的上部触球，则半径小，触球点的线速度也小；反之，用靠近球面的下部触球，则

半径大，触球点的线速度也大。因此，在打加转球时应尽量用比较靠近拍头的部位击球。（图 1–12）

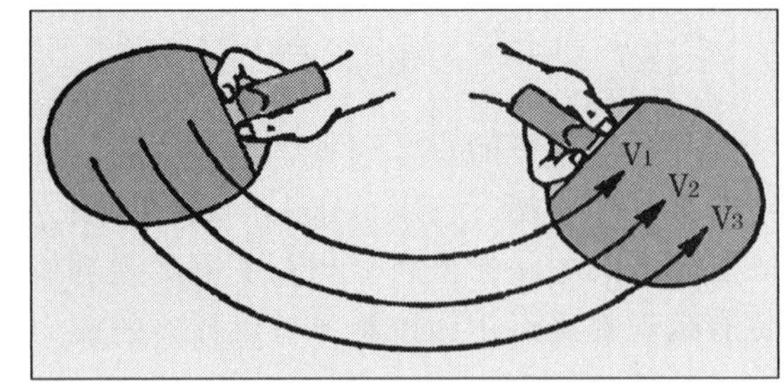

图 1–12　球拍不同部位击球的线速度不同

2. 关于旋转的实验研究

1987 年，吴焕群等人对中国乒乓球队和青年队各 12 名运动员（各包括横拍弧圈球 6 人，直拍弧圈球 2 人，直拍快攻 3 人，横拍削球 1 人）进行了若干技术项目的测试和研究（表1–10、表 1–11）。张晓篷等（1995）进行了不同厚度的海绵胶皮拍对拉球旋转影响的机械实验研究。（表 1–12）

表 1 – 10　国家队运动员 7 种不同技术动作运用对球旋转的影响（单位：转速/秒）

	X	M	S	N
1. 加转弧圈球	128.4	143.5	7.6	12
2. 前冲弧圈球	134.9	151.3	8.4	12
3. 加转搓	55.6	74.4	7.6	12
4. 打下旋球	65.5	84.8	9.0	12
5. 一般削弧圈球	64.0	81.1	9.2	1
6. 加转削弧圈球	103.0	120.7	11.3	1
7. 长胶削弧圈球	73.1	82.7	5.1	1

（依吴焕群，1987）

表 1 – 11　国家队和青年队运动员反胶和正胶 4 项技术的转速比较(单位:转速/秒)

	加转弧圈球			前冲弧圈球			加转搓			正手下旋发球		
	X	M	N	X	M	N	X	M	N	X	M	N
正胶	112.1	129.6	5	121.6	136.8	6	44.9	65.9	6	38.6	51.7	3
反胶	131.9	148.6	18	137.2	155.0	17	55.6	75.0	18	52.8	74.3	3
P	<.01	<.01		<.01	<.01		<.01	<.01		<.01	<.05	

（依吴焕群等,1987）

表 1 – 12　不同厚度海绵胶皮拍拉球旋转的比较

	胶皮厚度(mm)	海绵厚度(mm)	胶皮海绵厚度(mm)	海绵硬度	转速(X)(转/秒)	S	N	T	P
反胶 A	1.82	2.1	3.92	48	107.4	6.4	153	9.5	<.01
反胶 B	1.75	1.3	3.05	50	99.2	7.0	104		
正胶 A	1.22	2.1	3.32	40	91.1	6.7	149	6.4	<.01
正胶 B	1.3	1.5	2.8	35	86.2	6.2	137		

（依张晓蓬等,1995）

测试研究的结论是：

（1）在弧圈球的旋转上，高吊弧圈球的旋转小于前冲弧圈球的旋转；

（2）打下旋球的旋转明显小于拉弧圈球的旋转；

（3）发球的旋转小于加转搓球的旋转；

（4）反胶摩擦球的旋转大于正胶摩擦球的旋转；

（5）反胶削球的旋转大于长胶削球的旋转；

（6）削球的旋转小于拉弧圈球的旋转；

（7）海绵厚度在拉球的旋转上，海绵厚度厚的大于海绵厚度薄的。

西田熏（2000）在研究弧圈球的速度和旋转关系时认为，在球落台后，如果球的旋转转速大，球飞行的速度就快。如果球的旋转转速为 20 转/秒，在球落台反弹后的飞行距离约 1.6 米，球在空中的滞空时间为 0.72 秒，如果球的旋转转速为 130 转/秒，在球落台反弹后的飞行距离约 3.5 米，球在空中的滞空时间为 0.54 秒，球的旋转转速高，使得反弹的高度降低、速度加快（图 1–13）。这项研究表明，球的旋转程度和球的速度密切相关。球的旋转和击球方式以及用力大小也是密切相关的。

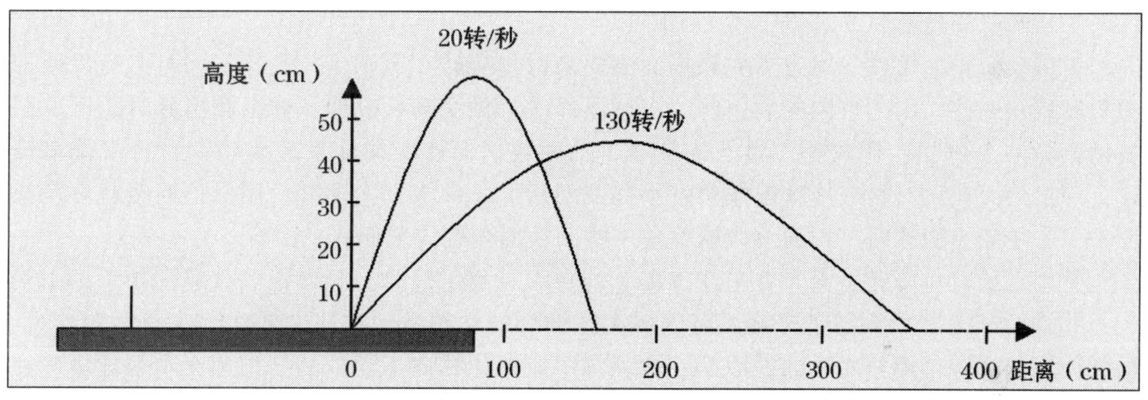

图 1–13　球的速度、旋转与球的飞行距离示意图

关于乒乓球旋转和速度的关系，韩同康（1994）通过对乒乓球动态特性进行运动学和动力学研究后，提出了广义的旋转与速度相对原理，即球的旋转与速度的相对关系取决于点动座标系中该角度位置的合成速度的大小和斜率。通过对多年积累的大量测试资料的统计，给出了乒乓球主要技术的旋转和速度范围的统计值（平均值）。（表 1–13）

3. 提高击球旋转的教学训练要点和处理旋转球的方法

（1）提高击球旋转的教学训练要点

①击球时，使力的作用线远离球心，使力臂得到增大，以增加摩擦力。

②加大挥拍击球的力量，使拍对于球的摩擦作用得到增强。

③选用粘性较好的球拍，以利于增大拉球或削球的摩擦力。

④以球拍适当的部位去拉球或削球，以利于增强球的旋转。

⑤采用向球内摆动的弧形去拉球或削球，容易增大球的旋转。

表 1－13　各种球型技术转速、速度范围测试表

技术名称	转速范围(S/C)	速度范围(M/S)
1. 高吊弧圈球	90～160	9～12.5
2. 前冲弧圈球	100～160	14～19
3. 攻球	25～65	13～16
4. 扣球	30～80	16～19
5. 打突击球	25～90	16～20
6. 下旋球	40～85	7～9
7. 加转下旋球	90～120	7.5～10
8. 近网侧下旋发球	40～60	3～5
9. 大角度侧上旋急长球发球	60～80	13～15

（依韩同康,1994）

(2) 处理旋转球的方法

①用改变拍面角度、用力方向和拍面方向来对付旋转。原则是：击球下网时，可以使拍面角度后仰一些，用力方向向上一些；击球出界时，做法相反。球从球台侧出界时，可以调整拍面方向。例如：用攻球对付上旋来球，拍面应前倾些，向前发力多些；对付下旋来球时，球拍拍面应比对付上旋球前倾角度小些或稍后仰，向上发力多些。用推挡回接对方发至反手位的左侧上旋球时，拍面方向应偏左一些，拍面角度应前倾些。

②用力量对付旋转。当对方来球过高，与台面有直射线时，可做近似直线的扣杀。由于大力扣杀，其力量大大超过来球，可削弱来球的旋转作用力，在回击低球时主动发力越大，也能使来球旋转作用相对减弱。因此，在训练中应抓住提高运动员的挥拍速度和击球爆发力这一重要环节，而不要过多借力。

③以转制转，以不转制转。第一，可以顺着来球旋转击球。采用这种方法击球，可以借用来球的旋转力，提高自己回球的旋转强度。例如，以拉对削或以削对拉。这种方法，对于使用粘性较小的球拍的运动员效果更好。因为顺着来球旋转击球时，可以减少球在拍面滚动作用，可以少吃转。这时，一般应采取加大摆速以克服旋转为主，而适当配合调整拍面和发力方向。第二，逆着来球旋转击球。例如对攻、对拉、对搓等。使用这种方法击球，主要靠自己发力，对于使用粘性较大球拍的运动员效果更好，但由于逆着来球旋转击球时，拍与球之间切向相对速度显著增大，使球在拍面的滚动作用大大加强，易反吃转，所以，应特别注意调整拍面和发力方向。第三，采用避转法击球。无论任何种类的旋转球，越靠近旋转轴的部位其旋转越弱（即转速越慢），越远离旋转轴的部位其旋转越强烈（即转速越快）。根据这一道理，在必要的情况下，可用改变击球部位的方法来避开强转区，减少“吃转”（图 1–14）。例如，用推侧旋（推挤）的方法来回击弧圈球或搓球。

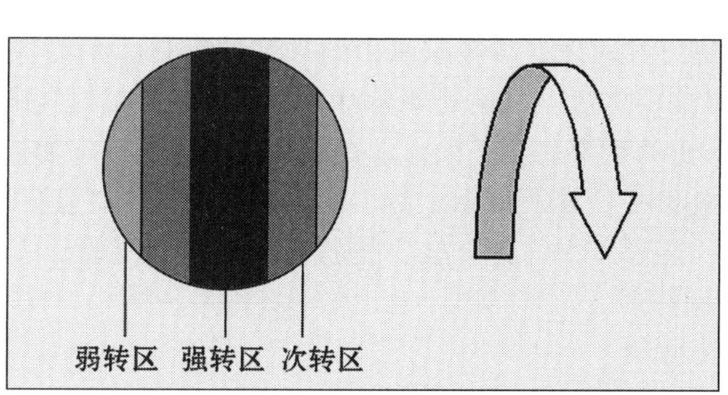

图 1-14 球体不同区域的旋转强度示意图

（四）关于击球力量

击球力量在提高击球速度、制造和克服旋转、加大击球的威力方面有着重要作用。击球力量的大小主要取决于击球时挥拍加速度的大小。要想加大挥拍的速度，则必须发展力量素质，特别是击球的爆发力和全身的协调用力。在乒乓球比赛中，击球力量大，球速就快，在战术上就容易取得主动，从而获得更多的进攻机会。

1. 击球力量的分析

一物体对另一物体的作用叫作力。当某一物体受到力作用的时候，该物体的状态就会发生变化，从静止变为运动或从一种运动速度变为另一种运动速度。因此，力是使物体获得加速度的原因。

根据牛顿第二运动定律 F=m·a（力=质量×加速度）来分析，如果物体的质量不变，那么它的加速度就与作用力成正比。作用力越大，其加速度就越大。从乒乓球运动来说，击球力量（F）等于球拍和球质量（m）与挥拍加速度（a）相乘之积。

在乒乓球运动中，球拍和球的质量变化小，可以视为是相对固定的。击球力量可以由挥拍加速度来表示，也可用挥拍即将触球的瞬时速度来表示。击球时，球拍的瞬时速度越快，则打出球的力量就越大，反之则小。不论是发力冲球还是削出强烈的旋转球，其实质都与击球的爆发力有密切关系。击球爆发力好坏，取决于击球时球拍瞬时速度的快慢。如在拉弧圈球或削球时，击球瞬时球拍速度越快，则打出的球旋转力也越强。要增大击球的爆发力，提高球拍运动的速度，除了要充分发挥大臂、前臂、手腕的动作速度外，还要注意腰、腿力量的协调配合，才能更有效地提高击球瞬间的球拍速度。

根据力学原理，球拍在加速过程中，某一位置所达到的瞬时速度的快慢，取决于加速距离的长短和速度增加快慢的程度。任何原来静止着的物体，由静态变成动态时，因为物体的惯性作用，都不可能立刻达到很高的速度，而只能在向前行进的同时速度逐步增大，越来越快。物体在向前运动的同时速度越来越快的这一段行进距离，称之为加速距离。在速度增加快慢相同时，加速距离越长，则物体所达到的瞬时速度也就越快。据此，为要使球拍达到足够快的速度以保证击球力量，那么，加速距离必须有足够的长度。如果加速距离太短，球拍达不到足够快的速度，就会使打出的球软弱无力。近台快攻，快推加速距离一般都比较短，在此情况下而能击出速度较快的球，主要原因在于：一是较多地用前臂发力，在上升期击球，来球从起跳至碰拍的时间短；二是较多借助来球的反弹力来加快回球的飞行速度。然而，终究由于它们的加速距离短，打出的球显得力量不足。为了提高击球的爆发力，除了要适当拉长加速距离外，更为重要的是必须力求在此距离内尽快地增加挥拍速度。在加速距离相同的情况下，挥拍速度快，击球力量就大。为了能在一定的加速距离内使挥拍速度加快，就必须充分发挥上臂、前臂、手腕甚至腰、腿的协调作用，使躯干、肩，肘和腕各个关节（支点）都能起到加速的作用。

2. 提高击球力量的方法

（1）选择合理的击球位置

击球前，必须及时移动步法，抢占有利的击球位置，尽可能使身体与击球点保持一定的加速距离，以利加快击球的挥拍速度。越是要增大击球的爆发力，就越要使击球点距离身体远一些，动作半径大一些，以利整个手臂及腰腿各部分均能充分发挥作用。

（2）提高肌肉的工作效率

击球前，必须向后引拍，使手臂、腰各部分的肌肉拉长，以利击球时进行快速收缩。

（3）选择正确的击球时间和击球点

击球时，选择正确的击球时间和击球点也十分重要。正确的击球时间和击球点，有利于手臂的充分发力，使挥拍速度加快。正手攻球（削球）时，击球点应在身体的右侧前方，反手攻球（削球）时，击球点应在身体的左侧前方。要掌握好发力的时机。要在拍与球接触的一瞬间使挥臂达到最快的速度。同时，击球后，必须使各部分肌肉尽快放松，使身体迅速恢复准备状态，以利于下次击球。

（4）加强速度力量素质的训练

经常进行各种提高专项快速力量的辅助练习，使击球爆发力得到不断加强。

（五）关于击球的落点和线路

乒乓球的落点是指球的落台点。击球点到落台点之间所形成的线，叫击球线路。乒乓球击球落点和击球线路的好坏，决定着击球的质量。由于乒乓球竞技水平的不断提高，运动员在近网短球的争夺和在两条直线上的争夺欲发明显，落点控制和线路控制，成为乒乓球竞技中越来越不可忽视的因素。

1. 对击球落点和线路的认识与研究

击球落点是由击球时击球力量的变化所产生的。一般情况下，力量轻时，回球的落点就会靠近球网（摆短球），力量加大时，回球就会远离球网（搓长球）。击球线路则是由击球时拍面角度或击球时间的变化所产生的，即球拍的外撇和内扣，击球时间的早和晚，或两者的合用，都可以改变击球的线路。（图 1–15）

落点和线路在比赛战术上的重要性，是显而易见的。苏丕仁（1995）认为，一个好的击球落点：（1）就一般情况而言，是指近网、近边线、近端线和追身球；（2）是打在对方的弱点上，即打对方的技术缺点和在打开对方的位置后产生的技术缺点；（3）是在击球过程中配合假动作击球，打对方的空当。

吴焕群等（1995）不仅把击球线路看作是一种战术上的变化，还认为在乒乓球比赛中，速度不单是由运动员击球的出手速度、站位远近等决定的，击球线路也成为击球速度的一个

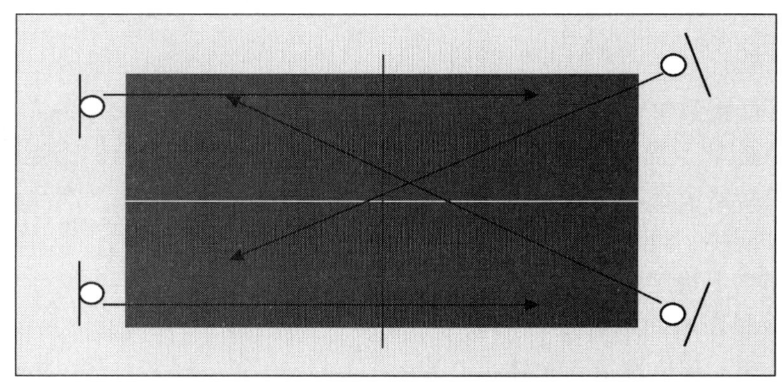

图 1-15 乒乓球击球线路与拍面角度关系

重要因素。由于直线较斜线的距离短，打直线时的球速比斜线快。在第 43 届世乒赛中，中国队直线的使用率为 41%，瑞典队为 27%。在击球线路的使用上，中国运动员直线的使用率相当高，是意识到直线球在速度上的优势和在调动对方移动上的优势。

因此，在乒乓球的教学训练中，加强对击球落点和线路的认识，从单一技术角度讲，它提高了击球质量，把击球的速度、旋转和力量通过落点和线路的不同，构成了单一技术在击球上的变化，这种变化有着明显的战术含义。

2. 乒乓球落点和线路使用的意义

(1) 扩大对方的移动范围

落点离对方的站位越远，对方的移动范围就大；短球越近网，越能迫使对方上步接球，结合劈长，使对方后退，增加对方前后移动范围。回斜线时，球从边线反弹出，落点越近网，角度就越大，增大对方的移动范围。

(2) 增大对方的击球难度

打追身球，落点越接近对方身体，对方就越难让位。由于回击球容易出现失误，回击球的落点和线路与对方的判断和步法移动方向相反时，效果最好。打两条直线时，由于球速比较快，迫使对方失去足够的击球时间，导致击球质量下降或击球失误。

二、步法移动技术的理论知识

步法移动技术的理论知识，是乒乓球技术理论知识中另一重要内容。步法移动问题，不仅是一个实践问题，同时也是一个理论问题。在乒乓球击球中 5 个竞技要素的产生，不仅是手法技术动作作用的结果，同时也是步法移动技术动作作用的结果。作为乒乓球击球技术动作的直观形态，我们看到的是运动员们无一例外地在不断地跑动中完成击球。所以，从理论上论述一个完整的乒乓球击球技术动作，步法移动技术动作是不可或缺的。

在乒乓球步法移动技术的基本结构的认识上，一般认为一个步法移动技术动作的完成包括 3 个部分：起动、位移和制动。因此，乒乓球步法移动技术动作的力学分析也是从上述 3 个方面进行。

(一) 起 动

人体从相对静止到快速移动的过程称为起动。起动的目的就是为了获得移动速度。影响乒乓球步法起动快慢的主要力学因素有3个：

1. 在起动方向上稳定角的大小

稳定角是用来表示物体稳定性的概念，即支撑面的两边缘上相应两点与物体重心连线所形成的夹角。在步法移动前的准备姿势可以包括4个稳定角。（图1–16）

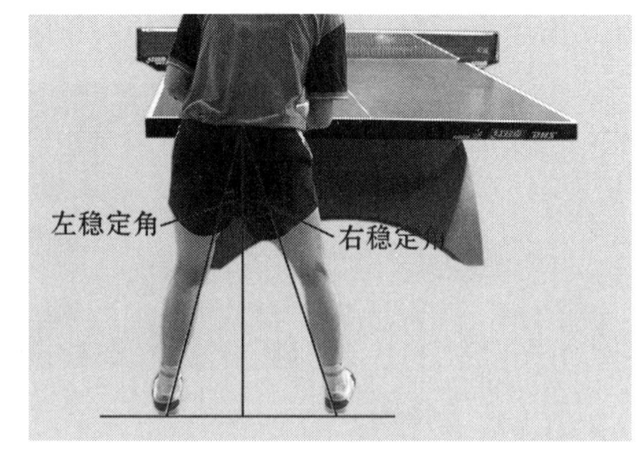

图 1–16　稳定角

在支撑面一定的情况下，如果物体的重心位置较高，重心在支撑面上的投影点到支撑面边缘某个方向的距离较短，在这个方向上的稳定角就小。因此，就一个物体而言，在支撑面一定的情况下，物体在某一方向上的稳定性取决于其重心的高度和重心在支撑面上的投影点距支撑面相应边界的距离。如果不考虑人体肌肉的做功和做功的能力，步法起动方向上的稳定角越大，起动就越慢；稳定角越小，起动就快。

2. 支撑反作用力的大小

步法起动过程，是人体支撑反作用力作用在地面上的过程。作用力作用在物体上的力越大，物体改变原来运动状态就越快。地面施与人体的作用力，其大小与人体蹬地的力量大小相等，方向相反。支撑反作用力越大，起动越快。

3. 蹬地角度的大小

蹬地角是指在蹬地时支撑反作用力的作用线与水平方向的夹角。其大小决定着支撑反作用力在水平方向分力的大小。蹬地角越小，水平方向获得的分力就越大，起动就越快。（图1–17）

图 1–17　蹬地角

(二) 位　移

人体的位移速度是人体的作用力作用于地面时，地面给人体一个大小相等、方向相反、作用在同一条直线上的反作用力相互作用而形成的。人体的位移速度是由起动速度决定的，由于步法移动可能是两个以上的步法技术动作构成，人体的位移就是不断起动的结果。乒乓球运动的位移，不同于田径运动中的跑。在位移过程中还要完成比较复杂的手法技术动作。

(三) 制　动

从运动到静止的过程称为制动。制动与起动是完全相反的过程。制动时，最后跨出的脚落地，从而获得一个地面对人体的支撑反作用力。其与重力形成的合力方向与人体运动方向相反，从而使身体移动速度减慢，直到停止。影响制动快慢的因素有 2 个：一是支撑反作用力的大小，支撑反作用力越大，制动越快；二是支撑反作用力与地面的夹角的大小，夹角越小，制动越快。在乒乓球步法移动中，可以通过降低身体的重心、上体后仰等来减小其夹角。

三、乒乓球技术的经验知识

乒乓球技术的经验知识主要包括：(1) 乒乓球技术术语；(2) 乒乓球击球技术动作结构经验性分析。

(一) 乒乓球运动技术术语

技术术语是一种具有行业特点的专门用语，并且会形成一个相互关联的系统。术语系统是一个行业技术经验不断积累的结果。在一个行业中术语系统的完备与丰富程度，反映着人们对一个行业认识的程度。乒乓球运动技术，作为行业性的技术，也是如此。

乒乓球运动中的每一个术语，都有比较严格和特定的含义。乒乓球运动技术术语随着乒乓球运动技术的不断发展而变得十分的丰富，乒乓球运动技术术语的丰富和发展程度，反映出对乒乓球运动技术的理解程度和使用的程度。乒乓球运动技术术语体系包括 4 个方面：(1) 技术动作术语；(2) 训练术语；(3) 战术术语；(4) 器材术语。

1. 技术动作术语

(1) 站　位

是指运动员击球时，身体与球台的相对位置和距离。(图 1–18)

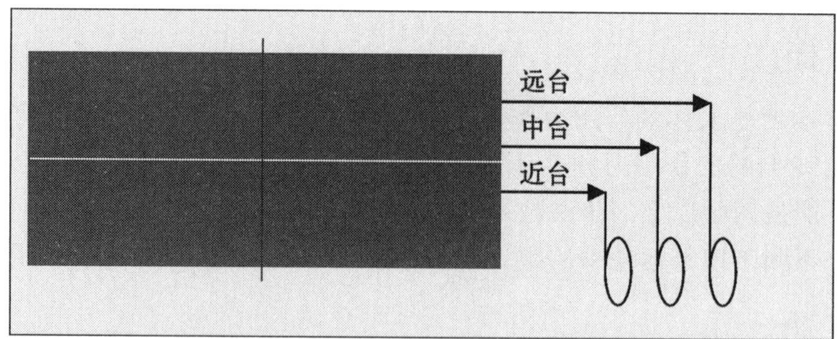

图 1-18　三种基本站位示意图

(2) 选　位

指在比赛和训练中，击球时身体所处的不同位置。(图 1-19)

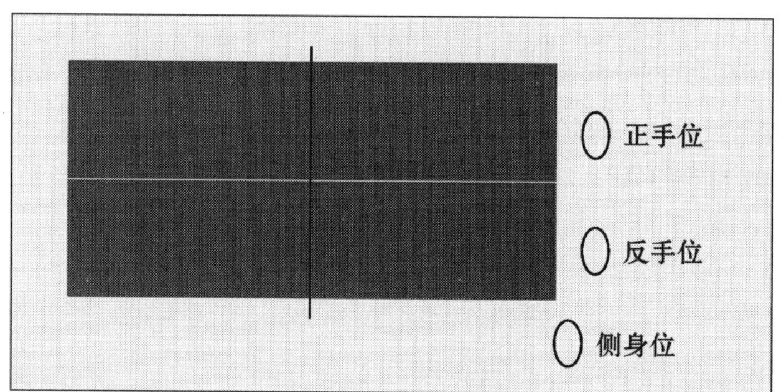

图 1-19　三种基本选位示意图

（3）击球时间

是指对方击来球在本方台面弹起后，球从着台点上升再下落至触及地面的全过程，大致可分为三个时期。（图 1–20）

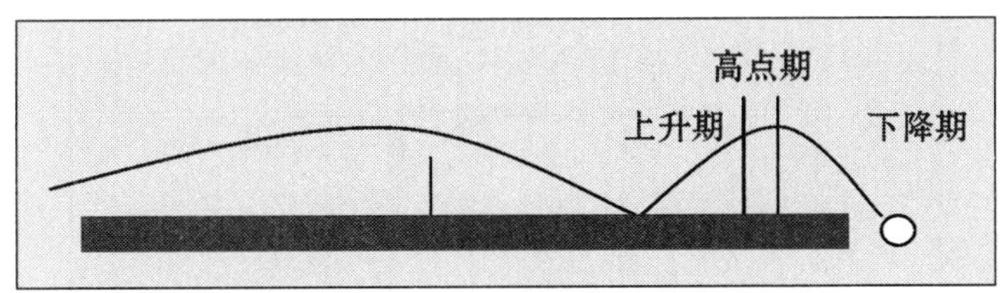

图 1–20　球反弹后的三个击球时期

（4）击球点

是指击球时球拍与球在空间接触的那一点与击球者所处的相对位置。（图 1–21）

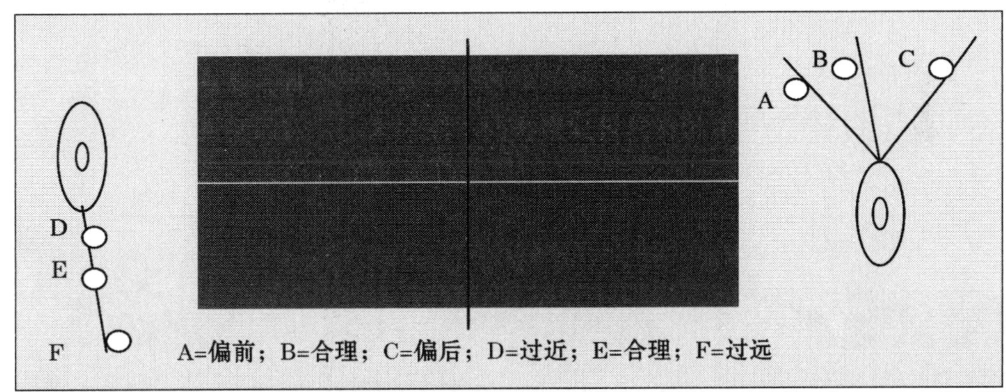

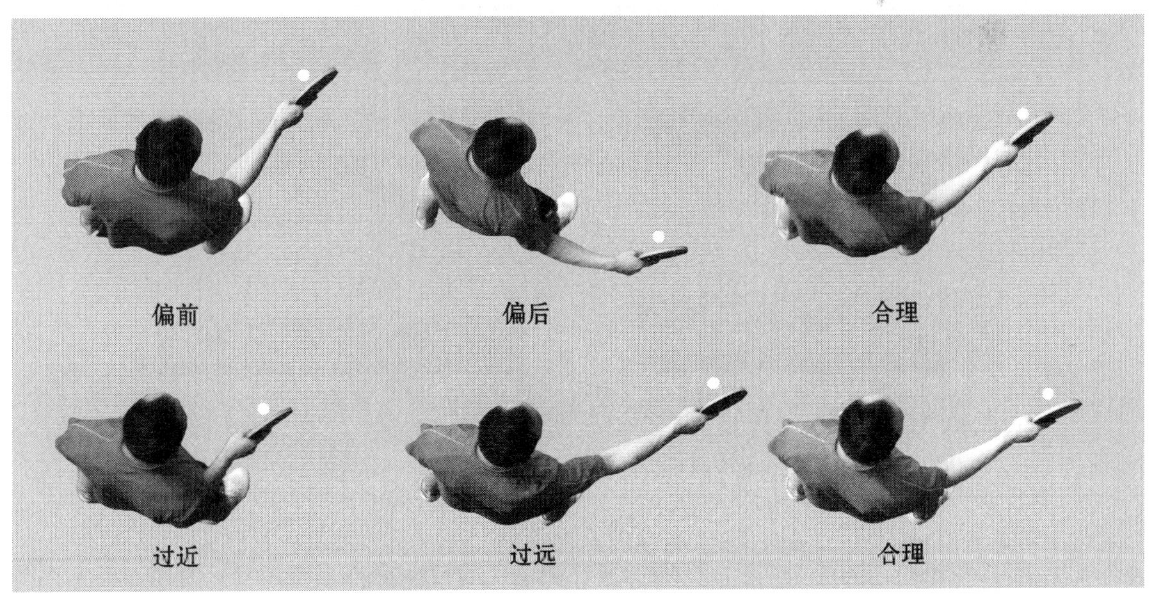

图 1–21　正手攻球技术动作中不同击球点的示意图

(5) 击球部位

是指球拍击球时，接触球体表面的部位。为了便于说明球拍击球时接触球的部位，一般以钟表的圆盘刻度将球的击球部位划分为 5 个。（图 1–22）

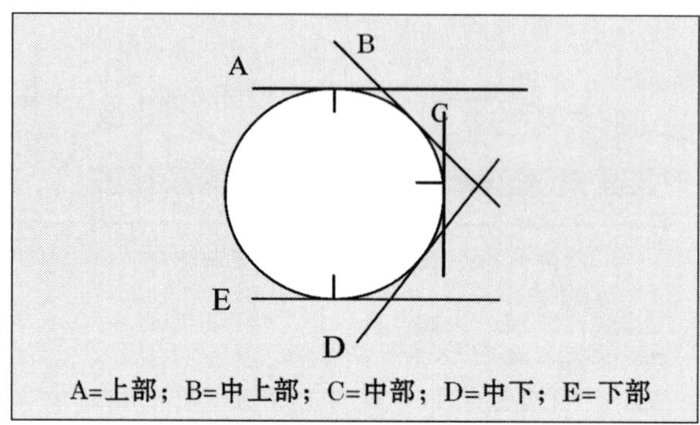

图 1–22 球拍击球部位示意图

(6) 拍面角度

是指拍面与球台水平面的倾斜角。（图 1–23）

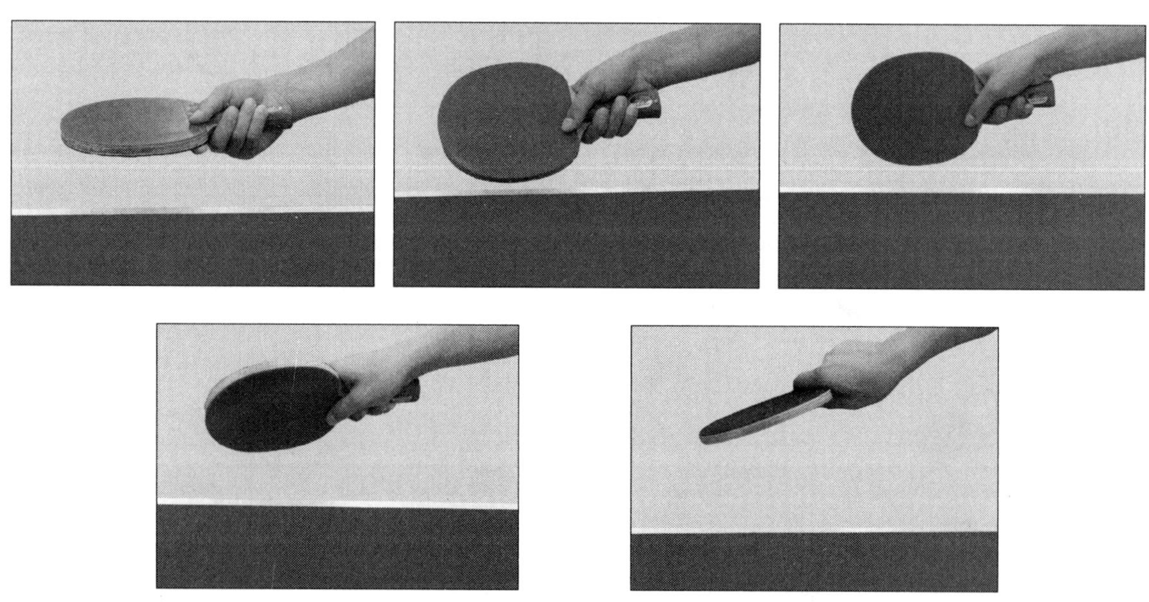

图 1–23 拍面角度示意图

(7) 拍面方向

是指球拍拍面通过手腕或前臂的变化所形成的拍面朝向的变化。(图 1–24)

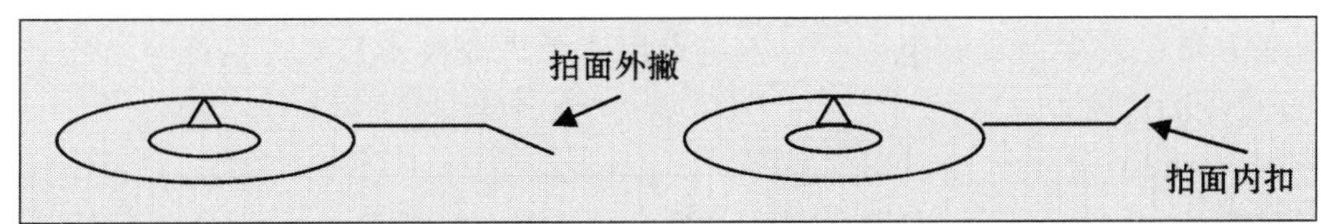

图 1–24　拍面方向俯视示意图

2. 训练术语

(1) 技术训练

主要针对技术本身，根据一定的目标要求所进行的提高技术水平的训练。

(2) 战术训练

主要针对比赛和比赛对手的基本技战术情况，以技术为基础，根据一定的战术目标要求所进行的提高战术水平的训练。

(3) 手法训练

主要是指为了改进和提高手法技术的训练。

(4) 步法移动训练

主要是指为了改进和提高步法移动能力的训练。

(5) 有规律训练

指训练的内容是在固定的落点和线路上进行。

(6) 无规律训练

指训练的内容是在不固定的落点和线路上进行。

(7) 多球训练

通过采用多球供球和多球单练的形式所进行的训练。

(8) 模拟训练

是运动员为了比赛需要，与专门模拟比赛对手的运动员进行的训练。

(9) 男帮女练

为了促进女运动员快速提高运动技术水平，采用由男运动员帮助女运动员进行的训练。

(10) 正手对攻

根据训练要求，练习双方站在右半台或左半台，均用正手进攻技术进行斜线、直线的练习。

(11) 反手对推（拨）

练习双方站在左半台，均用反手推（拨）技术进行斜线的练习。

(12) 正手一点对两点

练习双方站在右半台或左半台，一方定点用正手进攻技术打对方的两点（定点或不定点），对方在步法移动中攻球。

(13) 走动攻

练习双方站在左半台，一方定点用反手推（拨）打对方的两点（定点或不定点），对方在步法移动中攻球。

(14) 推侧扑

练习双方站在左半台，一方定点用反手推（拨），另一方从推开始，伺机进行侧身攻，在变正手位后扑正手攻。然后还原重复进行训练。

(15) 对　搓

练习双方站在左半台，均用反手或正手搓球技术进行斜线、直线的练习。

(16) 搓球抢攻

练习双方站在左半台，均用反手或正手搓球技术进行斜线、直线球，并在搓球过程中，伺机进行侧身位或正手位的进攻练习。

(17) 左推右攻（摆速）

练习双方站在左半台，一方用反手推对方的斜线、直线两条线，另一方在左半台用推和在右半台用攻进行练习。

(18) 两直对两斜

A 方在左半台用反手推对方直线，B 方在右半台用正手斜线攻回击对方右半台，A 方用正手攻直线，B 方用反手推斜线。依次进行练习。

(19) 发球抢攻

一方发球，一方接发球，发球方通过发球制造进攻的机会。

(20) 接发球抢攻

用挑打、摆短、晃接等技术回接发球后，进行正反手的上手进攻。

(21) 拉　削

是指进攻打法运动员和削球打法运动员进行的一拉一削的练习。

(22) 拉　吊

是指进攻打法运动员进行拉和吊，削球打法运动员进行削接和迎前回短球的练习。

(23) 削追身球

削球运动员在移动中用正反手削攻到身体附近的球。

(24) 削中反攻

削球运动员在正反手削球过程中，制造机会进行反攻。

3. 战术术语

(1) 竞技要素

是指一个单一技术动作，在一板击出的球中所包含的物理学因素。即速度、旋转、力量、弧线和落点。

(2) 制胜因素

是指每一板击出的球中所包含的物理学因素，由于打法类型、个人技术特点不同，根据比赛需要在战术上进行的变化。即将竞技要素与运动员个人的整体技战术结合，就形成了制胜因素。即“快、准、狠、变、转”5个制胜因素。

(3) 打法类型

是竞技要素与制胜因素在一个运动员技术基础上，进行合理有效的组合形式。

(4) 战术风格

制胜因素依运动员技战术特点（打法类型），个人气质的不同所形成的运动员各自特有的比赛风格。

(5) 进攻技术

是指以速度快、力量大为主要特征的，通过主动发力方式实施的技术。

(6) 控制技术

是指以旋转变化明显、落点线路控制严谨为特征，在近台范围内，通过适当用力和借力的方式实施的上下旋技术。

(7) 防御技术

是指以旋转变化明显、进行落点线路控制为特征的，在中远台范围内，通过主动发力的方式实施的上下旋技术。

(8) 相持技术

是指比赛中双方在第4、第5板以后的技术使用，包括上旋相持技术和下旋相持技术。

(9) 单一技术

是指乒乓球运动中的一个技术动作。

(10) 结合技术

是指乒乓球运动中两个以上技术动作的组合。

(11) 战术单元

根据比赛需要，使一个单一技术战术化。

(12) 单个战术

根据比赛需要，使一个结合技术战术化。

(13) 中路突破

通过有质量的发球或回接球到对方中路（追身位置），迫使对方回接难度增加，控制力减弱，进而实施进攻的一种策略。

(14) 正手突破

通过有质量的发球或回接球到对方正手位，迫使对方在被动移动去正手位时，失去反手位置，进而再实施打反手位的一种策略。

(15) 近网球

指球的落点在近网区内（近网区指距球网40厘米以内的区域）的球。（图1–25）

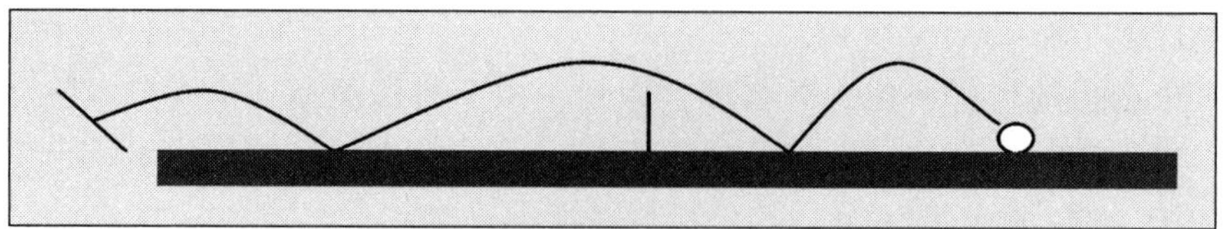

图 1–25 发近网球示意图

(16) 半出台球

是指回接球的第二落点在球台底线外缘附近。(图 1–26)

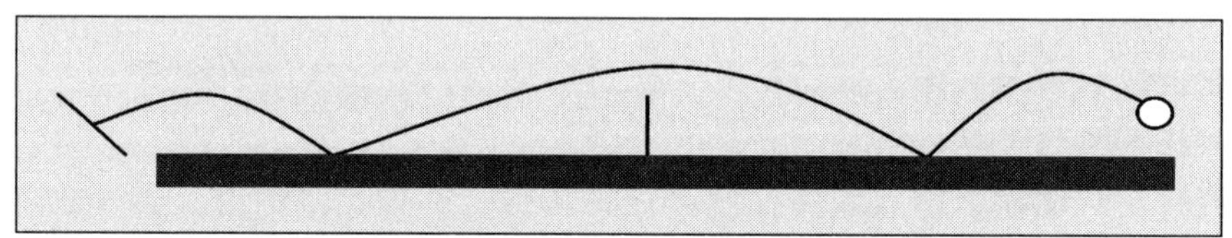

图 1–26 发半出台球示意图

(17) 底线球

击出球的落点在对方台面端线区内 (端线区指距端线 10 厘米以内的区域) 的球。(图 1–27)

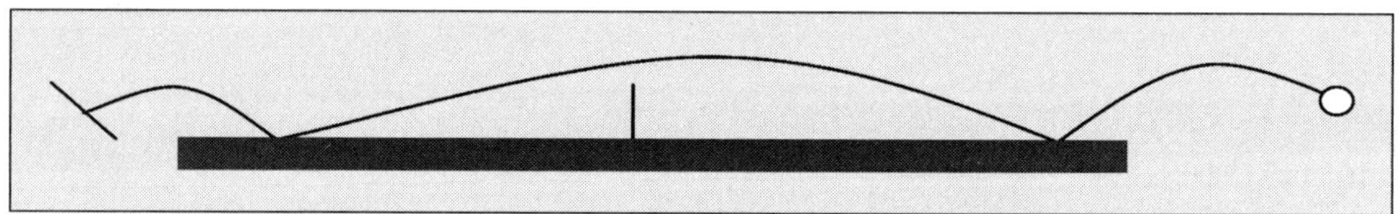

图 1–27 发底线球示意图

(18) 追身球

是指球的落点或反弹后，在空间的位置追近回球者身体而造成回球者回击困难的球。

(19) 小三角区域

指球台近网的两个边线附近的区域。(图 1–28)

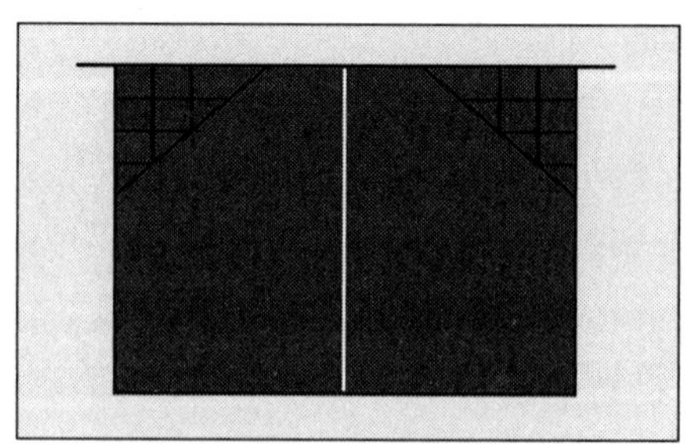

图 1–28 小三角区域示意图

(20) 前三板

是指发球、接发球和发球抢攻，双方加起来的前三板击球。

(21) 击球节奏

是指在击球时由于击球时间、发力大小、摩擦厚薄等因素而形成在击球速度上快慢的不同。

4. 器材术语

(1) 正　胶

胶皮颗粒向外粘贴使用的胶皮。

(2) 正胶效用

摩擦系数比反胶小，速度较快。

(3) 反　胶

胶皮颗粒向内粘贴使用的胶皮。

(4) 反胶效用

摩擦系数比正胶大，速度较慢。

(5) 长　胶

属于正胶的一种类型，其胶粒细且长。

(6) 长胶效用

摩擦系数很小，借转做转，不主动产生旋转。

(7) 生　胶

属于正胶的一种类型，其胶粒比正胶略长。

(8) 生胶效用

击球的性能介于正胶与长胶之间。

(9) 海　绵

是一种经过发泡工艺而产生的无数个密闭小孔布满其内，形成无数微型气室的微孔橡胶制品。

(10) 海绵硬度

表示海绵软硬程度的指标，海绵硬度的高低与海绵出球速度成正比。不同生产厂家在乒乓球海绵硬度指标上，有不同的表示方式。

(11) 海绵厚度

表示海绵厚薄程度的指标，海绵厚度的大小与海绵出球速度成正比。

(12) 海绵弹性

海绵的弹性程度与海绵的硬度和厚度有关，更与海绵的发泡程度有关。

(13) 海绵效用

当海绵受到来球的撞击时，与触球点临近的气室受力而产生收缩，海绵由此产生形变而凹陷，可将来球“吃住”，从而为调节击球提供可能。通过变形所积蓄的弹性势能迅速转化为动能使球弹出。

(14) 底　板

指还没有覆盖海绵和胶皮的球板。

(15) 底板指标

包括拍柄形状（HANDLE SHAPE）、重量（WT.）、板层结构（PIY）、厚度（THIKNESS）、长宽（LENGTH/WILD）、速度（SPEED）。

(16) 碳素纤维

即聚丙烯腈基碳纤维，它是由碳纤维和相关的基体树脂（如环氧树脂）制成的复合材料。由于它是一种强度高、轻比重材料，现在成为乒乓球底板增加弹性的必须添加的材料。

(17) 若基纤维

又称芳纶纤维，它是一种更新型的高柔韧性材料。由于它的坚韧、高弹减震和超轻重量的特性，使它成为乒乓球底板新的添加材料。

(18) 底板速度与控制系数

说明底板的弹性与控制关系的大小。速度系数高表明底板弹性大，控制性低；反之亦然。

(19) 底板弹性

是指底板击球后变形恢复的速度。恢复速度快，则球脱板的速度快；反之亦然。

(20) 底板“吃球”

是底板在击球时产生的微小变形。

(21) 底板底劲

是击球力量通过底板作用于球时的消耗程度，地板底劲好，意味着其力量传递过程中消耗的少。

(22) 套　胶

海绵和胶皮已经粘好的海绵胶。

（二）乒乓球击球技术结构的经验分析

乒乓球击球技术结构的基本单元是一次击球过程。这个过程包括两个部分：一是判断，即判断内容、判断实施和判断方法。二是击球技术动作，即移动与选位、引拍、迎球挥拍、拍触球、随势挥拍和还原。（图1–29）

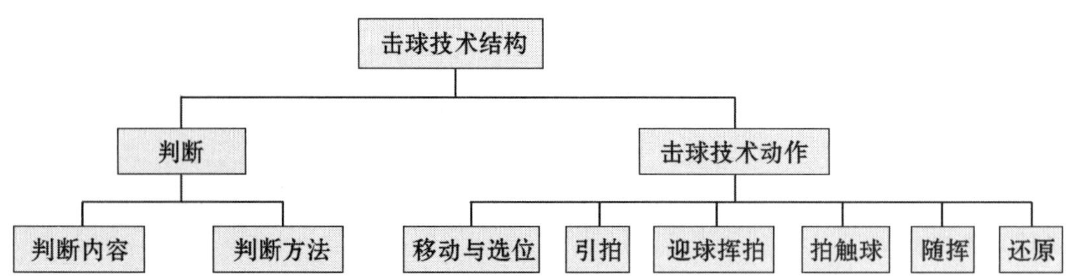

图 1–29　击球技术结构示意图

判断是击球技术动作实施的前提，击球技术动作完成的效果与判断的正确性和击球技术动作使用的合理性有关。在乒乓球运动中，这两个部分贯穿于每次击球之中。

1. 判 断

在击球技术结构意义上的判断，是指在击球过程中，根据自己击球质量，对对方移动、击球中的竞技要素以及战术意图的判断。这一判断是决定步法移动、选位和采用何种技术动作击球的前提，判断的准确与否直接影响到步法技术动作和手法技术动作的使用效果。

(1) 判断的内容

根据自己击球质量情况，判断的内容可分为：判断对方的站位和移动、判断来球的路线（斜线、直线、弧线轨迹）、落点（长、短、远、近）、旋转（性质和强度），以及对方的作战意图。

(2) 判断的方法

判断的方法可分为：预测判断、实际判断、规律判断和选择判断 4 种。它们之间虽有区别，但又相互联系、相辅相成，是一个不可分割的整体。

①预测判断：是指对对方击球前的动向和意图的预先估计。在高水平的比赛中，预测判断更有其特殊意义。一个优秀的乒乓球运动员，其突出的特点之一，就是在比赛中对对手的技战术意图具有的预见性。这种能力主要表现在他能在紧张激烈、瞬息万变的比赛中，预先估计对方的作战意图，适时地抢占有利的击球位置，从容还击。从表面上看，这种行动好像是轻而易举的。然而，这种才能，绝非轻而易举所能获得，而是运动员在长期艰苦的训练过程中，千锤百炼的结晶。

②实际判断：也称直观判断，是通过运动员的视觉和听觉反应所作出的判断。如在接发球时，预先估计对方的战术意图，将要发出什么性质的球是必要的，但这毕竟是主观的，只能是行动前的思想准备。而实际判断，特别是对方拍触球的瞬间动作，则是客观的，是准确判断来球性质的根本依据。把发球前和发球时的判断紧密结合，融为一体，判断将更为准确及时，两者统一，才不致被对方的假动作所迷惑，也是运动员迅速、果断地进行抢攻的基础。

③规律判断：是指运动员根据乒乓球本身的运动规律和比赛的一般规律所作出的判断。如：接发球，可从对方发过来的球的飞行弧线的状态和球落台反弹后的现象，准确地判断出来球的性质。如果对方站在左半台发球，不管对方发球的手法如何巧妙，若来球的飞行轨迹是向本方左侧偏拐，而且球落台后向左侧上（下）方反弹，则必然是左侧上（下）旋球，反之则为右侧上（下）旋球。来球飞行轨迹的曲度（偏拐程度）越大；则旋转越强。又如：在条件相同的情况下，发出的急上旋和急下旋球相比，其飞行弧线的曲度，急上旋较急下旋球低，球落台反弹后，急上旋球的前冲力大，急下旋球则往下沉。这些现象是乒乓球在空中运行时，由于本身的旋转规律和落台时球与台面作用力与反作用力所造成的必然结果，是不以人们的意志为转移的客观规律。

在比赛中，我们也常可见到某些规律性的东西，如运用发球和发球抢攻战术时，运动员往往会在连发近网短球之后，突发长球，连发一角之后，突发另一角，发转与不转则常先发转球再发不转球，关键时刻又可能多发不转等等。进攻打法的运动员在运用长、短结合战术时，则往往是摆短球后冲击对方的中路。再如，一方打出斜线大角度球之后，对方很难回击直线球，如此等等。这些情况，是运动员根据比赛的一般规律，而采取的主动行为，因此是可变的。有经验的运动员，往往能根据对方的心理变化而采用反常规的战术去赢得主动。在比赛中有时也可能出现某种反常规的特殊现象，就是当运动员处于被动的情况下，仓猝中使用了应急动作，打出的球往往会比较“怪”，使对方出乎意料而措手不及。这是一种带偶然性的异常现象，是无法预先估计的。

④选择判断：这是运动员在长期训练实践中，逐步形成的个人独特的判断来球的方式。判断来球的内容和方式方法是多种多样的，但是，对于每一个运动员来说，在实践中又会根据自己的情况和经验，重点选择某种对自己来说行之有效的方式和方法。如：有的运动员在判断对方发球性质时，主要是观察来球落台后的反弹现象作为主要依据，有的运动员则是以是否看得清来球的“商标”来判断转与不转，而有些运动员则采用“排它法”，即固定识别某种旋转球（如下旋）的飞行弧线和球落台反弹特征为根据从而采用相应的击球方式。

2. 击球技术动作

(1) 移动步法与选位

步法移动与选位，在乒乓球运动中具有十分重要的意义。从某种意义上说，步法移动差，往往选位也不好。在移动和选位差的情况下，手法再好也会失去应有的作用。因为步法差不能迅速抢占有利的击球位置，勉强击球就会破坏正确的手法，影响击球效果，甚至直接失误。

移动和选位是以对来球的预先估计及实际判断为依据，以满足自己准备采用的击球方式为要求，以抢占有利的击球位置为目的。为此，移动的距离越短越好，移动的速度越快越好，移动的方法与击球的手法越相一致越好。要达到这些要求，在对来球一旦出正确的判断后，起动越快越好。而起动的快慢，除取决于反应速度外，还与起动前的两脚的运动状态有关。一般说来，从静止中开始起动比从动态中起动要慢。所以，在比赛中，步法好的运动员，经常是在用小碎步做不停顿的重心交换，一旦需要做大幅度地移动时，其起动格外敏捷，步法也显得十分轻松。

(2) 引　拍

这是击球前的准备动作。引拍包括两个部分：引拍距离和引拍方向。引拍距离的大小与发力的大小成正比；引拍方向的高低与球的高低、球的性质、击球点的选择有关。引拍距离和方向是否合理，是能否击中来球，保持合适的击球点的重要因素。引拍方向决定着回球的旋转性能。要使回球呈下旋，就必须向上方引拍，要使回球呈上旋，就应向下方引拍。引拍动作的正确与否，影响击球的命中率和击球效果。

(3) 迎球挥拍

迎球挥拍是指从引拍后的位置挥动到击中来球这段过程。挥拍方向决定回球的旋转性质，并影响回球的路线，但它却受到引拍的制约。挥拍加速度的快慢决定球速的快慢和旋转的强弱。挥拍动作的正确与否，影响击球的效果和命中率。

(4) 球拍触球

这是指球拍与球接触时一刹那的动作。球拍触球时，拍面所朝的方向决定击球路线。拍面角度决定触球部位，并直接影响击球的准确性。引拍的距离、方向，挥拍的方向、挥拍的加速度，都在拍触球时得到体现。这一环节是乒乓球击球技术的关键性环节，它直接决定击球的效果和命中率。

(5) 随势挥拍

这是指球拍击球后有一段随势前挥的动作。这一动作有利于在击球结束阶段保证击球的准确性和击球效果的充分体现。

(6) 迅速还原

迅速还原指的是击球动作完成后，球拍、身体重心和基本站位的还原，以便为下一次击球做好准备。击球后身体重心的还原，几乎是每次击球后所不可缺少的。在比赛中，无论是连续进攻或是由某一种击球技术改为另一种击球技术，或是从正手一侧击球变为反手一侧击球，身体重心都必须及时还原，否则，下一次击球就难以进行，更谈不上击球效果。

思考题

1. 在乒乓球运动发展的不同阶段中，器材、规则对技术产生了怎样的影响。
2. 从乒乓球技术发展史的角度，分析弧圈球技术成为主要进攻技术的原因。
3. 从不同技术类型打法的演变过程来讨论乒乓球运动的技战术特点。
4. 你能否给乒乓球技术知识在乒乓球技术发展中的作用提供一个个人经验上的事例。
5. 说明乒乓球竞技要素、制胜因素和技术打法类型的关系。
6. 通过举例来论述击球力量、击球速度和与旋转的关系。
7. 乒乓球比赛中落点和线路控制的战术意义是什么？
8. 以某个运动员一个技术动作为个案，做乒乓球击球技术结构分析。

推荐阅读文献

1. 吴焕群，等. 乒乓长盛的训练学探索[M]. 北京：北京体育大学出版社，2003.
2. 邱锺惠，等. 现代乒乓球技术研究[M]. 北京：人民体育出版社，1984.
3. 王家正，等. 乒乓球[M]. 北京：人民体育出版社，1979.
4. 张惠钦. 乒乓球的旋转[M]. 北京：人民体育出版社，1980.
5. 温国昌. 乒乓球教学与训练[M]. 郑州：河南教育出版社，1986.
6. 张振民，等. 优秀乒乓球运动员神经调节机能特征[J]. 中国运动医学杂志，1998 (3) .
7. 张力为，等. 乒乓球运动员反应时与运动技能关系的探讨[J]. 体育科学，1994 (1) .
8. 蔡继铃，等. 乒乓球[M]. 北京：北京体育大学出版社，1998.

第二章
乒乓球器材与场地

教学提示

1. 了解乒乓球拍中底板、海绵、胶皮的构成。
2. 了解底板、海绵和胶皮性能以及对技术的影响。
3. 了解乒乓球拍的选用、粘贴和保护方法。
4. 了解如何进行乒乓球器材的选择和合理使用。
5. 学会乒乓球器材的维护和简单修理。

乒乓球运动器材是乒乓球技术的组成部分。乒乓球器材是乒乓球技术手段的物质部分，由于乒乓球器材生产的技术方法和技术知识，是存在和积累于生产企业，因此它们就不在乒乓球竞技专业的领域进行讨论。乒乓球运动所关注的问题是如何积极和有效地利用新型器材，来服务于运动技术水平的提高。

第一节　乒乓球器材

一、乒乓球拍

乒乓球拍由底板、海绵、胶皮3个部分组成。人们根据自己的技术特点和打法类型，对不同类型的底板、海绵和胶皮进行选择。了解底板、海绵和胶皮的性能，是把底板、海绵和胶皮进行优化组合的前提。同时，在比赛中使用的球拍还必须符合正式比赛的要求。

知识专栏：乒乓球拍的检测

乒乓球拍检测除为了确保球拍的拍面及“胶皮”没有违反规定外，更重要的是检查粘贴“胶皮”及海绵的胶水是否含有对人体有害的违禁溶剂。

一、检测内容一般包括

1. 正贴胶粒的高度和直径的比例。由1999年6月30日起，规则规定胶粒高度与直径之比不得超过1:1。

2. 覆盖物（胶皮及海绵）的厚度。单胶+胶水的总厚度不得超过2毫米，而胶皮、海绵、胶水的总厚度不得超过4毫米。

3. 平坦度。覆盖物是否整块均匀平坦，有没有呈现凹凸，可接受差距为0.2毫米。

4. 光泽度。球拍的表面光泽是否符合标准，即球拍是否反光，例如呈现如镜面的反光情况。利用检测光泽的仪器（gloss meter）进行测度，反贴胶皮的光泽度不得超出24°。

5. 黏贴覆盖物的胶水是否含有对人体有害的违禁溶剂。国际乒联现正采用“Drager Programme”测试球拍所释出的溶剂成份是否超出标准。包括：三氯乙烯(Trichloroethylene)；甲苯（Toluene）；二甲苯（Xylene）。

二、进行乒乓球拍检测的方法和时间

一般来说以抽样方式在赛前进行测试，赛会需在比赛开始前40分钟公布测试名单，而有关球员则必须在开赛前20~30分钟将球拍送检，通过测试的球拍将被装入特制的袋子，然后交给该场比赛的裁判员保管，直至比赛即将开始前交回球员。

球员不得在该球拍上再次涂胶水或更换胶皮，违者可能会被取消资格；若有其他特殊情况，例如比赛期间球拍损毁，需中途换拍，则必须于赛后将更换的球拍送检。

三、对粘贴剂被检测出含有上述对人体有害的违禁成份的处理。

1. 若轻微超出标准，且属初犯者，将会被警告，球拍则会被禁用，球员需以另一块球拍比赛。

2. 若再犯者，将会被取消资格。

3. 若明显超出标准者，无须警告，将会被取消资格。

4. 若于赛后送检的球拍测试结果超出标准者，将会被取消成绩。

此外，国际乒联禁止在比赛场馆内涂胶水，违者将受到纪律处分，故此，各球员应在场外空气流通的地方使用胶水黏贴覆盖物，以免违规。

(一) 底 板

乒乓球底板一般以木质材料为主制作而成，从木质材料的构成上看，乒乓球底板又可分为一层木质底板和多层木质底板两种。多层木质底板主要有 3、5、6、7 以及 9 层这 5 种。在其他条件不变的情况下，底板的层数越多，球在底板的脱板速度就越快，借力击球比较容易；反之，球在底板的停滞时间比较长，需要主动发力。

为了保证底板有一个适宜的击球弹性，在底板的制作过程中，就要考虑到横向木层纤维与纵向木层纤维的合理搭配。随着世界乒乓球技术的发展，乒乓球底板也开始利用一些新的工业材料，以此来提高击球时底板弹力和控制的均衡。于是，含有碳素纤维、（CARBON）、芳基（ARYLATE）纤维、芳基/碳纤维（CARBON/ARYLATE）混织以及玻璃纤维的底板应运而生。这些新材料的使用，大大提高了底板的性能。

1. 乒乓球底板的材料组成

乒乓球的底板一般由：面材+力材+芯材组成。底板中各层材料的厚度分别为：面材最薄，一般为 0.2~0.5 毫米；力材次之，一般为 0.5~1 毫米；芯材（常称为厚芯材）最厚，一般为 2.5~5 毫米。

(1) 面 材

面材为底板最外面的一层。该层材料的选材及厚度对底板的软硬起关键作用。国外主要用非洲产木材 LIMBA（林巴）和 KOTO（克脱）。从物理性能来看，这两种木材基本相似，其密度通常在 $0.5g/cm^3$~$0.65g/cm^3$ 之间。

(2) 力 材

力材为底板的次外层，该层材料的选材、厚度以及木材处理、排列方向、厚度以及占整个底板的厚度，直接影响到底板对来球的反弹作用。一般来讲，力材厚度增加，则底板的硬度增加，球的反弹作用随之增加。不同力材的组合，可使得底板在击球时控制性能增加，有利于各种击球技术的发挥。力材选择稍软一些有利于击球后力传递到芯材，能充分发挥芯材的底劲作用。

(3) 芯 材

芯材为底板最中间一层。是直接影响底板底劲的一层木材。所谓底劲即当芯材受到球的作用力发生弹性变形后恢复到原来形状的快慢，即弹性变形恢复得快，底劲大；弹性变形恢复得慢，则底劲小。底劲大的底板，即使在远台击球时，球过网后仍可获得较快的速度。

国内外最常用的芯材材料为非洲产 AYOUS（中文译音阿柚斯），该木材密度为 $0.33g/cm^3$~$0.48g/cm^3$。

在乒乓球底板的设计和制造中，其结构一般为面材薄、力材稍厚、芯材最厚。

2. 底板与新材料的使用

(1) 采用不同纤维材料的性能

不同的纤维强化复合材料的底板在击球时，会表现出不同的物理特征，通过纤维强化复合材料振动中幅度、频率和减衰三个物理测试指标，可以看到不同纤维在受到球同样力量的冲击时，它们在初期振动幅度、振动频率和振动减衰时间三个指标上有明显的区别。(图 2–1)

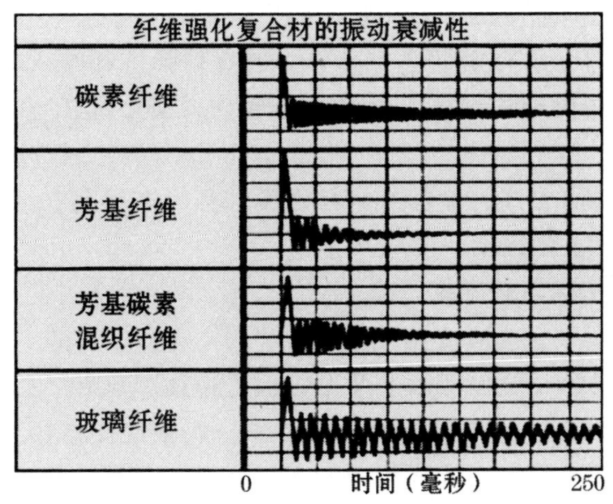

图 2–1 不同复合纤维材料振动的衰减程度（依王吉生，2001）

(2) 不同纤维材料与手感

①碳素纤维的性能与手感

碳素纤维初期的振动幅度最小，因此碳素纤维底板击球感觉最硬。由于振动频率最高，所以击球时形成的球滞板时间最短。这种球拍在击球时，球的弧线比较平，球的飞行速度比较快。这些特点适合在技术使用上比较凶狠的运动员采用。

②芳基纤维的性能和手感

芳基纤维在初期的振动幅度最大，因此含芳基纤维的底板击球感觉比较柔和。由于其振动频率不高，所以底板击球时，球在底板停留的时间比较长。它的振动衰减速度最快。虽然底板软，但击球时会感到反弹力比较集中。球滞板时间较长可以充分摩擦制造旋转，击球力量转化为球的自转速度的效率比较高。由于反弹力比较好，使击球力量通过底板转化为球的飞行速度的效率也比较高。这些特点适合以弧圈球技术为主的运动员的需要。

③芳基和碳素混织纤维的性能和手感

芳基和碳素混织纤维在初期振动幅度适中，因此底板有一种软硬适度的感觉。由于它振动频率适中，底板击球的球滞时间也适中。振动减衰速度虽然比碳素纤维快，但比芳基纤维慢，所以底板击球时感觉稳而有力。

④玻璃纤维的性能和手感

玻璃纤维是一种比较便宜的材料，它的强度不如碳素纤维，韧性不如芳基纤维。它初期振动幅度比较大，因此击球感觉也比较柔和。由于振动频率不高，使底板击球时球滞时间比较长。它的振动减衰速度最慢，如果能和木层结构进行良好配合，底板就能形成比较好的击球力度。玻璃纤维的经济性和较好的性能，是它受到人们欢迎的原因。

(3) 底板中木层和纤维的匹配

大球比小球直径长 2 毫米，重量多 0.2 克。球体变软，速度变慢。总体上看，大球对底板的冲击力增大，运动员进攻时的威力减小。为了解决底板打大球的问题，王吉生（2001）给出了关于解决大球底板的设计方案。即通过在 6 层木之间加上 3 层不同性能的复合纤维，以符合打大球的需要。

在三层的中间层加上高强度的刚性碳素纤维，来保证底板在快攻和扣杀时的坚硬程度和稳定性。在外面二层中加上具有柔韧性与高弹力的高粘弹性纤维（芳基纤维），以保证底板在触及球时，击球的力量能够柔和均匀地作用于整个球体，提高击球力量转化为速度的效率。

这种加复合纤维材料的方式，能够兼容拉弧圈球强力摩擦与扣杀（推挡）的击打两种不同的击球发力方式在技术上的需要。

3. 乒乓球底板性能指标与软硬度程度

(1) 底板性能指标

乒乓球底板的性能指标一般包括以下几个方面：速度、旋转、控制、有效击球范围。这些指标是为给消费者在购买乒乓球底板时提供参考。底板性能指标中的“速度”，应该指击球的用力透过球拍作用于球，使之转化为球的飞进速度的效率；“旋转”是指击球时用力透过球拍作用于球，使之转化为球自转速度的效率；“控制”是指用相同力量和方法击球时，球脱离球拍需要的时间长短；“有效击球范围”是指击球力量能够集中传递在底板上的位置和范围（这与底板的形状、结构、材质有关）。

上述四个方面的性能既有各自不同的特点，又相互联系、相互影响。因此在选购底板时，不仅要看外观、数层数，而且还要看木纹排列结构；不仅要听声音，而且在敲击时还要用手指感觉它的软、硬度；不仅要阅读底板上注明的相关指数，而且还要用不同的力量来掂球，以便感觉它的用力效率及综合性能。总的来说，底板性能指标经过各争长短的时代后，现在各指标的标注也越来越相近了。一般来说各底板厂商都会标明“速度”和“控制”这两个指标，指标选用 1~10（或 1~12）等级来划分。

(2) 底板软硬程度

底板由于材质的不同，其底板的性能也有所不同。底板可以分成硬性底板、软硬均衡性底板和软性底板三种。

①硬底板

一般地讲，硬底板都是 7 层以上的底板（碳精板除外），这类底板木质较硬，弹性较大，由于木质硬、弹性大，触球后球脱板快。这类底板，适合于自身力量比较小的进攻型选手使用。速度指标在 9 以上，这类底板应属硬底板范围。这类底板的控制就会差一些，其控制指数也相对低一些（约在 6 左右）。

②软硬均衡性底板

这类底板，一般是 5~6 层，有的也可到 7 层。木质不硬，这类底板的木质硬软搭配，弹性适中，控球比较好（“吃”球性能好），适合主动发力的进攻型选手使用。这类底板的性能指标一般为速度指标在 7~8 之间，控制指标在 7~8 之间。

③软性底板

这类底板均是 5 层板，底板偏软。由于较软，所以弹性较小，相应的，“吃”球程度就深，这类底板一般是以防守为主的选手所使用，其速度指标在 7 以下，控制指标在 8 以上。

4. 乒乓球底板的选用

(1) 乒乓球底板的外观

首先是观察底板的外观。看底板的做工是否精致，打磨是否光滑，好的底板应该看上去很精致，手感舒适。要观察底板表面是否平整、木材是否有开裂，层与层之间是否粘合紧密。至于力材或者面材只要均匀细致就可以了，大芯的拼接也并不妨碍底板性能。对于一些昂贵的高档底板，要看手柄后的标签是否清晰，底板上的字迹是否清晰，拍肩的编号是否清楚，正品行货的底板这些方面都无可挑剔，没有瑕疵。

(2) 乒乓球底板的挑选

了解底板的性能，还可以用两指捏着球拍手柄，然后曲起食指敲击底板的不同部位，通过听声音和底板的震动情况，来判断底板的弹性或软硬程度。底板偏软、弹性较小的底板的声音略发闷，底板有点震手的感觉；底板偏硬、弹性比较大的底板的声音清脆，底板几乎没有震手的感觉。

(3) 底板型号指标与选用

乒乓球底板通过指标的标示，来区别不同类型底板具有的不同性能，以便于购买者根据自己的技术打法类型进行选择。（表 2–1）

表 2－1　乒乓球底板型号指标中英文对照表

名称	英文	中文	选用说明
板柄类型	ST = STRAIGHT	直柄	横板以直柄和收腰柄为主
	FL = FLARED	收腰柄	中式直板以直柄和锥形柄为主
	CO = CONIC	锥形柄	
	AN = ANATOMIC	葫芦柄	
底板指标	WT = WEIGHT	重量	在一定条件下，底板重量与击球力量成正比关系
	THICKNESS	厚度	在一定条件下，底板厚度与击球力量成正比关系
	LENGTH/WIDTH	长与宽	在一定条件下，底板长宽与击球力量成反比关系
材料使用	W = WOOD	木质	在一定底板重量条件下，击球的力量比较小
	A = ARYLATE	芳基纤维	在一定底板重量条件下，击球的反弹力量比较大
	C = CARBON	碳素纤维	在一定底板重量条件下，击球的速度比较快
	G = GLASS FIBRE	玻璃纤维	在一定底板重量条件下，击球的速度接近芳基纤维
击球速度	OFF = OFFENSIVS	攻击性	OFF + 表示攻击性相对强，OFF – 表示攻击性相对弱
	ALL = ALLROUND	全面性	ALL + 表示全面性相对能高，ALL – 表示攻击性相对弱
	DEF = DENSFVE	防守性	DEF + 表示防守性相对能高，DEF – 表示防守性相对弱

（二）海　绵

1. 海绵的性能与作用

海绵是一种微孔橡胶制品，经过发泡工艺而产生的无数个密闭小孔布满其内，从而形成了众多的微型气室。当受到来球撞击时，与触球点临近的气室受力收缩，海绵由此产生形变而凹陷，可将来球“吃”住，给予运动员调节击球用力的可能，同时积蓄相当的弹性势能，随即势能又转化为球的动能而令其弹出。它为提高击球力量和优化弧线提供了条件。因此，可以认为海绵的作用主要是在控制球和提高击球速度上。

目前，国内市场上的乒乓球海绵主要有 3 类，国产海绵、日本海绵和德国海绵。田力（2002）对不同产地的海绵，在性能方面的不同，做了一个研究报告（表 2–2）。

表 2 –2　不同产地海绵的性能与击球特性

产地	孔壁	弹性	重量	手感	击球特性
中国	比较厚	大	重	湿重	易于控制台内球，中远台发力不足。
日本	较薄	较大	适中	—	控制台内球差，中远台发力足，击球的线路长，弧线高。
德国	薄	大	轻	柔软	出球时的弧线低，球速快，底劲足。

（依田力 2002，改制）

海绵是乒乓球拍重要组成之一，其硬度和厚度直接影响了球的速度、旋转和控制效果。海绵的厚度一般在 0.5 毫米到 2.4 毫米之间，硬度则在 30 度到 50 度之间。一般海绵越硬越厚，弹性就越大，击球速度快，不过也不是说越硬越厚就越好，那样不但球拍过于沉重，而且弹性过大也不易于控制。初学者建议选择厚度在 1.8~2.0 毫米，硬度在 40 度左右的反胶海绵或者硬度在 35 度左右的正胶海绵。

2. 海绵的性能指标

海绵的性能一般是通过厚度和硬度两个指标来表示的。这两个指标和海绵的弹性有关，海绵越厚，弹力越大，拉球的旋转越强；海绵越薄，拉球的旋转越弱；海绵越硬越厚，弹性就越大，击球速度越快。当然也不是说越硬越厚就越好，那样不但球拍过于沉重，而且弹性过大也不易于控制。

海绵厚度的标准比较统一，都是国际度量标准毫米。海绵的厚度一般在 0.5 毫米~2.4 毫米之间。而硬度的标准则分两类：一个是 729 的邵氏 W，还有就是红双喜（DHS）的邵氏 A。邵氏 W 主要测定含有发泡剂制成的橡胶、塑料微孔材料硬度。精确程度：±1 度，测量厚度：10±0.5 毫米。由于此硬度压针直径为 5 毫米，对于测试海绵这类相对于硬度不均匀的产品来说，由于受力面相对广，而精确度较高，其测试的数值也较“邵氏 A”大。邵氏 A 能准确测出橡胶塑料标准试片的标准硬度，精确程度：±1 度，测量厚度：6±0.5 毫米。由于此硬度计的锥端直径只有 0.8 毫米，其受力面小，要精确测试就要多次，在一块产品上选多个点，进行测试，得出平均值。

729 硬度范围为：反胶 40~48 度，正胶 35~40 度，分为中软、中硬两种。反胶的中软相当于 40~44 度之间，中硬相当于 44~48 度之间。DHS 硬度范围为：反胶在 38~41 度 4 个等级之间。（表 2–3）

表 2 –3　729 与 DHS 海绵硬度基本换算表

729 中软	邵氏 W	43 ~44 度	相当于	DHS	邵氏 A	38 度
729 中硬	邵氏 W	45 ~46 度	相当于	DHS	邵氏 A	39 度
729 中硬	邵氏 W	46 ~47 度	相当于	DHS	邵氏 A	40 度

3. 海绵的选用

（1）在厚度方面。反胶进攻型打法选手，其海绵选用一般在 1.9~2.3 毫米，加胶皮总厚度不能超过 4.0 毫米。正胶、生胶进攻型打法选手，海绵一般是 1.5~2.2 毫米。使用长胶打法的，如果使用海绵多在 0.4~1.0 毫米。

（2）在硬度方面。反胶进攻型打法的选手，海绵硬度多用 38~49 度，并根据底板硬度选择适合的海绵。一般来说，硬底板配软一些的海绵，软底板配硬一些的海绵。初学者适合用硬度低的海绵，以便尽快掌握技术和基本动作。正胶、生胶进攻型打法的选手，海绵硬度常用 30~40 度。

（三）胶　皮

1. 正胶胶皮

正胶胶皮是胶皮粒子向外粘贴的胶皮。国际乒乓球联合会对正胶胶皮的使用做出如下规定：每一颗胶粒必须是圆形对称，轴与底层平面垂直，颗粒顶部表面必须与胶粒片底部水平，其表面可以是粗糙的或平整的，但不能在粒子中形成中空：三颗相邻的胶粒成等腰三角形，每一颗粒至少 1.0 毫米长，顶部直径 1.0~2.2 毫米，颗粒间间距 1.0~2.0 毫米，颗粒高与颗粒直径之比不超过 1.1。

从上述规定看，正胶胶皮包括一系列不同性能的正胶胶皮。如我们通常所说的正胶、长胶、生胶。

正胶胶皮的胶粒向外，使它直接受到来球冲击而产生弹性变形，变形越大，瞬间的反弹力越大，回球的速度就越快。它的摩擦系数低，制造旋转比较差。从打法需求上看，正胶胶皮适用于近台左推右攻和两面攻打法。

2. 长胶胶皮

长胶胶皮是正胶胶皮中比较特殊的胶粒，它的胶粒长而柔软，韧性极佳，顶部表面，有平整光滑的和有粒子纹路的两种。前一种胶粒在受到球的冲压力时，会斜向一侧，在反弹时会给球一个反向的旋转力，使击出的球产生与对方来球相反的旋转。后一种胶粒由于顶层表面有了纹路，除了具有前一种长胶的性能外，还可以制造旋转，用于进攻。长胶胶皮多为削球打法所用，经常使用在直拍反面和横拍的反手一面。

3. 生胶胶皮

生胶的击球性能介于正胶和长胶之间，即它部分地具备了长胶反旋转和击球有下沉的性能，也部分具备了正胶胶皮击球速度快，比较易于进攻的性能。生胶胶皮多为进攻型打法所用，尤其是在横板的反手一面。

4. 反胶胶皮

所谓反胶胶皮，就是胶皮粒子向内粘贴的胶皮。国际乒乓球联合会对反胶有如下的规定：反胶的每一颗粒长不少于0.5毫米，顶部直径不小于1.0毫米，颗粒间间距至少0.5毫米，粒子分布均匀，密度不小于10/平方毫米，也不大于50/平方毫米，套胶厚度不超过4毫米。

反胶的基本性能表现在击球时，胶皮下面的粒子会经历一个受到冲击后，产生变形与再恢复的过程。粒子的弹性变形，加大了胶面对球的反弹力度，从而提高了击球的速度；同时，由于反胶胶面击球时加大了击球的摩擦面积，使得摩擦系数增加，从而提高了击球的旋转。在弧圈球作为进攻主流技术的时代，反胶的作用愈发突出，更多地用于快攻结合弧圈球打法和弧圈球打法。

5. 防弧胶皮

专门对付弧圈球的还有一种叫“防弧胶皮”的反胶海绵胶皮，这种胶皮拍面无粘性，表面较光滑且轻微发涩，击出球运行速度较慢、弧线较短，着台后下沉飘忽，令对手难以按常规判断，对付弧圈球尤为奏效。当年蔡振华反面贴的就是这种胶皮。

表2－4　乒乓球底板、海绵与胶皮的组合

技术打法类型	底板参考值		海绵参考值		胶皮类型			
	重量(g)	板厚(mm)	厚度(mm)	硬度	反胶	正胶	生胶	长胶
横拍快攻结合弧圈	90～100	6.5～7.5	1.8～2.2	38～48	—			
直拍快攻结合弧圈	75左右	6.0左右	1.8～2.2	38～48	—			
攻削打法(正手面)	90以下	6.0左右	1.5～2.0	36～40	—			
(反手面)	同上	同上	1.0左右	1.5～2.0		—	—	—
直拍正胶快攻	75左右	6.5～7.5	2.1～2.2	1.8～2.0		—	—	

(四) 乒乓球胶水

1. 胶水的种类和构成

目前使用的胶水分为：有机胶水和无机胶水。

有机胶水的主要成分是橡胶分子和有机溶剂，溶胶挥发之后留下的橡胶分子交联成高分子，起到粘合作用。胶水的成分中通常有机溶剂的比例要高于橡胶成分，常用的有机溶剂有环己烷、庚烷等。由于成分中包含有害物质的缘故，现在国际乒联在正式比赛中禁止使用有机胶水。

无机胶水，主要成份是无机物粘合剂，确切的说无机胶水的溶剂一定不使用有机物，比如现在经常被采用的环己烷。无机胶水的外观无色、无味，清如水。但是，无机胶水目前还没有达到有机胶水的效果，所以器材商们在积极改进其他方面，比如套胶的性能以适应没有海绵膨胀作用的无机胶水。

2. 胶水的作用

乒乓球拍中的胶水，其作用不仅仅是把底板、海绵及胶皮粘帖起来。在当今乒乓球运动中，它对球拍的性能一直起着十分重要的作用。乒乓球拍的粘帖，被称为“灌胶”，自从有机胶水被发明之后，在乒乓球套胶海绵上涂抹几遍甚至几十遍胶水之后，球拍本身会表现出极大的控球力和杀伤力，这是因为有机胶水当中含有大量挥发性有机物，涂抹在海绵上以后，这些有机小分子会扩散到海绵的微孔当中，使得海绵发生一定程度的膨胀，变得疏松和更有弹性。表现在打球上，就是更好的持球，更好的弹性，更大的杀伤力。

二、乒乓球拍的粘贴方法

一般而言，人们都是根据自己的技术打法来选择乒乓球底板、海绵和胶皮，通常人们还要自己动手来粘贴自己的球拍。下面简单介绍如何粘贴球拍。

（一）准备必要的工具

1. 刷　子

是用来刷胶水用的，一般宜选用软硬适中，宽约 3~4 厘米的油画笔。注意该笔一定不能掉毛，以免在刷胶水时毛掉在底板上。如果购买专业用的胶水，其胶水罐带有一个刷子。

2. 磙　子

是通过滚动的方式，把粘贴好的胶皮均匀地压紧粘牢在海绵上，或把套胶均匀地压紧粘牢在底板上。磙子可以用表面平滑、粗细均匀的物品替代。

3. 裁纸刀

用来裁割粘贴在球拍边缘上的海绵胶皮。

4. 玻璃板

用来涂抹胶水用的。往已经粘贴在底板的海绵上粘贴胶皮时，要把胶水先均匀地涂抹在玻璃板上（或平整光滑的物体上）。

5. 胶　水

用来把底板、海绵和胶皮粘贴起来。可以使用乒乓球专业胶水，也可以使用自行车的补胎胶水。当然，专业胶水能增加球拍的杀伤力。

（二）粘　贴

粘贴球拍方式有两种：一是底板、海绵和胶皮都要粘贴；二是底板与套胶的粘贴。

1. 粘贴底板、海绵和胶皮的方法

（1）把适量胶水均匀地涂抹到底板上，待微干后再涂抹一次。

（2）把适量胶水均匀地涂抹到海绵上，待微干后再涂抹一次，把海绵粘贴在底板上，用磙子来回滚压。

（3）把适量胶水均匀地涂抹到海绵的另一侧，待微干后再涂抹一次。

（4）如果是粘贴反胶，就把胶水均匀地涂抹到玻璃板上，抹得要略厚一些，以便让反胶胶皮的颗粒在和玻璃板上的胶水接触时，有适量的胶水粘在其上。抹胶水的面积与胶皮面积的大小相当。待胶皮上的胶水干了后，把胶皮轻轻地放在海绵上，用磙子均匀地滚压，使其与海绵粘牢。

注意，在粘贴反胶时，不要把反胶上的保护纸揭去，以便用磙子进行滚压。如果是粘贴正胶，就直接把胶水适量均匀地抹在胶皮的底面，待微干后再涂抹一次，然后把胶皮粘贴在海绵上。

（5）把先粘贴好的一面海绵和胶皮向下压在平整的玻璃板上，用裁纸刀贴住底板的边缘，对胶皮和海绵进行切割。然后再粘贴球拍另一面，最后再切割这一面粘贴好的胶皮和海绵。

2. 粘贴底板和套胶的方法

第一、第二步同上。第三步把一块套胶粘贴在底板的一面，用磙子滚压后，用裁纸刀进行切割。

（三）剥胶皮

从使用的经济性角度讲，当胶皮使用一段时间后需要更换，可以只换胶皮，而保留原来的海绵。保留原有的海绵也可以避免对新用海绵的不适应。具体方法是：一是加热法。即用电吹风机、电炉等进行加热。当胶皮变得有些烫手时，即可用手从胶皮的边缘开始逐步地撕开。注意，不要使胶皮被烤的过热，胶皮被熔化除了无法剥下来外，对海绵性能也有影响。

三、乒乓球台

（一）乒乓球台的标准与类型

乒乓球台是由两块长方形台桌组成。颜色只能是蓝色或绿色。球台长 2740 毫米，宽 1525 毫米，高 760 毫米。球台弹性从离台 300 毫米的地方释放乒乓球，反弹高度在 230~260 毫米。台面摩擦系数<0.6。

目前常用的乒乓球台有三种类型：非滚动式球台；滚动式单折球台；滚动式整体折叠球台。

（二）购买乒乓球台应当注意的问题

台面要符合国家标准中对台面要求的基本规定。在国家标准中对台面的要求很严，大体上可以分为三类：（1）针对台面原材料。球台的弹跳弹性高低和弹性均匀性必然影响技术水平的发挥，标准中设置了弹性和弹性均匀度量来限定台面原材料特性；（2）针对台面外形尺寸，主要有台面边长，两对角线差等几项；（3）针对台面外观。主要有台面上边线、端线和中线的尺寸，边线和端线交汇处漆膜的融合性，台面漆膜的光泽度，摩擦度对乒乓球运动速度和旋转性能的影响等。

在选购球台时首先要注意球台整体稳定性。运动过程中身体难免会与球台接触，球台会发生轻微抖动。如果这种抖动程度过大会影响使用。另外注意球台的安全性。这一要求是相对折叠式球台而言的。球台处于折叠状态下，不应在无外力的情况下自行张开，应该能可靠自锁。乒乓球台一般有折叠式和固定式两种，根据折叠方式的不同有单折式和双折式。一般说来，固定式在安全性、稳定性方面较好。折叠式移动灵活，平时不用不占地方。单折叠式由于将球台分为左右两个不同的部分，折叠时相对容易些，折叠动作可一个人完成。在选购乒乓球台时应掌握以下几个原则：

1. 适用优先原则

对固定式和折叠式而言，如果使用频率高，而且场地是专门用于练球的，考虑选购固定式是合理的；如果场地是多用途的，则应考虑折叠式球台。折叠方式的选择上，由于单折式将球台分为两个独立的部分，调整时会多花费一些时间，但相对而言它的价格会便宜些。

2. 质量检测

检测的标准可以参考前文的技术要求项。打开包装后首先应检查台面是否完好，表面有无划痕，且球台表面不应太光亮。然后可以检测球台的弹性，用一个三星的标准乒乓球从300毫米的高处落下，反弹高度应该在230~260毫米，其中最大值与最小值之差不应大于5毫米。实际选购时当然不可能检测出较准确的数值，操作时可以自己感觉，选择反弹比较均匀，反弹高度比较适合的球台。检测台面的外形，看几何尺寸是否符合要求。以上程序完成后再检测稳定性和安全性。在一张安装完毕可以使用的球台的一端加30公斤（约一桶水的重量）的水平推力，球台端产生的移动不应该超过7毫米。

第二节 比赛场地的布置与要求

一、场地的划分

比赛场地确定之后，应对比赛场地进行划分，根据比赛的需要划分为若干赛区，每个赛区设置一张比赛球台。

（一）划分原则

乒乓球比赛一般采用淘汰赛或循环赛的方式进行。在比赛前期使用球台数量较多，后期较少。因此，赛区划分应根据竞赛委员会或竞赛管理部门对球台设置数量的要求进行，并在比赛不同阶段进行调整。

（二）划分方法

用统一颜色和尺寸的挡板码放在赛场一定的位置上，即可将赛场划分为若干赛区。根据上述挡板的尺寸（高76厘米、长1.4米），10块挡板顺序码成一条直线，就是赛区14米的长边；5块挡板顺序码成一条直线，就是赛区7米的宽边。因此，30块挡板即可围成一个赛区。但是，必须注意挡板码成的赛区的长边与宽边要垂直。

二、赛区的布置与要求

(一) 比赛区域

球台应安放在赛区的正中，并做到“两对齐”，即球台两个台区的分界线（即球网所在的直线）与赛区边线（赛区 14 米长边）中点对齐、球台的中线与赛区端线（赛区 7 米宽边）中点对齐。比赛区域空间高度不小于 4 米。

(二) 灯 光

为了保证电视转播影像清晰，要求照明度为 1500~2500 勒克斯，所有球台的照明度是一样的。如果因电视转播等原因需要增加临时光源，该光源从天花板上方照下来的角度应大于 75 度。比赛区域其他地方的照明度不得低于比赛台面照明度的 1/2，光源距离地面不得少于 5 米。场地四周一般应为深颜色，观众席上的照明度应明显低于比赛区域的照明度，要避免耀眼光源和未遮蔽的窗户透过来的自然光。

(三) 地 面

地面应为塑胶或经国际乒联批准的品牌和种类的可移动 PVC 塑胶运动地板。乒乓球场塑胶地板具有弹性，没有其他体育项目的标线和标识。地板的颜色不能太浅或反光强烈，可为红色或深红色；不能过量使用油或蜡，以避免打滑。

(四) 空气与温度

馆内比赛区域的空气流速控制在 0.2~0.3 米/秒之内，温度为 20~25℃左右。

(五) 其他器材

赛区其他器材布置，无论裁判员的座椅，还是副裁判员、计分员和计数员的座椅，都应尽量靠近赛区边线位置放置，确保运动员在比赛中有尽可能多的活动空间。

在重大比赛中，为能使观众更清楚地看到比分，往往增加一至二名场外计分员。因此，还需要设置场外记分员的座位和裁判用桌。

思考题

1. 球拍的性能和乒乓球击球技术质量的关系是什么？
2. 乒乓球拍使用的规则要求是什么？
3. 少年儿童乒乓球学习者在选用球拍时，你有什么样的建议？
4. 如何根据自己技术打法特点，选购合适的底板、海绵和胶皮，并自行粘贴球拍？

推荐阅读文献

1. 岑淮光，王吉生，等. 怎样打好乒乓球[M]. 北京：人民体育出版社，2002.
2. 王吉生. 乒乓球拍探秘[M]. 北京：人民体育出版社，2005.

第三章
乒乓球技术动作

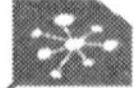

教学提示

1. 了解构成乒乓球技术动作体系的基本内容；

2. 理解乒乓球技术动作的基本标准和完成技术动作时需要注意的关键点；

3. 通过乒乓球技术动作学习，为乒乓球技术教学、训练以及比赛任务的实施提供技术动作内容的选择。

乒乓球技术动作是乒乓球运动项目存在的基本形态。乒乓球技术动作的运用在比赛中表现出的是一个整体化的体系。在教学训练或研究的意义上，可以把这个技术动作体系划分为5个方面的内容：(1) 基本站位；(2) 握拍技术；(3) 单一技术；(4) 结合技术；(5) 步法技术。作为技术动作，它们之间相互关联和相互影响。

第一节　准备姿势

乒乓球准备姿势要求：两脚开立，比肩稍宽，身体重心在两脚之间；两膝微屈，上体略前倾，身体重心略前，两前脚掌受力。下颌稍向内收，两眼注视来球。持拍手自然弯曲，置于身体右侧前方，手腕适当放松，非持拍手自然弯曲置于体侧。（图 3-1~图 3-3）

图 3-1　准备姿势正面

图 3-2　准备姿势侧面

图 3-3　准备姿势背面

第二节　握拍技术

乒乓球握拍包括横握球拍和直握球拍两种类型。在同一类型握拍中，还存在着不同的握拍方法。不同握拍方法与击球动作的完成情况有着密切的关系，握拍方法的不同往往对击球技术动作的质量产生影响。在乒乓球教学训练中发现，击球时技术动作出现的错误，可以经常在握拍方法上找到一些基本的原因。

握拍方法的正确与否，影响着技术动作的合理程度。或者说握拍技术的正确与否，在很大程度上决定着击球动作的合理性。在进行乒乓球技术学习时，一定要注意握拍方法，随意地握拍而不考虑握拍的合理性，不利于正确掌握乒乓球技术动作。

正确的握拍方法，一般应具备以下 4 个要素：

（1）有利于击球动作的正确性、合理性和身体的协调用力；

（2）兼顾正反手技术在交替运用过程中的合理使用；

（3）有利于自己技术特长的发挥；

（4）有利于战术的使用。

一、直握球拍方法

（一）直握球拍的三种方法

用拇指和食指握住球拍拍柄与拍面的结合部位。食指的第三关节内侧贴在拍柄右侧，食指的第二关节压住球拍的右肩，其第一关节自然向内弯曲，拇指的第一关节压住球拍的左肩，其他三指自然弯曲斜形重叠，以中指第一指关节托于球拍背面1/3上端。直拍的握法基本分为三种：标准握法（图3–4）、深握法（图3–5）和浅握法（图3–6）。以上三种握法主要是用于左推右攻打法。

1. 标准握法

是指握拍拇指和食指深浅适宜地握在拍肩的两侧。

2. 深握法

是指握拍的拇指和食指较深地握住拍肩的两侧。

3. 浅握法

是指拇指和食指比较浅地握在拍肩的两侧。

图3–4 直拍标准握法（正面和反面）

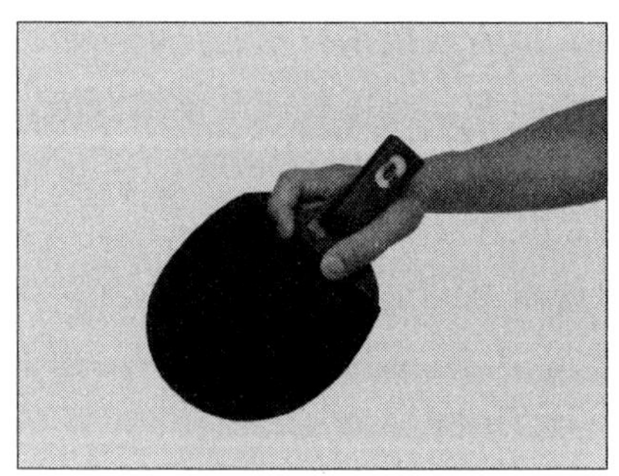

图3–5 深握法

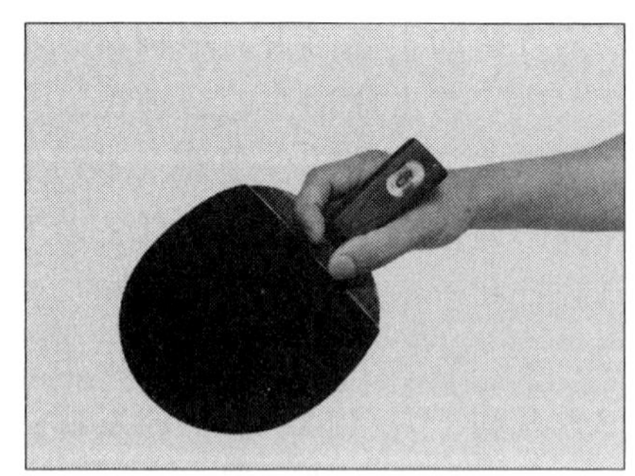

图3–6 浅握法

（二）直拍横打握拍法

直拍横打技术的出现和直拍握拍方法的变化相关。主要表现在拇指握拍时，拇指的位置相对握的比较直，食指握的比较松。中指、无名指和小指的握法已经不是呈现出半环状，以及用中指的第二、第三关节顶住球板；而是用中指和无名指的指端顶住球板。这样的握拍方式，便于用直拍的反面进行击球。（图 3–7~图 3–9）

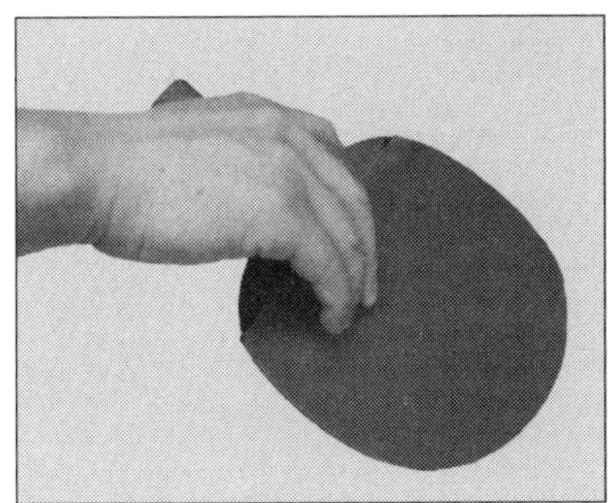

图 3–7　直拍横打握拍法（后面观）

图 3–8　直拍横打握拍法（前面观）

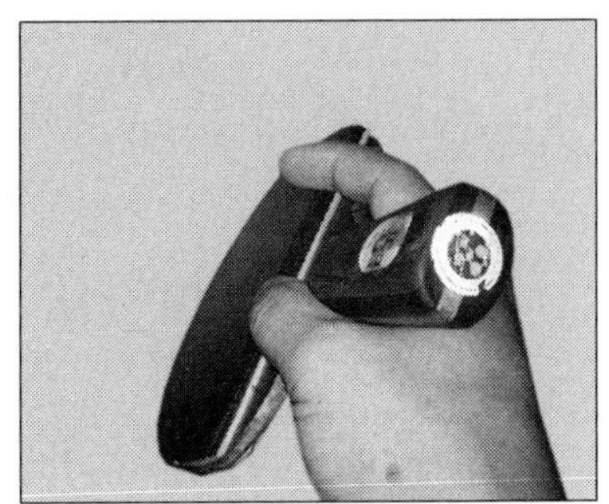

图 3–9　直拍横打握拍法（侧面观）

（三）直握球拍的特点

直握球拍总体上的特点是：手腕比较灵活，可以较充分地运用手腕动作；台内球处理较好；侧身进攻比较灵活。

相对而言，大钳式握法的正手和反手技术动作比较易于发力，手腕灵活性稍差；小钳式握法的正手和反手技术动作在发力方面略差一些，但手腕运用的灵活性大一些。

（四）直握球拍的运用方法

1. 正手攻球时，拇指与中指协调用力控制好拍形，食指放松，中指指尖部顶住拍背面，保证持拍的稳定和发力。（图 3–10）

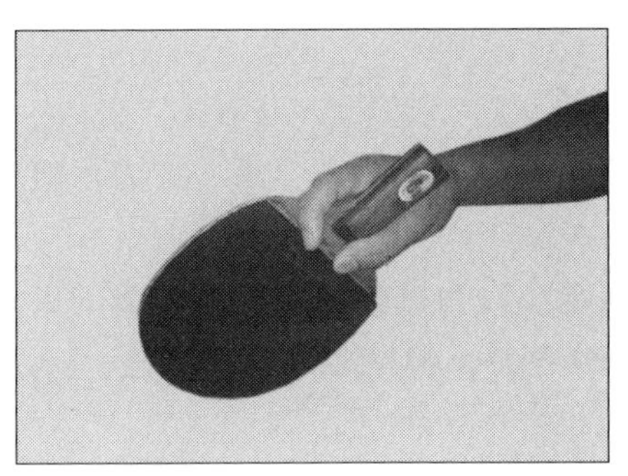

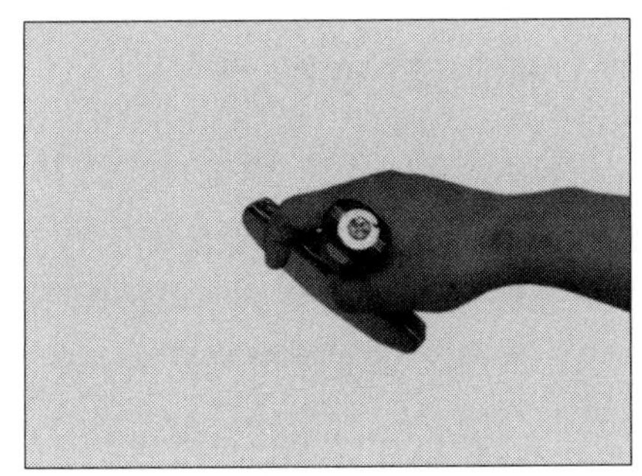

图 3–10　正手攻球时的握拍

2. 推挡时，食指和中指协调用力控制拍形，拇指相对放松。（图 3–11）

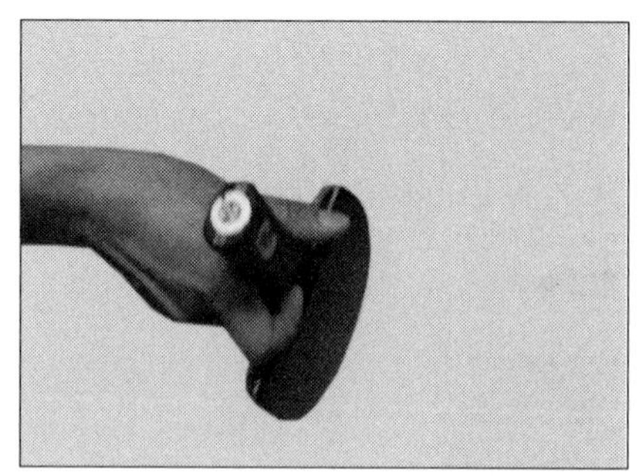

图 3–11　推挡时的拍形控制

二、横握球拍方法

（一）横握球拍的三种方法

用中指、无名指和小指自然握住拍柄，拇指在球拍的正面轻贴在中指旁，食指自然伸直斜放于球拍的反手面，虎口正中央贴拍柄正侧面。（图 3–12）

如果虎口稍紧贴拍柄正侧面，可称为深握法。（图 3–13）

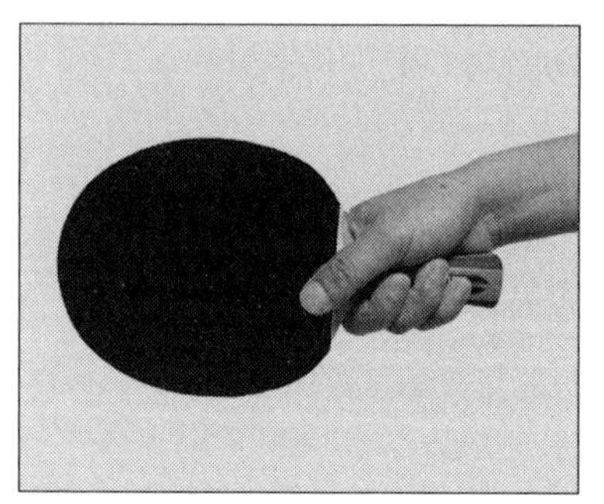

图 3–12　横拍标准握法

图 3–13　横拍深握法

图 3–14　横拍浅握法

如果虎口处稍离开拍柄肩侧，可称为浅握法。（图 3–14）

（二）横握球拍的特点

1. 与直握球拍比较，横握球拍方法比较简单，而且动作容易固定，易于发力。但灵活性略差一些。

2. 在横握球拍方法中，深握法的拍形比较容易固定，发力比较容易，但手腕的灵活性相对略差些。浅握法的手腕相对灵活一些，处理台内球较容易，但发力相对略差些。

（三）横握球拍的运用方法

1. 在用正手击球时，一般情况下用食指顶住拍背面，拇指和食指在虎口处适当夹住球拍的拍肩。（图 3–15）

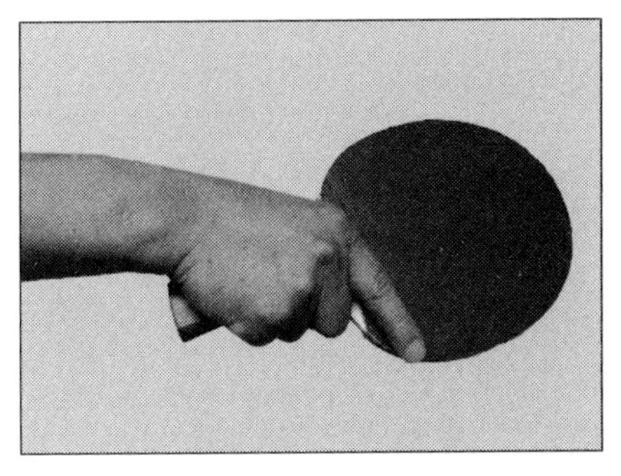

图 3-15　横握球拍（正手击球）

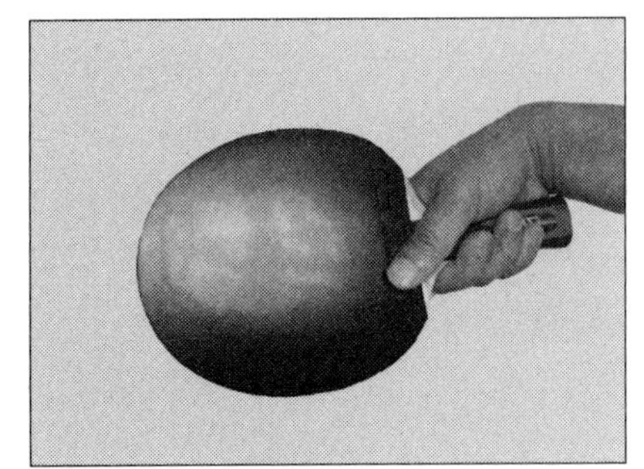

图 3-16　横握球拍（反手击球）

2. 在反手击球时，一般情况下用拇指顶住拍面，拇指和食指在虎口处适当夹住球拍的拍肩。（图 3-16）

第三节　单一技术

乒乓球单一技术是指一个技术动作。它是构成结合技术的基本单元。一般而言，单一技术质量的高低往往决定着结合技术质量的高低。乒乓球单一技术主要包括：发球技术、搓球技术、推拨技术、攻球技术、挑打技术、反弹技术、弧圈球技术、削球技术和放高球技术。根据单一技术在比赛中的战术作用的不同，可以把攻球技术、挑打技术、反弹技术、弧圈球技术归类为进攻性技术；把搓球技术、推拨技术、削球技术和放高球技术归类为控制性技术。

一、发球技术

发球技术是乒乓球竞赛中唯一不受对方限制的技术。技术的主动性比较强，因此，它就成为了乒乓球竞赛中创造得分机会的主要技术。发球技术从发球技术动作产生的旋转性质上划分，主要有平击发球、奔球、转与不转发球、侧上旋、侧下旋发球；从发球技术动作的方式划分，主要有正手发球技术、反手发球技术和下蹲发球技术；从抛球的高低上划分，有高抛发球和低抛发球。下面从发球技术动作产生的旋转性质的角度，根据技能学习基本要求，对发球技术动作的标准和发球技术动作学习的关键点进行说明。

（一）平击发球

技术特点：速度比较慢，力量比较轻，技术容易掌握。是发球技术学习的入门技术。

正反手平击发球技术（图 3-17、图 3-18）

（1）技术动作标准

站位：身体离球台约 40 厘米，两脚开立，略宽于肩。

引拍：发球抛球时，向后上方引拍，球拍拍面略前倾。

挥拍击球：球拍向前下方挥动，击球的中部略偏上。

还原：击球后迅速还原。

平击发球

图 3-17　正手发平击球

图 3-18　反手发平击球

(2) 技术动作关键点

抛球和引拍的时机要准确；挥拍击球时有一个略微向前下方向压球的动作；力量不要过大。

(二) 转和不转发球

技术特点：球的旋转反差比较大。在使用旋转变化方面，不转发球的使用是以能够发出比较强烈的下旋转球为前提；在落点方面，往往以发近网短球为主，兼顾长球。

1. 正手转与不转发球（图 3–19）

转与不转发球

(1) 技术动作标准

站位：左脚在前右脚在侧后，以便于发挥腰的力量。

引拍：将球垂直地向上抛起。同时球拍向后上方引拍，使拍面后仰，手腕适当外展。腰向后转。

挥拍击球：以腰带臂后向前下方挥动，触球时，拍面后仰，手腕加力，身体微向前下压，使身体发力充分运用出来。

还原：发球后，挥拍动作尽可能停住，以利于还原。

图 3–19　正手转与不转发球

(2) 技术动作关键点

在拍触球的瞬间，决定转还是不转发球。

发下旋时，用球拍下半部偏前的部分摩擦球的中下部。

发不转球时，用拍的上半部摩擦球的中下部，注意体会球拍“吃不住”球的感觉。

2. 反手转与不转发球（图 3-20）

(1) 技术动作标准

站位：站位近台，重心稍低，持拍手的肩部略低于对侧肩。

引拍：抛球时，持拍手向后上方引拍，拍面后仰，同时身体左侧适当转动，以便于用力。

挥拍击球：球拍向前下方挥动，控制好球拍的角度。保证动作的连贯性和相似性。触球时用力多靠手腕。

还原：控制动作幅度，并注意还原。

图 3-20 反手转与不转发球

(2) 技术动作关键点

发下旋球时，用球拍的前半部去摩擦球的中下部，手腕用力摩擦。

发不转球时，用球拍的后半部去摩擦球的中下部，手腕和前臂有送球的感觉。

（三）侧上、侧下旋发球

技术特点：球具有混合旋转的性质，易于在旋转和速度方面进行变化组合，是比较常用的发球技术。在旋转变化方面，以侧下旋发球为主，配合侧上旋发球；在速度变化方面，可以把侧上旋发球当作奔球来用。

1. 正手侧上、侧下发球（图 3-21）

(1) 技术动作标准

站位：左脚在前右脚在后，身体侧向球台，降低身体重心。

引拍：引拍时，球拍向上引，同时腰后转，抛球手抬起。

侧上、侧下旋发球

图 3-21　正手侧上、侧下旋发球

挥拍击球：球拍向前下方挥动，腿和腰腹用力带动手臂，拍触球时，手臂和手腕发力。触击球后，可使手腕做外展的假动作。侧上旋发球的拍面略微立起，在球拍横向挥动中，摩擦球的中部；侧下旋发球的拍面略后仰，在球拍向侧下方挥动中，摩擦球的中下部。

还原：控制结束动作，利于还原。

(2) 技术动作关键点

引拍要充分，要发挥身体转动的力量；侧下旋发球时，球拍略后仰，摩擦球的内侧下部；侧上旋发球时球拍略立起，摩擦球的内侧中部；触球时动作尽量一致，发力要集中。

2. 反手侧上、侧下旋发球（图 3-22）

(1) 技术动作标准

站位：两脚平行或右脚稍前。

图 3-22　反手侧上、侧下旋发球

引拍：抛球时，拍向后上方引，手腕稍外展，同时腰后转，左脚稍抬起，重心移至右脚。球拍适当后仰。

挥拍击球：击球时，以转腰、身体重心向左脚回转带动手臂、手腕发力。发侧上旋球时，击球点在球拍向前下挥转向横侧上方挥动之前；侧下发球时，击球点在球拍向前下挥动开始时。

还原：发球后，迅速还原。

(2) 技术动作关键点

运用好腰的力量；发侧上旋球时，击球点在球拍向前下挥转向横侧上方挥动之前；发侧下旋球时，击球点在球拍向前下挥动开始时。做侧上、侧下旋发球时，击球点的位置要尽可能地接近。

(四) 下蹲发球

技术特点：发球具有强烈的旋转变化和能够给对方以新异刺激的特点，在比赛的关键时刻使用，在战术上往往有比较好的效果。

下蹲侧旋发球（图 3-23）

图 3-23　下蹲侧旋发球

下蹲侧旋发球

(1) 技术动作标准

站位：一般在左半台，在抛球时身体开始下蹲。

引拍：球拍向持拍手侧肩的上方引，引拍线路呈半弧状，球拍略后仰。

挥拍击球：在球下降至头上方时，在挥拍摩擦球时，可以用球拍的两面来摩擦球。可以用球拍内侧来摩擦球的外侧中上、外侧中下部；也可以用球拍的外侧来摩擦球的内侧中下部。

(2) 技术动作关键点

发侧下旋球时，击球点是在球拍向前下方挥动转向内侧方变化之后。

发侧上旋球时，击球点是在球拍向横侧方变化之前。

两个动作在击球点上要尽量靠近。

二、搓球技术

搓球是在近台还击下旋来球的基本技术，它属于控制性的技术，并为进攻制造机会。搓球技术包括正手搓球技术、反手搓球技术、摆短技术和晃搓技术。

(一) 正手搓球技术

技术特点：是控制对方试图从正手位获得抢攻机会，为自己创造进攻机会的技术。

正手搓球（图 3-24）

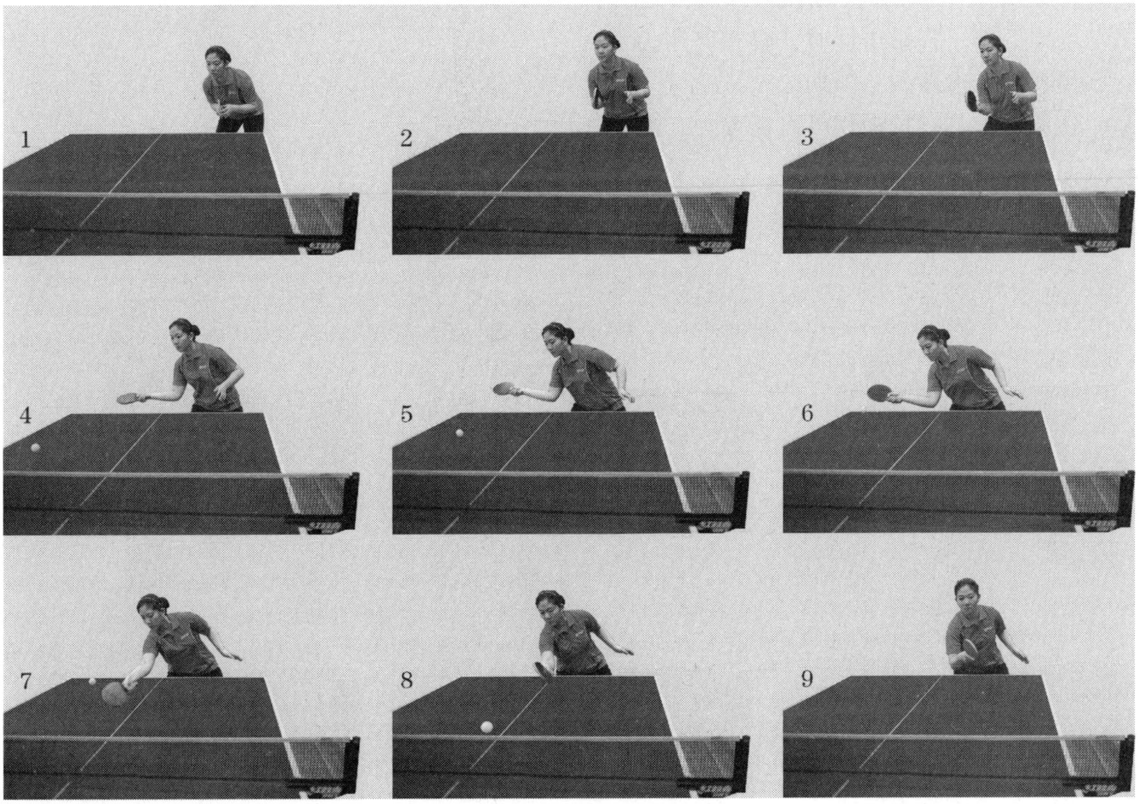

图 3-24　正手搓球

正手搓球

(1) 技术动作标准

站位：判断来球，选好站位。

引拍：球拍向后上方稍引，球拍稍后仰。

挥拍击球：球拍向前下方挥动，用球拍的下半部摩擦球的中下部。击触球时前臂手腕适当加力，直拍击球时拇指用力明显。

慢搓时，击球的下降期。慢搓是搓球学习的入门技术。快搓时，击球的上升期。快搓是比赛中常用的搓球技术。

还原：随势挥拍动作尽可能短。

(2) 技术动作关键点

注意借力发力；身体前迎帮助小臂发力；触球时，手腕快速发力摩擦球。

(二) 反手搓球技术

技术特点：动作幅度不大，出手较快。弧线低，落点变化丰富。是下旋控制技术中的基本技术。

反手搓球技术 (图 3–25)

反手搓球

(1) 技术动作标准

站位：判断来球，选好站位。

引拍：球拍稍后引至腹前，手腕适当放松。

挥拍击球：挥拍时，拍面后仰，球拍向前下方搓去，击球时手腕发力击球的中下部。直拍击球时，食指略用力。

慢搓时，击球的下降期。

还原：随势挥拍动作尽可能缩短，便于还原。

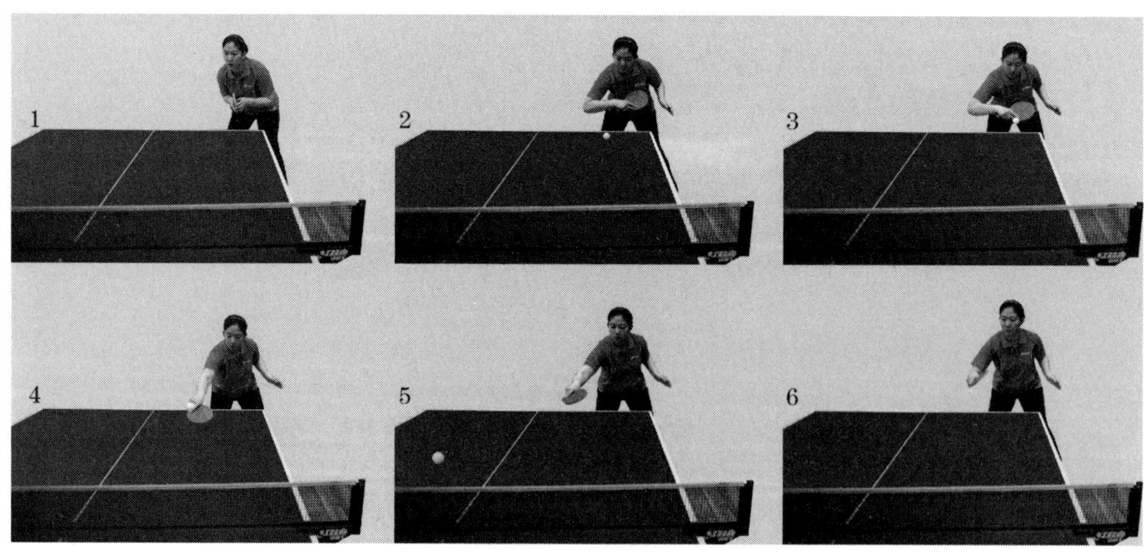

图 3–25　反手搓球

(2) 技术动作关键点

注意借力发力；摩擦球的力量要集中。

(三) 摆短技术

摆短

技术特点：动作小，借力多、出手快，回球短，正手侧身摆短时具有战术的隐蔽性。摆短技术是快搓技术的进一步发展，是回接和控制对方近网下旋短球的有效技术。

1. 正手摆短技术 (图 3–26)

(1) 技术动作标准

步法移动和选位：判断来球，右脚向前跨步，身体靠近球台。

引拍：球拍向后略引，球拍稍后仰。

挥拍击球：拍向前下侧方挥动，在来球的上升前期，摩擦球的中下部。触球时用手腕适当发力，并控制球在对方球台的近网处。

还原：击球后，退步还原。

图 3–26　正手摆短

(2) 技术动作关键点

步法前跨要及时，保证手臂充分伸进台内；摩擦球的动作要快而小，注意借力用力。

2. 反手摆短技术（图 3–27）

(1) 技术动作标准

步法移动和选位：判断来球，右脚向前跨步，身体靠近球台。

引拍：球拍向后略引，球拍稍后仰。

挥拍击球：拍向前下侧方挥动，在来球的上升前期，摩擦球的中下部。触球时用手腕适当发力，力量不应太大。并控制球在对方球台的近网处。

还原：击球后，退步还原。

图 3–27　反手摆短

(2) 技术动作关键点

手腕控制击球的力量和弧线；动作要小，借力用力。

三、推拨技术

推挡技术和拨球技术，是直拍和横拍反手的主要技术之一，它们是乒乓球主要的控制与防御技术。推拨技术中主要包括：平挡技术、直拍推挡技术、直拍长胶的磕球技术、横拍拨球技术和横拍长胶球拍的拱球技术。

直拍推挡

（一）直拍推挡技术

直拍推挡（图 3–28）

技术特点：击球速度比较快，控制球的能力比较好，能够为进攻制造机会。

(1) 技术动作标准

站位：判断来球，选好站位，左脚稍前。

引拍：以肩为轴，屈肘向后稍引拍，肘关节靠近胸腹侧。球拍稍前倾，右肩稍沉，拍头向斜下方。

挥拍击球：挥拍向前方偏上方，击球的中部偏上。击球时，肘关节快速展开以便于帮助手腕的发力。

还原：距离要短，还原要快。

图 3–28　直拍推挡

(2) 技术动作关键点

肘关节靠近胸腹侧，便于发力；手腕发力动作要准确，不要盲目用力。

（二）横拍拨球与直拍横拨技术

横拍拨球

直拍横拨

横拍拨球与直拍横拨（图 3–29）

(1) 技术动作标准

站位：判断来球，选好站位。

引拍：球拍向后下引，肘关节稍前顶，手腕内收，右肩稍沉。

挥拍击球：球拍以肘关节为轴，向前上方弹出，击球的中上部，触球时发力要集中。

还原：随势挥拍不宜太长，以利于还原。

(2) 技术动作关键点

肘关节略提起，手腕略下垂，直拍更要如此，拇指压拍，以便打开拍面；击球时用前臂

图 3-29 横拍拨球

图 3-29 直拍横拨

和手腕的力量，略用弹击的方式发力。

四、攻球技术

乒乓球攻球技术是指在击球方式上以撞击为主的进攻性技术。它是乒乓球主要得分技术之一。乒乓球攻球技术包括：正手攻球技术、反手攻球技术和正手发力抽球技术。

（一）正手攻球技术

技术特点：近台攻球的站位离台约 50 厘米，击球点在来球的上升期或高点期，击出球的速度比较快，动作幅度比较小，借对方来球的力量发力。中远台攻球的站位离台约 70~100 厘米，击球点在来球的下降期，击出球的速度比较慢，动作幅度比较大，主要靠自己主动发力。

正手攻球技术（图 3–30）

攻球技术

（1）技术动作标准

站位：判断来球，选好站位。

引拍：引拍时，重心向右脚移，向后下方引拍，球拍不要低于球台，右肩随转腰略下沉。拍形前倾，直拍握拍手的拇指稍用力压拍，食指略放松，中指、无名指前端顶住球板。

挥拍击球：

还原：注意还原。

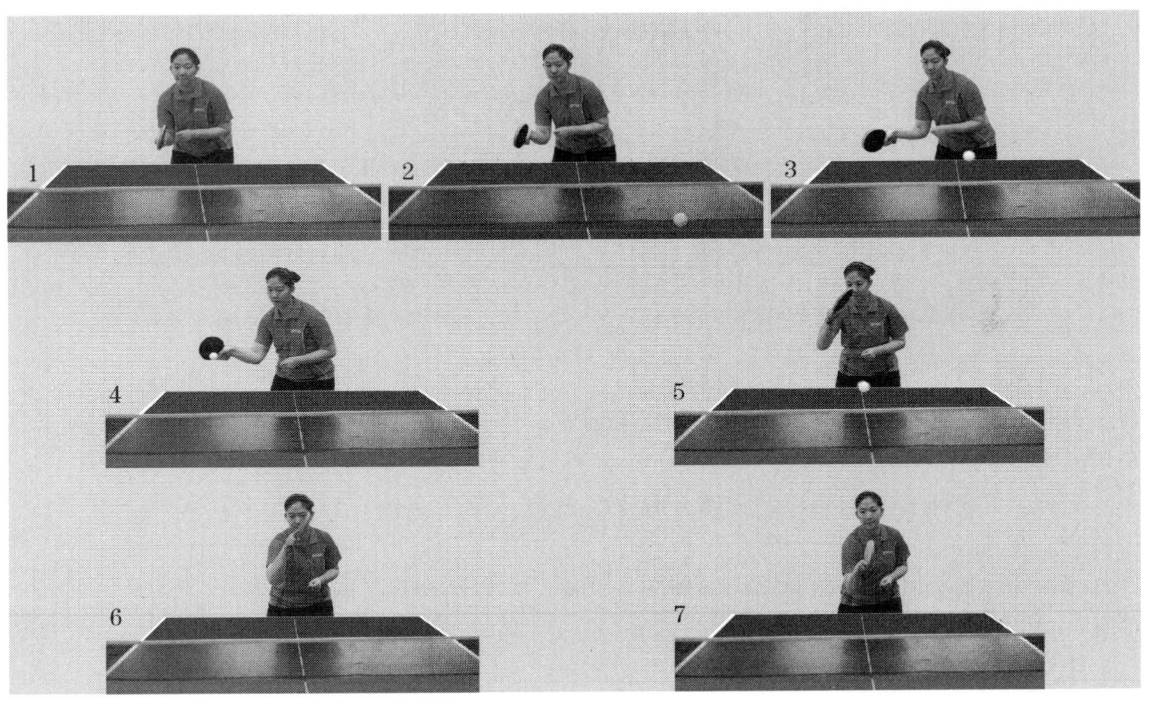

图 3–30 正手攻球

（2）技术动作关键点

引拍动作不要过大，注意运用腰的转动；击球点在身体的侧前方；要主动迎击来球。

（二）反手攻球技术

技术特点：反手近台攻球的站位离台 40~50 厘米，击球时的出手具有比较强的隐蔽性，突然性强，速度快；反手中远台攻球的站位离台 70~100 厘米，对正手位进攻后回反手位和相持中保持连续进攻有着重要作用。

反手攻球技术（图 3–31）

（1）技术动作标准

站位：靠近球台，右脚略前。

引拍：向后方引拍，转体同时沉右肩，球拍与手臂基本保持在一条线上，肘关节和右肩略前顶。

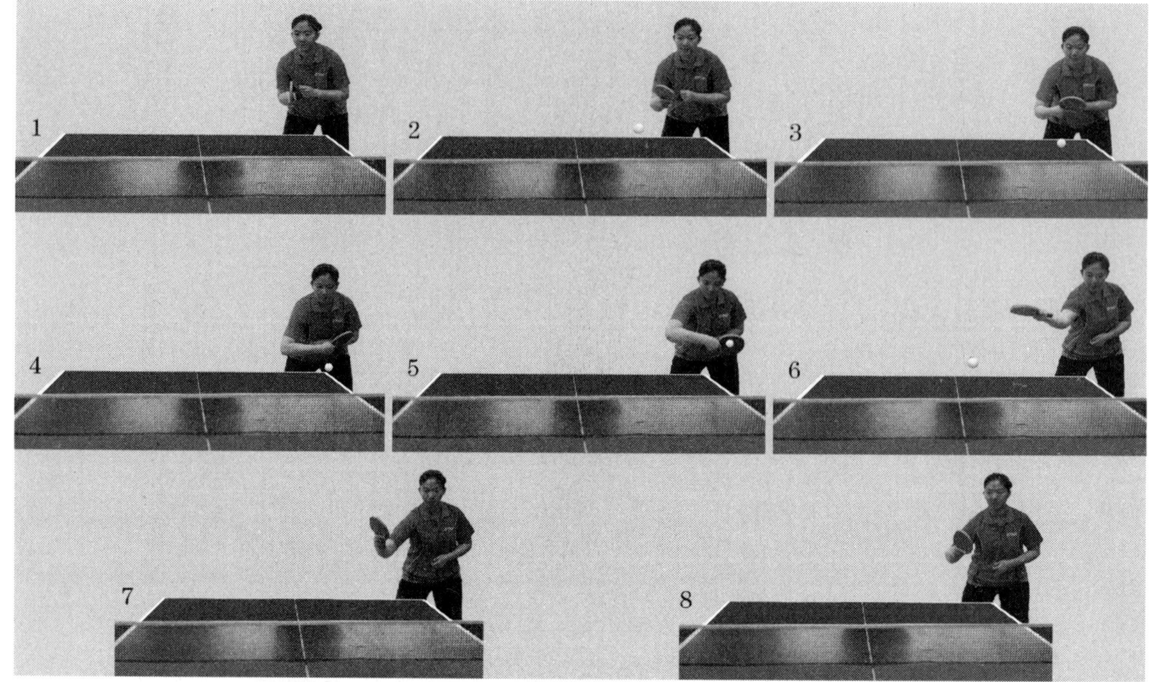

图 3-31 反手攻球

挥拍击球：球拍略前倾，击球点在体侧前方，挥拍向前上方，转腰时重心转至右脚，击球时发力。

还原：随挥动作要与还原动作结合起来。

(2) 技术动作关键点

站位要正确；引拍动作和腰的转动结合起来；注意前臂和手腕的用力。

五、挑打技术

挑打技术是一种主动处理台内球的技术。在当今乒乓球竞赛中，运动员普遍采用以近网短球挑打和拧拉为主的战术策略，在第二板直接发起进攻。因此，台内挑打技术已经成为抢先上手进攻的重要手段。

(一) 挑打技术

技术特点：动作幅度小，出手和球速快，突然性强。是从台内球开始实施主动进攻的有效技术。它既可以在接发球时使用，也可以在摆短控制过程中使用。

正手挑打技术（图 3-32）

(1) 技术动作标准

步法移动与选位：通常使用单步和跨步，迈出右脚使身体向右前靠近球台。

引拍：拍面略向外侧撇并略微引拍，拍形立起。

挥拍击球：利用身体的前迎增加挥拍速度。拍向前下挥，击球前再向上挥，在来球的高点期击球，触球时，手腕发力挑打球的中部。

图 3-32 正手挑打

还原：由于身体过于贴近球台，在挥拍击球后要注意身体快速还原。

(2) 技术动作关键点

步法移动快速，选位合理；动作要适当放松，尤其是腕关节的肌肉；击球的力量要突然和集中。

六、弧圈球技术

弧圈球技术是乒乓球技术中比较先进的进攻技术。弧圈球技术的优势，体现在把击球的速度和旋转比较好地结合起来。此技术在处理纷繁复杂的来球时，显得简单有效。它既能作为具有强大杀伤力的进攻技术，有效地得分；也能作为过渡性技术，有效地控制来球，是对付搓球、削球、推挡、发球以及拉球的有效技术。

弧圈球技术主要包括：正手弧圈球技术、反手弧圈球技术、反撕技术和台内侧拧技术。

（一）正手弧圈球技术

技术特点：正手弧圈球技术的力量大，速度快；与反手弧圈球比较，其技术使用的稳定性比较好，即在进攻时，正手弧圈球在击球的时间和空间方面比较充分，因此，根据来球性质进行球拍调整的机会就多于反手弧圈球技术。正手弧圈球技术是弧圈球技术中最具有威力的进攻性技术。

正手弧圈球

正手弧圈球技术（图 3–33）

（1）技术动作标准

站位：判断来球。确定拉球时间和拉球部位，拉球前身体重心较低。

引拍：球拍向下后引，身体随之向右转动，右肩下沉。重心在右脚上。

挥拍击球：向上方偏前挥拍，拉球点在肘关节收缩至 130~150 度之内时，摩擦球的中上部，并加大摩擦力。身体重心向左迅速移动，身体稍向上抬起，拉球的高点后期。

还原：随势挥拍动作要尽量小，并注意还原。

图 3–33　正手弧圈球

（2）技术动作关键点

控制拍面角度，摩擦球的中上部；充分利用腿部蹬伸的力量。

（二）反手弧圈球技术

技术特点：出手速度快，落点变化隐蔽，可以直接得分，是主动上手的有效技术，可以为正手进攻创造良好的机会。

反手弧圈球技术（图 3–34）

（1）技术动作标准

站位：判断来球，选好拉球位置。

引拍：身体重心下降，右肩下沉。球拍向下后方引至腹下，球拍适当前倾，肘关节略向前顶出，持拍手要适当放松，手腕下垂。

挥拍击球：球拍向上前方挥动，击球点在腹前方，触击球时，身体向前上方顶劲，前臂

图 3-34　横拍反手弧圈球

图 3-34　直拍反手弧圈球

以肘关节为轴，快速挥动中带动手腕的扭动发力，直拍击球时，拇指压拍，食指带动球拍挥动。摩擦球的中部，身体稍后仰，帮助手腕调节弧线。拉球的下降前期。

还原：要控制挥拍的距离，以便尽快还原。

(2) 技术动作关键点

引拍时手腕要略下垂，直拍尤其如此，拇指压拍。拍面要打开；顶肘，挥臂，手腕短促加力。

（三）反手反撕技术

反手反撕技术（图 3–35）

（1）技术动作标准

站位：判断来球，要在上旋来球的上升前期摩擦球。

引拍：球拍向后方稍引拍，比反手拉弧圈球的引拍短且位置略高，球拍适当前倾。

挥拍击球：球拍向前略上方挥动，摩擦球点约在腹侧前方，摩擦球的中上部。身体重心前压，借力为主。

还原：随势挥拍后，调整身体重心，并快速还原。

图 3–35　反手反撕技术

（2）技术动作关键点

球拍拍面略前倾，摩擦和撞击球的中部；控制好手腕和手臂的力量。

（四）台内侧拧技术

台内侧拧技术（图 3–36）

（1）技术动作标准

站位：判断来球，身体前迎，选好拉球位置。

引拍：肘关节略向前上顶出，拍头下垂引至靠近台面，根据来球旋转，拍面适当前倾或立起，持拍手要适当放松，手腕稍内收。

挥拍击球：球拍向前上方呈半弧型状挥动，触击球时，前臂以肘关节为轴，带动手腕的快速发力。摩擦球的中外侧部，拉球的高点期。

图 3-36　台内侧拧技术

还原：要控制挥拍的距离，以便尽快还原。

(2) 技术动作关键点

身体前迎，手腕发力快速且充分；发力时拇指和中指、无名指用力。

七、削球技术

削球技术是一种积极性的防御技术，它以旋转、落点变化为主。站位离台比较远，击球时间晚，对球的稳定性控制相对比较好。削球技术主要包括正手削球技术和反手削球技术。

(一) 正手削球技术

技术特点：旋转比较强，控制范围比较大。

正手削球技术（图 3-37）

(1) 技术动作标准

站位：判断来球，选好站位，左脚稍前，双膝微屈。

引拍：向后上引拍，球拍横立，引拍位置在右肩上，身体向后转动。

挥拍击球：球拍向前下方挥动，在身体腰侧方击球的下降前期，摩擦球的中下部。触球时用腰带臂一同发力，身体重心同时向前下移动。

还原：球拍向前送出，并还原。

图 3-37　正手削球

(2) 技术动作关键点

身体重心随挥拍压住球；手腕动作控制击球的弧线；变化球拍方向控制击球的线路。

（二）反手削球技术

技术特点：可以充分运用腰部的力量，以及协调用力对球的控制效果。在横拍削球使用不同胶皮的情况下，反手削球技术是进行旋转变化的主要手段。

反手削球技术（图 3–38）

(1) 技术动作标准

站位：判断来球，右脚稍前，双膝微屈。

引拍：球拍随腰动作向后上方引，球拍横立，引至肩上方，球拍稍后仰，身体重心移至左脚。

挥拍击球：手臂向前下方挥，同时转腰，在身体侧前方击球的中下部，球拍向前外侧挥，触球时发力要集中。

还原：迅速还原。

(2) 技术动作关键点

身体重心随挥拍压住球；手腕动作控制击球的弧线；变化球拍方向控制击球的线路。

图 3–38 反手削球

第四节　结合技术

乒乓球结合技术是两个或两个以上单一技术的组合运用。两个单一技术的结合涉及到不同手法技术的结合，不同步法技术的衔接，以及不同手法技术与不同步法技术的匹配。在比赛中，技术使用基本上都是以结合技术的形式表现出来。从战术使用上讲，结合技术是比赛战术实施的主要内容。一般而言，结合技术质量与比赛战术的运用效果有关。乒乓球结合技术主要包括：发球与抢攻结合技术、接球与抢攻结合技术、连续进攻结合技术、削攻结合技术。

一、发球与抢攻结合技术

发球与抢攻结合技术是前三板技术中最具主动性和杀伤力的技术。原因在于：（1）发球不受对方的影响，可以根据比赛的需要，自主地在旋转、线路和落点上进行合理地变化；在技术效果上，它既能够直接得分，又能为进攻创造机会；（2）由于发球后又有抢攻技术的实施，这使得接发球的难度增加，因此失误可能增多。因此，发球和抢攻技术的结合，在乒乓球技术中的作用举足轻重。

发球与抢攻技术主要有：发球后正手抢攻技术、发球后反手抢攻技术和发球后连续抢攻技术。

（一）发球后正手抢拉技术

技术特点：进攻范围比较大，由于正手抢攻在击球点选择上范围比较大，可以调整的空间也就大，因此，技术的稳定性比较高。

发球后正手位抢拉技术（图 3–39）

（1）技术动作标准

发球：根据对方回接球的控制能力，决定发何种球。

判断与步法移动：发球后判断来球的方向。当对方回接球到正手位时，移动方向的异侧腿蹬地，移动身体重心，运用交叉步扑正手位。

引拍：在步法移动过程中，进行引拍。一般情况，引拍的距离是根据来球旋转程度和回击力量的大小决定的；来球下旋强，需要加大击球力量，引拍距离就大；反之亦然。

抢攻：在交叉步的前交叉脚将落地时，挥拍拉球的中上部，身体带动手臂发力。

还原：前交叉脚落地后，另一脚迅速向外侧做支撑，克服身体重心的外倾，保持身体平衡，迅速还原。

（2）技术动作关键点

发球技术使用要严谨，预先估计对方回接球落点和旋转程度的可能性；进攻技术和发球技术要衔接好，注意利用可以选择的击球点进行调整。

图 3-39　发球后正手位抢拉

（二）发球后反手抢攻技术

技术特点：技术动作比较小，速度快，突然性强，击球点的空间选择范围相对正手要小，技术精确性要求比较高。

发球后反手抢拉技术（图 3-40）

（1）技术动作标准

发球：根据对方回接球的控制能力，决定发何种球。

判断与步法移动：正手发球后身体还原到球台一侧，判断来球的方向。当对方回接球到反手位时，收腹和降低身体重心，快速找好击球位置。

引拍：一般情况下，引拍的距离是根据来球旋转程度和回击力量的大小决定的；来球下旋强，需要加大击球力量，引拍距离就大；反之亦然。

抢攻：击球的高点期，挥拍拉球的中上部，用腿的蹬伸力量带动手臂和手腕发力。

还原：拉球后，要保持身体平衡，迅速还原。

（2）技术动作关键点

发球技术使用要严谨，预先估计对方回接球落点和旋转程度的可能性；进攻技术和发球技术要衔接好，准确把握好击球点。

图 3-40 发球后反手抢拉

二、搓接与抢攻结合技术

搓接球与抢攻结合技术，是在对来球进行反控制的基础上，实施抢攻的结合性技术。它可以是在接发球后进行的抢攻，也可以是在相持中进行的抢攻。其技术主要包括：搓接后抢攻技术和推拨接后抢攻技术。

（一）搓接后抢攻技术

技术特点：控制性强，两个技术衔接在旋转上的反差比较大。是相互控制过程中转为主动、下旋转上旋的关键性技术。

1. 正手搓后正手侧身位抢拉技术（图 3-41）

（1）技术动作标准

搓球：根据对方回接球的控制能力，决定搓球的性质，以制造进攻机会。

判断与步法移动：正手搓球后，判断来球的方向。当对方回接球到反手位时，移动方向的异侧腿蹬地，移动身体重心，运用侧身步（小跳步或并步加跨步）快速让开击球位置。

引拍：一般情况下，引拍的距离是根据来球旋转程度和回击力量的大小决定的；来球下旋强，需要加大击球力量，引拍距离就大；反之亦然。

抢攻：击球的高点期或高点后期，挥拍拉球的中上部，用腿的蹬伸力量带动手臂和手腕发力。

还原：拉球后，要保持身体平衡，迅速还原。

(2) 技术动作关键点

快搓要有一定质量，预先估计对方回接球落点和旋转程度的可能性；进攻技术和搓球技术要衔接好，正手进攻时，可通过击球点的调整，提高进攻质量。

图 3-41　正手搓后正手侧身位抢拉

2. 反手搓接后正手位抢拉技术（图 3–42）

（1）技术动作标准

搓球：根据对方回接球的控制能力，决定搓球的性质，以制造进攻机会。

判断与步法移动：搓球后判断来球的方向。当对方回接球到正手位时，移动方向的异侧腿蹬地，移动身体重心，运用跨步选好击球位置。

图 3–42　反手搓接后正手位抢拉

引拍：在步法移动过程中，进行引拍。一般情况，引拍的距离是根据来球旋转程度和回击力量的大小决定的；来球下旋强，需要加大击球力量，引拍距离就大；反之亦然。

抢攻：挥拍拉球的中上部，身体带动手臂发力。

还原：保持身体平衡，迅速还原。

（2）技术动作关键点

快搓使用要有质量，预先估计对方回接球落点和旋转程度的可能性；进攻技术和搓球技术要衔接好，正手进攻时，可通过击球点的调整，提高进攻质量。

3. 正手搓接后反手抢拉技术（图 3–43）

（1）技术动作标准

搓球：根据对方回接球的控制能力，决定搓球的性质，以制造进攻机会。

判断与步法移动：正手搓球后身体还原到球台左侧，判断来球的方向。当对方回接球到反手位时，收腹和降低身体重心，快速找好击球位置。

图 3–43　正手搓接后反手抢拉

引拍：一般情况下，引拍的距离是根据来球旋转程度和回击力量的大小决定的；来球下旋强，需要加大击球力量，引拍距离就大；反之亦然。

抢攻：击球的高点期，挥拍拉球的中上部，用腿的蹬伸力量带动手臂和手腕发力。

还原：拉球后，要保持身体平衡，迅速还原。

(2) 技术动作关键点

搓球技术使用要严谨，预先估计对方回接球落点和旋转程度的可能性；进攻技术和搓球技术要衔接好，注意根据可以选择的击球点对击球时间进行调整。

4. 反手搓接后反手抢拉技术（图 3–44）

(1) 技术动作标准

搓球：根据对方回接球的控制能力，决定搓球的性质，以制造进攻机会。

判断与步法移动：反手搓球后身体还原到球台左侧，判断来球的方向。当对方回接球到反手位时，收腹和降低身体重心，快速找好击球位置。

图 3–44　反手搓接后反手抢拉

引拍：一般情况下，引拍的距离是根据来球旋转程度和回击力量的大小决定的；来球下旋强，需要加大击球力量，引拍距离就大；反之亦然。

抢攻：击球的高点期，挥拍拉球的中上部，用腿的蹬伸力量带动手臂和手腕发力。

还原：拉球后，要保持身体平衡，迅速还原。

(2) 技术动作关键点

快搓要有质量，预先估计对方回接球落点和旋转程度的可能性；进攻技术和搓球技术要衔接好，反手进攻时，注意击球时间的调整。

（二）拨接后抢攻技术

技术特点：具有一定相持性特点，两个技术衔接在旋转上没有差别。是相持过程中转为主动的关键性技术。

1. 左拨右攻技术（图 3–45）

(1) 技术动作标准

拨球：反手拨球时身体重心放在两脚之间，身体稍前压。根据对方回球的角度和速度，决定拨球的性质，以制造进攻机会。

判断与步法移动：反手拨球后，要判断来球的方向。当对方变线到正手位时，移动方向的异侧腿蹬地，移动身体重心，运用跨步或小并步加跨步，快速抢到击球位置。

引拍：一般情况下，引拍的距离是根据来球旋转程度和回击力量的大小决定的；来球下旋强，需要加大击球力量，引拍距离就大；反之亦然。

抢攻：击球的高点期或高点后期，挥拍击球的中上部，用腿的蹬伸力量带动手臂和手腕发力。

还原：击球后，要保持身体平衡，迅速还原。

(2) 技术动作关键点

拨球要有速度和压迫性，并对对方回接球的速度和落点做出预判；进攻技术和拨球技术要衔接好，正手进攻时，可以通过击球点的调整，提高进攻质量。

2. 拨侧扑技术（图 3–46）

(1) 技术动作标准

拨球：反手拨球时重心在两脚之间，身体稍略前迎。根据对方回球的角度和速度，决定拨球的性质，以制造进攻机会。

判断与步法移动：反手拨球后，要判断来球的方向。当对方继续压反手位时，且回接球的质量不高时，用移动方向的异侧腿蹬地，移动身体重心，运用跨步或小并步加跨步进行侧身，快速抢到击球位置。

引拍：一般情况下，引拍的距离是根据来球旋转程度和回击力量的大小决定的；来球下旋强，需要加大击球力量，引拍距离就大；反之亦然。

抢攻：击球的高点期或高点后期，挥拍拉球的中上部，用腿的蹬伸力量带动手臂和手腕发力。

还原：击球后，要保持身体平衡，迅速还原。

步法再移动：当球回接到正手位时，用移动方向的异侧腿蹬地，用并步加交叉步的方

1 2 3 4 5 6 7 8 9 10 11 12 13 14 15 16 17

图 3-45　左拨右攻

图 3-46　拨侧扑技术

法，抢到正手位的击球位置。

引拍：同上。

抢攻：击球的高点期或高点后期，挥拍击球的中上部，在前交叉脚落地前，挥拍击球，充分发挥腿的蹬伸力量，带动手臂和手腕发力。

还原：击球后，持拍同侧脚快速进行支撑，保持身体平衡，迅速还原。

(2) 技术动作关键点

拨球技术要有压迫性，并对对方回接球的速度和落点做出预判；进攻技术和拨球技术要衔接好，正手侧身位和扑正手位进攻时，可通过击球点的调整，提高进攻质量。步法移动时，要尽量保证身体的水平移动。

三、削球结合技术

削球结合技术主要是指：削转搓结合技术、削攻技术。

（一）削转搓结合技术（图 3-47、图 3-48）

1. 技术动作标准

站位：正反手削球时，站位在远台，身体重心比较低。

步法移动与引拍：正反手削球后，回接近台短球时，用前后步法移动的方式，使用并步加跨步的移动方法。在步法前迎时，球拍放置在体前，准备回接短球。

挥拍击球：在身体前迎到近台时，球拍略后仰，球拍向前下方挥动，摩擦球的中部略偏下。在球的高点期击球。手腕略发力并控制好球的落点和弧线。

还原：击球后，要保持身体平衡，迅速还原。

2. 技术动作关键点

对短球的判断要准确，步法移动要及时；要注意身体在前迎时已经带有一定向前的力量，需控制好上台后的搓球力量。

（二）削攻结合技术（图 3-49~ 图 3-51）

1. 技术动作标准

站位：正反手削球时，站位在中远台，膝关节适当弯曲，身体重心略低。

步法移动与引拍：正反手削球后，当对方回接球质量不高时，用小碎步加跨步的移动方法前迎。球拍做进攻的准备，球拍引至身体侧，准备反攻。

挥拍击球：在身体前迎时，球拍向前上方挥动。削中反攻时，在球的高点期或高点后期击球，击球的中上部；在中远台反拉时，击球的中部或略偏中上部，身体带动手臂及手腕发力。

还原：击球后，要保持身体平衡，迅速还原。

2. 技术动作关键点

对反攻机会球的判断要准确，步法移动要及时，找位准确；反攻时，身体要稳定，攻球时注意击球的弧线。

图 3-47　正手削转搓结合技术

图 3-48　反手削转反手搓结合技术

图 3-49　正手削球转正手抢冲

图 3-50　反手削球转反手攻

图 3-51　正手削球转远台正手反拉

第五节　步法技术

步法是乒乓球击球环节中的重要组成部分。如果运动员具有良好的步法，能够保持合适的击球位置，那么就能使击球的速度、力量、旋转得到充分的发挥，从而有利于提高击球的技术质量。从合理的击球技术来要求，只要来球落点发生变化，哪怕是微小的变化，也应当相应地移动步法来调整击球位置。在训练中运动员必须养成“以脚带手”的良好习惯，手快脚慢，击球不到位，势必影响击球质量。

步法技术类型包括：单步移动技术、跨步移动技术、并步移动技术、交叉步移动技术和碎步移动技术。

不同类型步法的具体移动方法和范例在单一技术、结合技术中都有介绍。在学习本节内容时，可以和上述内容结合起来学习。

一、单步移动技术

步法

（一）单步移动技术的特点和运用

1. 特　点

移动速度比较快，重心转换比较平稳。它是各种类型打法运动员常用的步法之一。单步移动技术是乒乓球步法移动技术中比较简单而有效的技术。

2. 运　用

一般是在来球离身不远的小范围内运用。运用的具体方法是：

（1）持拍手同侧脚前叉，用正手回击正手位近网短球；

（2）持拍手同侧脚平行迈出，用正手回击正手位的出台球；

（3）持拍手同侧脚向后迈出，用正手回击正手位的底线长球；

（4）持拍手异侧脚向侧前迈出，用正手回击侧身位的来球；

（5）持拍手异侧脚向侧前迈出，用反手回击反手位的近网短球；

（6）持拍手异侧脚平行迈出，用反手回击反手位的出台球；

（7）持拍手异侧脚向后迈出，用反手回击反手位的底线长球。

（二）移动动作标准

1. 启动：以一脚前脚掌内侧用力蹬地，并以此脚掌为轴稍转动。

2. 移动：另一只脚向左、右、前、后不同的方向移动。

3. 支撑：当移步完成时，身体重心也随之落在摆动脚上，同时挥臂击球。

4. 还原：注意还原。

(三) 单步移动动作典型范例（图 3-52）

图 3-52　单步移动技术

(四) 移动技术关键点

移动时使身体重心向击球方向移动；击球后注意用移动脚的前脚掌内侧蹬地，使身体还原。

二、跨步移动技术（跟步）

(一) 跨步移动技术的特点和运用

1. 特　点

跨步简单说就是一脚先跨另一脚后跟。跨步移动幅度比单步大，速度比较快，利于身体还原。

2. 运　用

快攻打法常用此步法来对付离身稍远的来球。跨步由于移动步幅较大，身体重心下降，故多采用借力还击。如要主动发力击球，则不宜采用跨步。跨步常与并步或跳步结合运用。

运用的具体方法是：

(1) 持拍手同侧脚平行跨出，用正手回击正手位的来球；

(2) 持拍手同侧脚向后跨出，用正手回击正手位的底线长球；

(3) 持拍手异侧脚向侧前跨出，用正手回击侧身位的来球；

(4) 持拍手异侧脚向侧前跨出，用反手回击反手位的近网短球；

(5) 持拍手异侧脚平行跨出，用反手回击反手位的出台球；

(6) 持拍手异侧脚向后跨出，用反手回击反手位的底线长球。

(二) 移动动作标准

1. 启动：用来球方向的异侧脚前脚掌内侧蹬地。

2. 移动：另一脚向来球的前、后、左、右的不同方向跨出一大步，向来球方向移动时，另一只脚也迅速滑动半步跟过去，然后挥拍击球，身体重心不要起伏过大。

3. 支撑与还原：在移动脚落地时，即可制动，击球后快速还原。

（三）跨步移动动作典型范例（图 3–53）

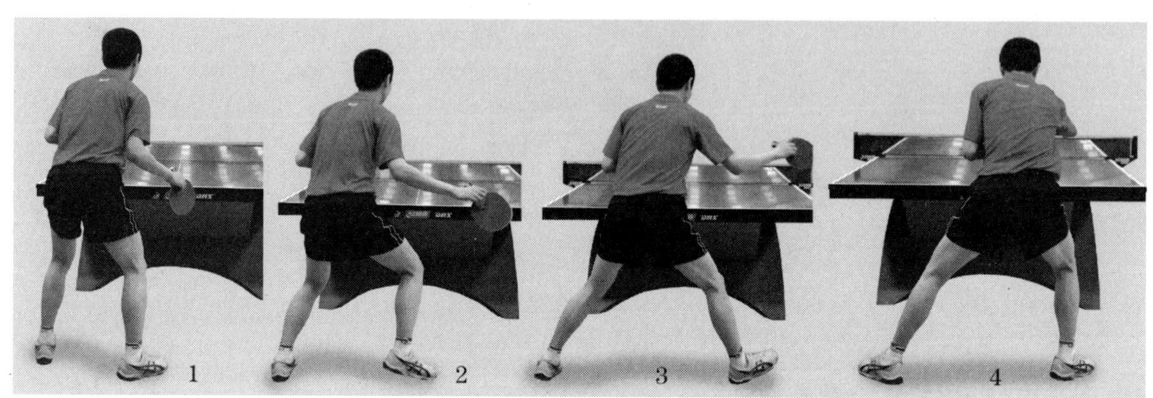

图 3–53 跨步移动技术

（四）移动技术关键点

向击球方向移动时步法不宜跨得过大；另一脚要及时跟进；击球后注意用移动脚的前脚掌内侧蹬地，使身体还原。

三、跳步移动技术

（一）跳步移动技术的特点与运用

1. 特 点

跳步移动的幅度比单步、跨步都大。跳步移动时，常有短暂的腾空时间，这对于保持身体重心的稳定有一定的影响，通常靠膝、踝关节的缓冲来减少重心的起伏。

2. 运 用

跳步是弧圈打法在中台向左、右移动或侧身移动时常用的步法。快攻打法也常用跳步做侧身正手攻。在左右大范围移动时，常把小跳步与跨步、小跳步与交叉步结合起来运用。削球打法运用跳步做左、右移动的比较少，但以小跳步（移动范围很小的跳动或滑动）来调整站位却较普遍。运用的具体方法是：

（1）向正手方向平行跳出，用正手回击正手位的来球；

（2）向正手侧后方向跳出，用正手回击正手位的底线长球；

（3）向反手位侧前方向跳出，用正手回击侧身位的来球；

（4）向反手位方向平行跳出，用反手回击反手位的来球；

（5）向反手位侧后方向跳出，用反手回击反手位的底线长球。

（二）移动动作标准

1. 启动：来球异侧方的脚前脚掌内侧用力蹬地。

2. 移动：两脚同时离地，向左、右、前、后不同的方向移动。

3. 支撑与还原：蹬地用力的脚先落地。当移步完成时，身体重心也随之落在持拍手侧的脚上，同时挥臂击球，注意还原。

（三）跳步移动动作典型范例（图 3-54）

图 3-54　跳步移动技术

（四）移动技术关键点

移动时要保持使身体重心尽量平稳；击球时机是在持拍手同侧脚落地的同时。

四、并步移动技术

（一）并步移动技术的特点和运用

1. 特　点

并步就是一脚先并，同时另一脚再跨。并步移动的幅度比单步大但比跳步小。由于并步移动时没有腾空动作，有利于保持身体重心的稳定。

2. 运　用

它是削球打法常用步法之一，快攻或弧圈打法在侧身进攻时，或进攻削球做小范围移动时经常运用。运用的具体方法是：

（1）向正手方向平行并步移动，用正手回击正手位的来球；

（2）向正手侧后方向并步移动，用正手回击正手位的底线长球；

（3）向反手位侧前方向并步移动，用正手回击侧身位的来球；

（4）向反手位方向平行并步移动，用反手回击反手位的来球；

（5）向反手位侧后方向并步移动，用反手回击反手位的底线长球。

（二）移动动作标准

1. 启动：用来球方向的异侧脚前脚掌内侧蹬地。

2. 移动：在发力脚向另一脚并拢的同时，另一脚向来球的前、后、左、右的不同方向跨出一步，身体重心不要起伏过大。

3. 支撑与还原：在持拍手的同侧脚落地时，挥拍击球。脚落地时即可制动，击球后快速还原。

(三) 并步移动动作典型范例(图 3-55)

图 3-55 并步移动技术

(四) 移动技术关键点

向击球方向移动时,不宜跨得过大;击球后注意用移动脚的前脚掌内侧蹬地,使身体还原。

五、交叉步移动技术

(一) 交叉步移动技术的特点和运用

1. 特 点

交叉步移动的幅度比前几种步法都大,它主要是用来对付离身体较远的球。

2. 运 用

快攻或弧圈打法在侧身进攻后扑正手位大角度来球时,或在扑正手位进攻后回反手进攻时常用这种步法。削球打法左、右交叉步移动较少,但做前、后交叉步回接短球或突击球却较多。运用的具体方法是:

（1）向正手方向进行交叉步移动，用正手回击正手位的来球；

（2）向正手侧后方向进行交叉步移动，用正手回击正手位的底线长球；

（3）向反手位侧前方向进行交叉步移动，用正手回击侧身位的来球；

（4）向反手位方向进行交叉步移动，用反手回击反手位的来球；

（5）向反手位侧后方向进行交叉步移动，用反手回击反手位的底线长球。

（二）移动动作标准

1. 启动：来球方向的异侧脚前脚掌内侧蹬地，使身体重心向来球方向移动，并转为来球方向的同侧脚蹬地。同时身体向移动方向转动。

2. 移动：来球方向异侧脚从另一脚的前面跨过，在落地时，挥拍击球。

3. 支撑与还原：在来球方向的异侧脚交叉落地后，另一脚快速移动到外侧支撑进行制动，并快速还原。

（三）交叉步移动动作典型范例（图 3-56）

（四）移动技术关键点

前交叉步的时机要和击球时机结合好；击球后支撑脚的移动要迅速，使身体快速还原。

六、小碎步移动技术

（一）小碎步移动技术特点和运用

1. 特　点

小碎步是一种连接不同步法使用或组合使用的技术。它对身体重心的调节、击球位置的选择、发力方式的选用有着重要作用。

2. 运　用

如果运用单一的步法技术还找不好击球位置时，可以先用小碎步进行调整，以保证步法移动的有效性。

（二）移动动作标准

1. 启动：用两脚前脚掌内侧蹬地。

2. 移动：两脚尽量靠近地面，在身体重心起伏不大的情况下，向左右前后移动。

3. 技术衔接：根据来球情况调整击球位置，以及与不同步法进行结合。

（三）移动技术关键点

根据来球决定是否使用小碎步，注意身体重心的调整。

图 3-56　交叉步移动技术

◎思考题

1. 如何示范和讲解基本站位、握拍方法?

2. 如何按照教材中的技术动作标准进行示范，在讲解中如何根据学生实际情况抓住动作的关键点?

3. 如何把技术动作构成的5个基本内容与乒乓球技术教学、训练的任务、要求相结合?

◎推荐阅读文献

1. 唐建军. 乒乓球技术图解[M]. 北京：北京体育大学出版社，2000.

2. 唐建军，等. 乒乓球世界明星技术图解[M]. 北京：北京体育大学出版社，2003.

3. 詹晓希. 金泽洙步法组合类型研究及字母标记法的创设与应用[J]. 北京体育大学学报，2002 (3) .

4. 张博. 乒乓球步法[M]. 北京：人民体育出版社，2003.

5. 唐建军. 新编乒乓球DVD. 济南：齐鲁电子音像出版社，2009.

6. 唐建军. 乒乓球运动教学课件. 北京：北京体育大学音像电子出版社，2010.

7. 唐建军. 学打乒乓球. video.sina.com.cn.

第四章　乒乓球教学

教学提示

1. 了解乒乓球教学的基本原理；
2. 在教学理论指导的基础上，有效地运用乒乓球教学方法；
3. 掌握乒乓球技术动作的分析方法；
4. 学会制定相关的乒乓球教学文件。

乒乓球教学活动是在一定教学制度安排下，有计划地进行乒乓球技术教与学的过程。乒乓球教学是乒乓球运动技术学习活动的基本形式，乒乓球技术及战术的习得，是从乒乓球技术教学活动开始的。乒乓球教学的基本任务是让学生学习和熟练掌握技术动作，学会基本战术运用。

第一节　乒乓球技术动作教学原理及其运用

一、有关乒乓球技能学习的理论解释

就乒乓球技能获得而言，条件反射理论一直是人们认识和分析的框架，其理论基础分别是生理学的高级运动神经活动学说和心理学理论的行为主义学说。技术动作学习过程是建立在反馈基础上的，技术动作的初步掌握、巩固以及提高和反馈直接相关。

就乒乓球技能学习过程与运用过程而言，在技能运用的焦点觉知理论中，波兰尼举了一个例子，音乐家弹钢琴时，把注意力焦点集中在对曲谱的总体把握上，而把附带注意力放在手指的动作和琴键上。技能运用的焦点觉知理论，在解释乒乓球技能达到自动化程度时的功用性方面有着十分重要的指导意义。事实上，此时技术动作的感觉是被统一到技术动作使用的目标上去了，也就是说，在比赛中技术动作是被附带注意的，而注意的焦点是在为比赛胜利而采取的战术运用上。

就乒乓球技术动作学习的基本特征而言，内隐学习理论对此有一个比较好地说明。内隐学习是不同于外显学习的另一种关于动作技能的学习模型。外显学习类似于有意识的问题解决过程。这种思维过程自始至终是有意识的，主观努力是被清晰意识到的。而内隐学习则不然，它是在不知不觉中发生的一种自动的、近乎无意识的过程。换言之，内隐学习是在（某种意义上）不知道刺激之间或刺激与行为之间存在联系的情况下对它们的学习。自 1967 年罗伯（Reber）发现这种自动的、无需意识参与的学习过程后，人们对这种普遍而强大的学习方式产生了浓厚的兴趣。

就乒乓球技术动作学习过程而言，技术动作的准确与速度的关系、刺激与反应的关系是技术动作学习中的两对重要因素。关于速度与准确关系问题，动作学习理论中的菲兹（FITTS）定律，即“速度-准确性”关系原理对技术动作学习过程中，如何处理击球的准确性和速度之间的关系提供了理论解释。关于刺激与反应关系问题，可用海克定律解释，即更长的反应时是更多数量的刺激-反应种类造成的结果。这一观点对于理解乒乓球球性的变化和产生的复杂性程度对乒乓球反应时的影响，以及对乒乓球技术动作完成的影响有很大意义。

（一）条件反射学说

乒乓球技术动作教学的过程，主要是乒乓球运动技能形成的过程。乒乓球运动技能形成的传统解释和所有的动作技能习得一样，被认为是一种运动条件反射的建立。而解释运动技能形成过程机理的间接实验，主要是巴甫洛夫经典条件反射理论中关于兴奋与抑制扩散与集中的实验；以及斯金纳操作条件反射理论中关于动物行为强化的实验。

巴甫洛夫认为：条件反射形成的神经机制，是大脑皮层暂时性神经联系接通的过程，这个过程叫作“强化”。巴甫洛夫经典条件反射是一种“刺激性条件反射”，它的特征是：刺激在前，应答行为在后。强化物和刺激物相结合，使无关刺激变成条件刺激，而强化的作用主要是增强刺激—反应之间的联系。

斯金纳认为：条件反射形成的心理机制，是一个在不断试错过程中获得正确答案的过程。斯金纳的操作条件反射是一种“反应性条件反射”，它的特征是：操作在前，刺激在后。强化物与反应相结合。强化的作用主要是增加操作的强度或操作发生的概率。

基于上述的理解，吴焕群（1992）认为：巴甫洛夫的学说较为有效地解释了技能形成的理论问题。特别是初步掌握技能的阶段，强调传授与示范的重要性，适合于严格的动作程式或固定套路的训练。斯金纳原理较为有效地解释了对抗性技能的创造性动作组合的理论问题。特别是有了一定技能后较高阶段的练习。它除了具备巴甫洛夫学说中的接受刺激、被动强化等特征外，还具有主动反应获得刺激、增加操作概率等特征。结合乒乓球运动技术动作教学实践，可以对上述两种理论在乒乓球教学实践中的指导作用进行归类。（表 4–1）

表 4 –1　经典条件反射理论与操作条件反射理论

乒乓球技术动作教学内容和要求	经典条件反射	操作条件反射	作　用
1. 有规律地陪练供球	V		单个动力定型的建立
2. 多球训练	V		单个动力定型的建立
3. 固定条件（速度、线路等）各种技术动作练习	V		单个动力定型的建立
4. 无规律地各种技术动作练习		V	单个动力定型的组合
5. 比赛		V	单个动力定型的组合

依吴焕群（1994），改制

（二）技能运用的焦点觉知理论

这个理论对于解释乒乓球技能学习过程中，不同学习阶段技术动作学习和运用的意义，做出了理论上的区分。在乒乓球技术动作初步掌握阶段，练习中的示范和讲解，基本上是针对技术动作本身进行的，技术动作的目标就是技术动作本身，强调的是正确动作的掌握。因此，对正确技术动作感觉（视觉、触觉、知觉、听觉）虽然十分重要，但学习的焦点注意是放在技术动作的关键环节上。这种注意力分配方式，是有效学习所必需的。在技术动作达到自动化阶段时，技术动作的目标也发生了变化，此时对技术动作本身的感觉成为附带的，而技术动作的效果成为了注意的焦点。就是说，运动员完成一个技术动作时，其焦点觉知是在技术动作完成的效果上（在比赛中有效地实施战术效果上），而对技术动作的附带觉知，只是为了保持对动作感觉的警觉，使这种感觉引导运动员有效地达到击球目的。

（三）运动技能学习的内隐学习理论

运动技能不仅可以内隐获得，而且内隐学习在运动技能领域还表现出外显学习所无法比拟的优势。大量实验研究表明：内隐学习不仅能使运动技能保持时间更长，而且还有利于复杂运动技能的掌握，以及对各种应激条件的适应。内隐学习方式在运动技能的学习上显示了它的优势。

米勒（Magill）采用 Pew 的轨迹追踪任务设计了一个 2×2 的双因素实验。一个因素是重复概率（50%与 100%），50%的重复概率指，每次练习的中间阶段出现重复的目标移动轨迹的可能性是 50%；100%的重复概率则指，每次练习的中间阶段都会出现重复的目标移动轨迹。另一个因素是学习方式（内隐学习与外显学习），外显学习组的被试被告知：在每一次练习的中间阶段，目标的移动是重复的，并且告诉他们重复的概率（100%或 50%）；而内隐学习组什么也不清楚。在练习完成后询问内隐学习组的被试是否觉察到练习中的重复部分，被试回答没有。实验的结果显示，在 100%的重复概率下，内隐学习组的成绩与外显组的成绩没有显著差异，说明内隐学习与外显学习一样可以提高被试的操作技能。但在 50%的重复概率下，内隐学习组的成绩明显好于外显学习组。这表明在模糊的规则条件下，内隐学习比外显学习有优势。格林（Green）和富勒斯（Flowers）采用另外一种实验范式，也曾对重复概率不到 100%时的内隐学习和外显学习策略效果进行了比较，得到了相同的结果，即在复杂的、特别是开放性的运动技能的学习上，内隐学习策略与外显学习策略一样有效；而在某些条件下，内隐学习策略甚至会更有效。许多复杂的运动技能操作都需要个体不断地学习、记忆别人的动作，并在此基础上控制、矫正自己的动作。因此，内隐学习能使其潜移默化、融会贯通。（郭秀艳，2001）

在乒乓球技术动作的教学中，教师一般注重学生的外显学习，强调有意注意、记忆等意识活动以及理性力量的参与，而容易忽视内隐学习过程中的无意识参与。教师往往为学生不能很好地掌握动作要领而费神，为学生因学不会而懊恼。内隐学习的研究表明，人们完全有能力去把握运动技能中暗含的动作要领及规则。

（四）技术动作学习理论

1. 动作速度与准确性关系

在乒乓球技术动作学习过程中，尤其是在动作学习的初级阶段中，面临着如何处理好击球技术动作的速度和准确性的问题。关于动作速度与准确性相互关系，保罗·菲兹（Fitts，1954）根据实验的结果，首次提出了关于动作速度与准确性的数学原理，并且发现了动作时间与动作难度之间具有线性关系（图 4–1），即被人们称之为“菲兹定律”。

在竞技乒乓球中，技术动作的学习追求的是既快又准，菲兹定律说明了在这一过程中存在不可避免的现象，就是人在做技术动作时，会有以准确性取代速度（或相反）的倾向。在乒乓球技术动作教学中，一般通行的做法是通过降低动作的速度来提高准确性，以便使学习者有时间发现错误和进行纠正。当然，过慢动作所获得的准确性可能不具有竞技意义，有实战意义的击球技术动作，在速度上必须和比赛的实际情况相似。

在乒乓球教学中，开始掌握技术动作时，可以采取低于比赛要求的速度进行练习，以便体会技术动作的基本要领，提高击球的准确性。但是降低动作速度来提高准确性，只是技术动作教学初级阶段的手段，符合比赛要求的击球速度始终是教学的基本要求。

2. 反应时和刺激–反应选择数量关系

在技术动作学习和使用中，反应时的快慢与选择刺激—反应选择的数量直接关联。最短的反应时是发生在只有一种刺激和一种反应的情况下，这种情况被称为“简单反应时”。所谓简单反应时，是指从只提供一种在时间上不可预知的刺激，到人开始只做出一种反应的时间间隔。更长的反应时则是更多数量刺激-反应选择数量造成的结果，反应时和刺激-反应选择数量的关系（图 4-2），是理解乒乓球技术动作表现的理论基础。在图中可以看到，当刺激-反应选择的数量从一个增加到两个时，反应时明显增加；随着选择数量的增加，反应时继续增加，但增加的幅度逐步变小。

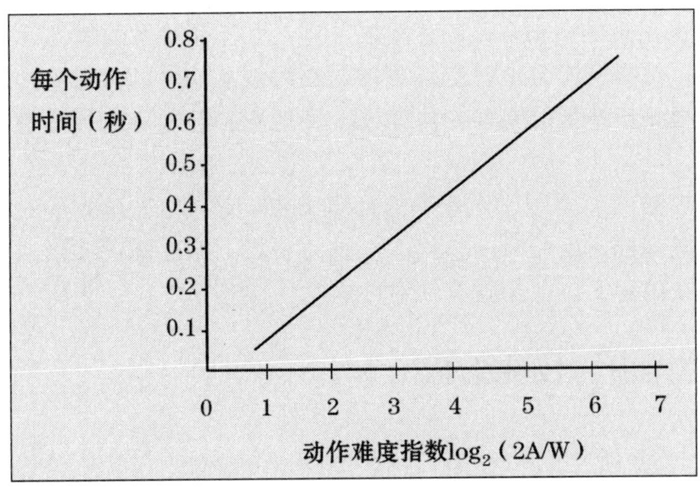

图 4-1　动作时间与动作难度指数呈线性关系（张英波根据 Fitts，1954 资料改编）

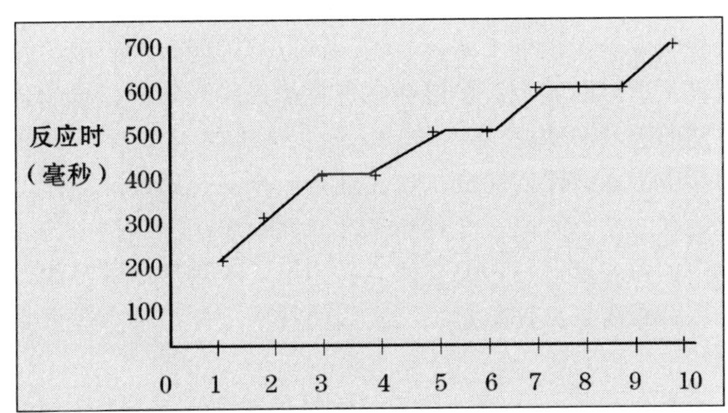

图 4-2　选择反应时和刺激-反应选择数量关系示意图（张英波根据 Woodworth，1938 资料改编）

乒乓球比赛中的一个重要的战术策略，就是使对方难以判断来球。通过球性变化和假动作使用，增加刺激-反应选择数量，以此延长对方动作信息处理延迟的时间。如在一种发球动作中发出不同的旋转、落点、速度、力量的球，变化发球类型的数量，来延迟对方反应的时间。乒乓球主要技术的平均击球速度为 14 米/秒（Roland Seydel，1996），乒乓球球台长 2.74 米，因此，球从球台此端到彼端的时间约为 0.2 秒，如果运动员在这个时间内，没有及时对来球性质作出反应（判断），就会严重限制击球成功的机会。在乒乓球技术动作教学中，应当注意学习者对球性复杂性的认识和适应，即对刺激-反应选择数量进行快速且正确的处理，缩短动作开始前反应时，选择正确的技术动作，提高击球技术的质量。如对不同来球旋转变化所做的拍型变化与力量控制等。

研究表明，有 3 个主要因素影响着选择反应时：（1）练习量；（2）练习性质；（3）预判。在一定刺激–反应选择数量条件下，练习量越大，选择反应时越短。随着练习量的增加，刺激–反应选择数量增加所引起的反应时的增加程度越小。在经过大量训练之后，高水平运动员几乎可以自动地处理信息和作出反应。他们不但反应很快，而且随着刺激–反应选择数量的增加，他们的动作反应几乎没有减慢，或减慢很少。另外，训练性质也很重要。在训练中把比赛中可能出现的刺激–反应组合在一起，进行针对性的练习。由于同样的刺激总只引起相同的反应，选择反应时也就变得更短。在缩短反应时的方法上，预判是必须的。优秀运动员通常可以根据比赛情况来预判将要发生的情况，并且可以提前进行信息的处理（张英波，2003）。

因此，在乒乓球技术教学中，对于包含不同刺激–反应时选择数量的技术练习内容，在安排方面要考虑对提高选择反应时的作用。在整体安排上循序渐进和形成系统，以及考虑到运动员个体差异，在内容安排上还要有针对性。

二、教学过程中的技能形成

（一）乒乓球技能教学的目的和要求

乒乓球技术的教学活动，是一个遵循运动技能形成的基本规律，并且考虑到个体差异的双边活动。教师充分认识这一点将有助于在教学活动中，有针对性地设计教学文件，选择教学方法，进而提高教学质量；学生了解这一点，可以对不同教学阶段中技术动作掌握程度进行理论分析，提高自主学习的能力；了解和掌握技能形成的理论，目的是通过理论的指导来促进乒乓球运动技能的学习和掌握。

在练习中，乒乓球击球动作的完成是建立在每一个回合的击球动作上的。这个击球过程一般可以分为相互关联的 5 个阶段，即判断来球、移动步法、挥拍击球、随势挥拍和身体还原。在乒乓球教学中，韩志忠等（1995）认为：为了适应乒乓球练习的要求，乒乓球技术动作教学的核心任务，就是建立一种既熟练又实用的技术动作系统，这个系统应当符合以下要求：

1. 结构合理。在初学阶段，击球动作的结构要基本保证有一个合理的击球动作，以及使每一个技术动作包含着未来技术发展的因素，包含与其他技术进行结合的因素。技术动作掌握初期，建立一个合理的技术动作结构，将会为技术不断地发展打下良好基础。

2. 自动化。几乎是不加思索就可以根据来球的性能，做出与来球相适应的击球动作。

3. 链锁性。每一个自动化的击球动作，都是步法移动同时引拍→挥拍击球→顺势挥拍同时重心转移→动作还原几个环节的链锁反应。

4. 技术动作组合的复杂性。即根据对来球准确迅速的判断，可在已经完成的某个技术动作的基础上立即从自动化的动作库内，选择出另一个技术动作与之衔接，以实现连续击球的要求，例如，发球后正手抢攻，正手攻球后接反手攻球等。

5. 变化性。即同一种击球动作，可以在瞬间决定击球方向、用力大小、旋转强弱的不同，以更好发挥反击效果。

6. 技术动作的全面而又特长突出性。各种技术动作的全面掌握，能应付各种局面，不同打法有自己的特长技术动作，是制胜的有力武器，这二者必须是辩证统一的。

（二）乒乓球技能学习不同阶段的教学重点

在掌握乒乓球技术动作技能的过程中，普遍的看法是：在技能学习中存在着不同的学习阶段（王家正等，1979；韩志忠，1995）。因此，在技术动作教学上要有不同的侧重点。

1. 泛化阶段

所谓泛化阶段的形成，是由于学生在练习中，击球时用力的肌肉收缩和放松不协调，不该用力的肌肉也参加动作，大脑皮层运动中枢部位兴奋点广泛扩散的原因。在练习的最初阶段，正确的肌肉感觉很不清晰，动作与来球不相适应，学生在打球时感到很别扭，特别是那些以前没经过正规训练而形成不正确动力定型的学生更是如此，要克服他们的错误动作更加困难，而从来没接触过乒乓球的学生，其动作的可塑性就较好，这就是为什么说克服一个旧动作要比学习一个新动作更难的缘故。例如，教学生正确的握拍法，那些从来没拿过球拍的学生就比曾打球而又握拍错误的学生掌握得快。

从击球效果来检验，在泛化阶段，学生击球的命中率低，而且在失误中下网和出界没有规律，分不出哪一个多或哪一个少。这是因为正确动作的概念尚没有建立，还没有从错误动作中分化出来的缘故。

在泛化阶段，教师在教学上的重点是从降低学生练习的难度入手，即可以降低技术动作的速度，减慢球速，以便学生掌握技术动作，缩短泛化阶段的时间。具体采用的方法是：

（1）徒手练习法。即在上台练习之前，先做模仿击球动作的练习，初步获得动作过程的肌肉感觉，一旦上台练习，就可凭这种肌肉感觉把击球动作做出来，这实质上是正规练习的一种过渡性练习。

（2）分解练习法。即把一个较复杂的完整技术动作，由易到难地分解为几个步骤，按顺序一步步地完成，最后实现完整地整合。例如，在学某个动作时，先教手臂摆动动作，再以此为基础教与上体的配合，最后，再串以步法移动，

（3）节奏练习法。即固定击球时间，使完整动作过程与来球保持一定的时间间隔，形成节奏。例如，要求学生，先摆好击球前的引拍姿势，教师用固定的速度供球，令学生见到球从本方台面弹起，就进行迎击来球的动作。

（4）多球练习法。由于增加了练习密度，使学生集中时间反复练习某一动作，教师供球的落点固定，有利于在短时间内较快形成正确动作技能。

2. 分化阶段

在分化阶段，学生已经掌握了正确的击球动作，肌肉感觉清晰了，而且，也有了一定程度的球感，肌肉用力和放松协调，动作也不感到别扭了。因此，击球的命中率显著提高，失误减少，但是学生仍然要有意识地记忆动作过程的细节，不能分心。通过记板数的达标测验结合技评观察，可以确定学生在练习过程中，是否已经进入分化阶段。

在分化阶段，教师在教学上的重点是使动作得到巩固和提高，可以采用的方法是：

（1）完整练习法：只有进行完整动作的练习才符合实际比赛要求。除非在练习中又发现

某些错误需要分解动作练习以外，在分化阶段，应从完整练习中善于识别错误动作，一旦出现就立即纠正。一般地讲，击球效果好的动作即正确动作。当学生经常击球失误时，应立即停下来回忆正确的动作细节，以便纠正。同时，在这个阶段中，应当把击球速度保持在与比赛要求基本一致的水平上。

（2）预防与纠正错误法：在分化阶段还应注意，有的学生由于错误的动作得到强化，击球经常下网或经常出界，形成了错误动作的分化。这时，一方面要求及早发现，以免形成错误的定型，另一方面要善于抓住错误的关键，找到有效的纠正办法，及时给予纠正。

3. 自动化阶段

此时学生不必去考虑动作技术的要领方法就能将来球准确地还击回去，使动作形成自动化。在自动化阶段，学生感到击球轻松自然、省力。肌肉收缩和放松协调，思维得到了解放，开始考虑动作的实用性。由原来的“球打到哪里算哪里”发展到一种“想打到哪里就打到哪里，想加力就可以加力，想减力就可以减力，想加转就可加转，想不转就不转”的运用自如境地。只有当击球又出现连续几次失误时，才会再次把思维拉回到考虑击球动作问题方面，来检查失误的原因，并加以校正。因此，在自动化阶段，教师一方面可以考虑下一步进行战术教学的可行性，另一方面，还应不时提醒学生，注意动作要点，防止由于在不明原因的情况影响下，造成不知不觉的动作变型。

在自动化阶段，教师教学的重点是以结合技术为主的完整技术动作练习。并且增加对乒乓球技术在战术运用上的解释。

此外，我们还应当说明，根据对不同等级的学生或运动员的要求，乒乓球运动技能形成过程的三个阶段要达到的标准亦不同，层次愈高的教学对象，对他们的运动技能要求愈高。

专家专栏：王楠乒乓球技能学习过程

王楠，1978 年 10 月 23 日出生，1983 年底直接进入市体校，1989 年 3 月到省体校集训，1990 年 2 月进省专业队，1993 年入选国家队。由于王楠的专项素质好，学龄前两年她就开始专项练习了，因此她是先进行“专业”训练，上学后才开始业余训练。王楠基础训练阶段的划分如下：

1983 年 10 月~1984 年为初学阶段

王楠悟性好，熟悉球性很快，上台两个月正手就能连续打 100 多个回合。她很喜欢打球，因此这段时间重点培养她的主动和意识，进行理想教育，以世界冠军为榜样，激发她刻苦训练，为国争光的意识。抓好身体素质的基础训练和正手攻球反手的推拨、搓球等规定线路的练习，也就是抓好单项技术的动力定型和简单的步法。

1985 年~1986 年为巩固提高阶段

主要内容是训练各项技术的基本功，巩固和提高初学阶段的单项技术，学习各种结合技术、弧圈球和各种步法的运用。重点提高速度素质和柔韧性，如正手摆速、单位时间内的脚步移动等，加强思想教育和场上作风的规范，为她的再提高打下思想基础。加强主动进攻意识，为下一阶段的训练做好准备。

1987 年~1989 年为特长技术和风格形成、提高阶段

在巩固前段时间训练内容基础上，重点培养她的弧圈球打法和上手拉球的主动意识，在正反手两面拉球基本挑拨后，形成弧圈加快攻打法，在这一段训练中，从技术训练到身体素质训练都有一个很大的飞跃。

本着从小培养，打好基础的原则，王楠在市体校的训练时，重点抓了她的正手攻球和反手攻球的基本功训练。乒乓球技术的提高，依赖于量的积累，才有质的飞跃，在她初学训练中严格要求每个球的回合次数，无论是正手对攻，还是反手推拨、搓球，还是正手跑位，右推左攻都要求一次性的最高次数。有了疲劳才有提高，王楠在 1986 年和同队的刘冰正手对攻一次性地就打了 4800 个回合，可见她的正手攻是稳定的。在她的训练中充分体现了量变到质变的关系，并在量的积累中注重质量，除在台上打球外另外安排徒手动作，一次 10 分钟，20 分钟，30 分钟，用这种反复的机械动作，强化她的动作的动力定型，在反复的击球中找她手上的感觉。到了 1986 年底她的各种单项技术的动力定型基本完成，并能在跑动中保持手上的稳定，总之在动作上基本没有走弯路，为她现在的“实力派”打下了基础。

（依张晶清，2001）

三、乒乓球技术动作的基本教学程序

（一）熟悉球性

教学中，熟悉球性的教学目的，就是使学习者建立起用球拍击打乒乓球的基本体会，即知道用球拍击打和控制乒乓球的要领是什么，把教师的教学语言和动作示范变成自己知道如何打才能打得准，打得好。对学习者来讲，培养球感的目的是：

1. 在学会正确握拍法的情况下，体会握拍手指的用力方法；
2. 不断培养归纳和分析来球球性的能力；
3. 体会在回击不同性能来球时，改变球拍用力方向、力度大小、拍面方向对来球所产生的不同影响和效果；
4. 体会击球时，改变球拍用力方向、力度大小、拍面方向对击出的球所产生的不同影响和效果；
5. 掌握在击球过程中身体的协调用力。

（二）徒手动作

徒手动作，包括上肢的技术动作和下肢的技术动作。徒手练习不论对初学者还是技能水平较高的学习者，都可根据不同目的进行采用。对初学者来讲，徒手练习可体现大脑皮层形成的动作表象，通过肌肉的收缩和放松，使这种模仿动作产生的肌肉感觉反馈到大脑皮层，教师用语言进行提示，对动作进行语言上的强化，使正确动作的肌肉感觉不断在反复练习中巩固。这种过渡性练习，有利于进一步在进行实际击球练习时形成运动条件反射。

对有一定基础的学习者来讲，徒手练习可用来巩固已获得的正确动力定型，亦可用在改进技术动作方面，还可以充当专项身体训练的手段，例如通过轻微负重做徒手击球动作练习，发展击球力量。

（三）单一技术

1. 单一技术动作的单线路练习

这是乒乓球最基本的技术练习，根据其在教学的初级和中高级阶段在教学要求上的不同，它既是简单动作技能学习和形成的方法，也是促进简单动作技能提高的方法。在初级教学阶段中，要注意的问题是：在练习者单一技术动作技能学习中，要使单一技术动作的技术要领，简单但完整地包含在其中，以保证单一技术在初级阶段的学习能够为进一步的提高打下良好基础。

在单一技术动作教学中，练习者首先是通过视觉、听觉判断来球的性质以及时间，大脑发出指令，运用步法进行必要的移动和调整击球位置，手臂挥拍进行击球。击球时获得的肌肉感觉，以及击球的技术结果（成功或不成功）一并传入大脑；如此反复的、接近周期性的动作操作和作为击球结果的不断反馈，在大脑的参与下，促使肌肉感觉的记忆加深，建立起以视觉中枢为主的感觉中枢（包括听觉、触觉、本体感觉），与运动中枢的神经暂时联系。因此，这时的练习应尽量向练习者提供性能相近的球（包括时间、位置、旋转、力量等因素），使其能够保持用同一种技术动作击球，从而尽快获得一种有效的肌肉感觉。

2. 单一技术动作的复线练习

即以单个技术的单线练习为基础，进行斜直线两条线路的练习。教学中技术动作基本没有变化，只是增加线路上的变化，使得难度略有增加。线路的变化使技术动作略有不同，并明确了步法移动对调整击球位置的作用。经过反复练习后，一旦形成了新的动力定型，就可以不必考虑其不同点，而比较随心所欲地打出两个线路来。

（四）结合技术

1. 两种技术结合的固定线路练习

例如，反手左半台发球后，要求对方把球送到自己球台的左边，练习用正手侧身攻球或拉弧圈球。

2. 两个技术动作的两条线路练习

即把两项技术结合在一起的动力定型。开始是有规律地练习，最后要达到一种较复杂的运动条件反射，形成动力定型，即球来到哪一方就用哪一方的技术动作还击。例如，对左推右攻打法的运动员来讲，来球到自己左方就用推挡或反手攻球还击，来球到自己右方就用正手攻球还击。形成这一动力定型的关键是步法移动的自动化。

3. 不同打法以特长技术为主的全面技术练习

进行这种综合练习，开始要根据来球的性能（旋转，力量，落点等），考虑各项单个技术动作的衔接技术，例如，来球上旋就要想到如何调整拍形和用力方向控制来球的上旋力；来球如果变为下旋，自己的拍形和用力方向就要同下旋来球相适应。最初，若没有这样的意识，技术的运用效果就差。通过反复练习，一旦处理不同性能的来球达到得心应手的程度，形成了一种更高层次的自动化，就可以考虑战术训练。这种综合技术练习同样需要经过由简到繁、由有规律到无规律的系统练习步骤，效果才更显著。它包括：

（1）两种技术结合的不定线路练习。这种无规律的练习可有效地提高大脑皮层的灵活性、协调性，使所练技术更符合实战要求。

（2）三种技术结合的固定线路练习。例如，推挡后侧身正手攻，然后扑正手攻。若没有对方的线路固定，则练不成。

（3）三种技术结合的不定线路练习。

（4）全面技术结合的综合练习。这种练习可以是两种技术，也可以是三种技术或多种技术的结合，在相持中，主要考虑随机应变地发挥自己的技术，使各种技术在适应中得到调整。

4. 战术运用教学

当学生的技术练习达到一定程度，意识可以脱离技术动作的束缚，转向思考如何发挥自己的技术优势、限制对手的技术而取胜时，就可以进行战术训练教学。

战术意识以单个技术的自动化为基础，是一种最高层次的、建立战术动力定型的神经暂时联系，它是一个练习者所有的单个技术运动条件反射的总和，而且超出这个总和，形成一种有目的地、主动地、灵活地运用各项技术的能力。战术教学的步骤是：单个战术练习—结合战术练习—全面战术练习—实战练习。

实战练习是全面战术和技术的综合演练。从练习中，可以检验战术和技术掌握的程度，一方面巩固已获得的技术战术动力定型，另一方面，找出薄弱环节，以利今后改进。

经过以上几个步骤的练习，技术战术教学的任务并没有全部完成。随着世界乒乓球技术水平的不断发展和提高，运动员必须不断创新技术和战术，在巩固和发展原有技术战术体系的同时，不断建立新的运动条件反射，才能不断取胜（韩志忠等，1995）。

第二节 乒乓球技术动作教学的内容和方法

一、发球技术动作教学顺序与步骤

（一）发球技术动作教学的基本顺序

在发球技术动作的教学过程中，发球技术动作教学的基本顺序是：（1）平击发球；（2）发奔球；（3）发转与不转球；（4）发左（右）侧上（下）旋球；（5）用同一手法发不同旋转的球。当然，在教学中要根据对象的具体情况区别对待，不要强求一律。

（二）发球技术动作教学的基本步骤和注意事项

1. 发球技术动作教学基本步骤

（1）徒手做发球前的准备姿势，模仿抛球及发球的动作。

（2）用多球进行发球练习。

（3）先练习发斜线球，后练习发直线球，先练习发定点球，后练习发不定点球。

（4）练习发各种旋转性能的球。

（5）练习用同一手法发不同旋转和落点的球。

前3个步骤，是初学者在开始学习平击发球时，采用的教学步骤。（4）和（5）是完成初学阶段者，在练习各种旋转发球时，采用的练习步骤。

2. 发球技术动作教学中的注意事项

（1）初学阶段，在掌握发球的基本技术动作时，一定要使先进的发球基本技术要领，初步正确和完整地包含在学习的技术动作中，以保证在未来的技术水平提高过程中不走或少走技术上的弯路。

（2）发球意识中，必须养成发球就是要让对方直接失误的意识。敢于发力，强调发力和质量，而不能只要求成功率。

（3）发球要“精”。每个运动员必须掌握一两种技术精、质量高的特长发球，把它作为比赛中得分的一种重要手段。要防止多而不精的偏向。

（4）发球要配套。在熟练掌握一两种主要发球的基础上，还要将一些发球方法配合成套，这样效果更好。例如，反手发右侧下旋好，应该与发右侧上旋配合成套；发短球为主，应有急球配合，发急球为主应与短球配套，发斜线好应有直线配合等等。要防止发球单一化以及只重旋转不顾落点变化的偏向。

（5）发球要善变。发球时应当把旋转、力量和落点很好地结合起来变化运用。发球手法应尽量相似，以加大对方判断来球的难度。

（6）发球考虑与抢攻结合。必须把发球同发球后的抢攻连贯起来。要熟悉对方回球的规律（包括旋转和落点变化的规律），为下一板抢攻作好准备。

(7) 发球要有针对性。发球时必须针对对方的技术水平，优点和缺点，以及站位等情况来决定自己应当运用的发球方法。发球之前要观察一下对手，然后再将球发出。

3. 发球技术动作的比较

表 4－2 发球技术动作比较

动作名称	准备动作	击球位置	击球部位	发力方法	发力方向
1. 平击发球	球拍后引略向上	腹侧方	中部略偏上	转体－挥臂	向前略下方
2. 发奔球	球拍后引略向上	腹侧方	中部略偏上	转体－挥臂－腕弹	向前略下方
3. 发下旋球	球拍后上引	腹侧方	中下部	转体－挥臂－腕快摩	前下方
4. 发不转球	球拍后上引	腹侧方	中下部	转体－挥臂－腕不摩	前下方
5. 发侧上旋球	球拍后上引	腹侧略前方	中左(右)侧	转体－挥臂－腕快摩	前下侧方
6. 反侧下旋球	球拍后上引	腹侧略前方	中下左(右)侧	转体－挥臂－腕快摩	前下侧方

4. 发球技术动作一般易犯错误和纠正方法

表 4－3 发球技术动作一般易犯错误和纠正方法

易犯的技术动作错误	现象	原因	纠正方法
1. 没有将球向上抛起	合力发球	抛球线路控制不好	练习抛球的动作
2. 击球点过高	球易出界	球拍举得过高	降低引拍位置
3. 击球点过低	球易下网	发球时不向后上引拍	提高引拍位置
4. 击球点离身体过远	球不转，没速度	抛球离身体过远	抛球要靠近身体
5. 拍面前倾过多	发不出下旋	害怕击不到球	使球拍拍面后仰
6. 击球时向前力量小	球不过网	引拍向上过多	引拍要向后多一些
7. 发球只用手腕力量	球的旋转不强	注意力在手腕	引拍和挥拍时要用腿和腰的力量
8. 发球只用手臂力量	球的旋转不强	注意力在手臂上	触球时要转手腕

二、接发球技术动作教学顺序与步骤

(一) 接发球技术动作教学的基本顺序

接发球技术动作是各种单一技术在接发球上的运用。接发球技术动作教学的基本顺序是：(1) 慢搓接、平挡接；(2) 快搓接、快推接；(3) 摆短接、劈长接；(4) 晃接；(5) 挑打接和侧拉接；(6) 抢冲接。

（二）接发球技术动作教学的基本步骤和注意事项

1. 接发球技术动作教学基本步骤

（1）平挡回接平击发球。

（2）慢搓回接下旋发球。

（3）反手位固定一点到不定点的快搓下旋发球；在反手位的不同落点上推接侧旋、侧上旋球。

（4）摆短接、劈长接、晃接和挑打近网发球。

（5）抢冲接发球。

接发球教学和发球教学常常是结合在一起进行的，教学时一般是从简单的固定旋转、落点开始，然后再进行复杂的、综合性的多种发球和接发球的教学。为了适应比赛的需要，有时也可以模仿对手的发球特点，进行专门的练习。总之，接发球的教学，在方法上既要注意全面性和系统性，又要注意灵活性和实效性。

2. 接发球的注意事项

（1）站　位

要把对方发过来的球接好，首先必须根据对方发球的位置来决定自己的站位。接发球站位离台的远近可根据自己的习惯打法来决定。为了有利于照顾球台的各个部位，站位不宜过远或过近，一般离台 30~60 厘米。

（2）判　断

为了识别对方采用哪一类的发球，在比赛中，必须注意他在发球时的挥臂动作和球拍移动方向。一般来说，对方发斜线球时，手臂常会向斜前方用力；对方发直线球时，手臂多由后向前用力；对方发急球时，手臂动作幅度较大；对方发短球时，手臂动作幅度较小。此外，还要全力注意来球落点的变化，迅速移动步法去接球。但对方在发旋转球时，必须注意球拍与球接触瞬间球拍的移动方向。为此，除在理论上要懂得各种旋转球的性能及其作用外，还必须在反复的练习或比赛中逐步去提高观察及判断对方发球的能力，这样才能较好地运用各种不同的回接发球方法。

根据对方发球时摆臂振幅的大小和手腕用力的不同程度来推断来球落点的远近和旋转的强弱。一般来讲，凡是摆臂振幅大的发球，其落点会比较长，比较远，凡是在发球时手腕抖动得比较厉害，其旋转就会比较强。但如果采用假动作去发球，则情况将会有所不同。

根据来球的飞行弧线和速度来判断球的旋转性能。如果来球飞行弧度较高，球速快，落台后有一定的冲力，一般属上旋球或不转球，反之，来球飞行弧度低，球速慢，冲力小，则为下旋球。

在遇到使用长胶与反贴胶皮相结合的两面不同性能球拍的对手时，可以听对方球拍击球的声音。一般来讲，击球声音较响的一面是长胶，声音不太响的一面是反胶。

3. 接发球技术动作的比较（表 4–4）

表 4 –4　接发球技术动作比较

动作名称	准备动作	击球时间	击球部位	发力方法	发力方向
1. 平挡接	拍后引	高点期	中略上	体前迎 – 伸臂 – 腕挡	前略上
2. 慢搓接	拍略后上引	下降后期	中下	体前迎 – 伸臂 – 腕摩	前下
3. 快搓接	拍略后上引	上升后期	中下	体前迎 – 伸臂 – 腕摩	前下
4. 快推接	拍后引	上升后期	中略上	体前迎 – 伸臂 – 腕击	前略上
5. 摆短接	拍几乎不引	上升前期	中下	体前迎 – 伸臂 – 腕快摩	前下
6. 劈长接	拍略后上引	上升期	中下	体前迎 – 伸臂 – 腕发力摩	前下
7. 晃接	拍几乎不引	上升期	中下	体前迎 – 伸臂 – 腕快摩	前侧
8. 挑打接	拍略下引	上升后期	中略上	转前迎 – 收臂 – 腕快摩打	前上
9. 侧拉接	拍头下垂	上升前期	中上	体前顶 – 顶肘 – 抖腕摩擦	前上
10. 抢冲接	拍后下引	所有	中上、中或中下	转体 – 收臂 – 腕快摩	前上

4. 接发球技术动作一般易犯错误和纠正方法（表 4–5）

表 4 –5　接发球技术动作一般易犯错误和纠正方法

易犯的技术动作错误	现象	原因	纠正方法
1. 搓接拍面后仰	回球高或出界	对来球的下旋估计过高	拍面立起一些
2. 搓接拍面前倾	回球下网	对来球的下旋估计过低	拍面后仰一些
3. 推接侧旋拍形错误	回球从球台两侧出界	对来球的侧旋估计不够	拍面做左右调整
4. 摆短接拍形错误	回球或高或长	对来球的旋转估计不够	拍面做调整
5. 劈长撞击过多	回球下网	缺乏对摩擦发力方法的体会	撞击与摩擦结合
6. 晃接动作单一	类似于正手搓球	拍形触球前后变化不明显	触球前后要变化拍形
7. 挑打动作僵硬	击球出界或下网	手腕和前臂肌肉过于紧张	肌肉放松在高点期击球
8. 侧拉肘腕发力不够	击球下网或出界	拍头下垂不够缺乏发力空间	手腕放松，顶肘发力
9. 抢冲发力不充分	失误或质量低	击球点的选择不好	提高步法选位速度

三、推挡（拨）技术动作教学顺序与步骤

（一）推挡（拨）技术动作教学的基本顺序

推挡技术动作教学的基本顺序是：（1）平挡（拨）；（2）快推（快拨）；（3）发力推（发力拨）；（4）减力挡；（5）推下旋；（6）推挤（侧切）；（7）反手弹打。

（二）推挡（拨）技术动作教学基本步骤和注意事项

1. 推挡（拨）技术动作教学的基本步骤

（1）做徒手的挡（拨）球或推挡（快拨）球的模仿动作，体会动作要点。

（2）用反手对墙做挡（拨）球练习。

（3）两人在台上对练挡（拨）球。不限落点，只要求动作正确并能击球过网。

（4）两人在球台中线上练挡（拨）技术动作，再练挡（拨）斜线，要求逐渐加力。主要是让练习者体会前臂和手腕的推挡（拨）动作。

（5）两人在台上作反手推挡（快拨）斜线练习，逐渐加快速度，体会快推（快拨）技术动作。

（6）一人逐渐加力推（发力拨），另一人用均匀力量推挡。二人轮换。

（7）两人用发力推（发力拨）。

（8）一人用均匀力量推挡（快拨），另一人在推挡（快拨）中结合下旋推。

（9）一人用均匀力量拉球，另一人在推挡（快拨）中结合推推挤（侧切）。

（10）推挡（快拨）与进攻技术结合的练习：

①一人攻（拉）球，打上升期，另一人推挡（快拨）、发力推（发力拨）。然后轮换。

②一人攻（拉）球，打上升期，另一人作加力推（拨）结合减力挡的练习。然后轮换。

③左推（拨）右攻（拉）的结合练习。

④推（拨）–侧–扑练习。

2. 推挡（拨）技术动作教学的注意事项

（1）初学阶段，在掌握推挡（拨）球的基本技术动作时，一定要使先进的推挡（拨）球基本技术要领，初步正确和完整地包含在学习的技术动作中，以保证在未来的技术水平提高过程中不走或少走技术上的弯路。

（2）准备挡球（快）时，不要挺胸、挺腹，两脚不要并拢，两膝在推挡（快拨）时不要伸直。

（3）推挡时，肘关节应贴近身体，击球点在胸腹前，以便前臂向前发力。

（4）快拨时，肘关节应略向前顶，击球点也在胸腹前，以便于击球时前臂向前发力。

（5）推挡时，应食指用力，拇指放松，手臂的前推或后引动作幅度不宜太大，以免影响回收速度。

（6）发力推、减力挡、推下旋、推挤时，要注意击球时机、引拍与发力方向。

（7）弹打时肘关节要注意提起和前顶，手腕略微外展。

（8）在推拨技术使用中，注意用身体重心的移动和前顶，来增加击球时的力量。

3. 推挡球技术动作比较

表4-6　推挡球技术动作比较

技术动作名称	准备动作	击球时间	击球部位	发力方法与方向
1. 挡球	球拍移至来球路线	高点期	中部	臂前伸,动作向前上
2. 快推	肘关节靠近身体	上升后期	中上部	前臂前推并配合手腕外旋
3. 加力推	小臂后收	高点期	中上部	转体帮助前臂前伸
4. 减力挡	几乎不引拍	上升期	中部	拍触球时,前臂稍向后收
5. 推下旋	臂后收稍向上引拍	上升后期	中上部	拍面略后仰,前臂向前下方用力
6. 推挤	臂后收稍向侧引拍	上升后期	中外侧部	拍面侧向来球,向侧前方推
7. 反手弹打	肘关节略前顶	高点期	中部	以肘关节为轴,弹打发力

4. 推挡技术动作一般易犯错误和纠正方法

表4-7　推挡技术动作一般易犯错误和纠正方法

易犯的技术动作错误	现象	原因	纠正方法
1. 挡球时拍形掌握不好	球不过网或出界	对来球的落点判断不准	通过多练提高判断能力,加强手腕调节拍形的能力
2. 推挡时拍形前倾过大	球不过网	出手位置偏低	球拍稍立,击球的高点期
3. 推挡时击球时间过早	球不过网	出手过快	在高点期击球
4. 推挡时拍形前倾不够	球出界	拇指压拍	用食指压拍
5. 发力推肘关节离开身体	发力不集中	发力点没固定	上臂和肘关节靠近身体
6. 减力档动作过于僵硬	控制不住球	击球时机过早或晚	手腕放松,上升期借力击球
7. 推下旋球拍后仰	球出界	拇指压拍过多	使拍形立起,向前下方发力
8. 推挤压拍不够	球出界	食指压拍和向侧用力不够	球拍略前倾,上升期侧击球
9. 弹打击时手腕不稳	失误多	手腕固定不好	在手腕控制中发力弹

5. 拨球技术动作比较

表4-8　拨球技术动作比较

技术动作名称	准备动作	击球时间	击球部位	发力方法与方向
1. 拨	球拍置于腹前	高点期	中偏上	以肘关节为发力轴,向前上方
2. 快拨	球拍置于腹前	上升后期	中上	以肘关节为发力轴,向前上方
3. 侧切	拍置于腹前,肘靠身体	上升期	侧中	上臂侧向来球,轻发力
4. 反手弹	拍置于腹前,肘前顶	上升期	中上	以肘关节为发力轴,弹击发力

6. 拨球技术动作一般易犯错误和纠正方法

表 4-9 拨球技术动作一般易犯错误和纠正方法

易犯的技术动作错误	现象	原因	纠正方法
1. 拨球象推挡动作	击球力量和速度差	没有顶肘	肘的位置应在体侧略前方
2. 拍头翘起	球易下网	手腕没有放松下垂	抬高肘关节的位置并垂腕
3. 在体侧击球	发不出力	与直拍反手攻动作混同	强化在腹前击球的动作概念
4. 侧切只用手腕	控制不住球	没有用前臂力量进行控制	把前臂和手腕用力结合起来
5. 弹打发不出力	类似于拨球	没有顶肘和弹腕动作	在顶肘基础上用腕弹击发力

四、搓球技术动作的教学顺序与步骤

（一）搓球技术动作教学的基本顺序

搓球技术动作教学的基本顺序是：（1）慢搓；（2）快搓；（3）摆短；（4）搓长。

（二）搓球技术动作教学的基本步骤和注意事项

1. 搓球技术动作教学基本步骤

（1）用球拍进行摩擦球的练习。

（2）徒手做搓球动作（正反手的徒手动作）。

（3）自己向球台抛球，弹起后将球用正反手搓过网。

（4）一个人发下旋球，一个人进行正反手的慢搓或快搓练习。

（5）两个人进行正反手的对搓练习（可以慢搓或快搓）。

（6）一个人反手慢搓或快搓，一个人进行正反手的摆短或搓长练习。

（7）固定球路正手和反手结合搓球练习。

（8）两个人相互进行正反手的摆短或搓长练习。

（9）正反手搓转与不转的球。

（10）搓球和攻球结合练习。

2. 搓球技术动作教学注意事项

（1）初学阶段，在掌握搓球的基本技术动作时，一定要使先进的搓球基本技术要领，初步正确和完整地包含在学习的技术动作中，以保证在未来的技术水平提高过程中不走或少走技术上的弯路。

（2）搓球动作不宜太大，要充分利用前臂和手腕转动的力量。

（3）搓转球时，要使球拍从后上往前下摩擦球，搓不转球时，要使球拍多碰击球，或使用球拍的上缘部位摩擦球。与其他动作要力求相似。

（4）注意正手和反手搓球在动作上的细小差别。

3. 搓球技术动作比较

表 4－10　搓球技术动作比较

技术动作名称	准备动作	击球时间	击球部位	发力方法与方向
1. 慢搓	拍稍上引并略后仰	下降期	中下部	前臂向前下方挥拍，手腕完成用力
2. 快搓	拍稍后上引	上升期	中下部	前臂向前下方用力，手腕完成用力
3. 摆短	拍几乎不引	上升前期	中下部	前臂向前下方用力，手腕控制落点
4. 搓长	拍稍后上引	上升期	中下部	前臂向前下方用力，手腕加力送球

4. 搓球技术动作一般易犯错误和纠正方法

表 4－11　搓球技术动作一般易犯错误和纠正方法

易犯的技术动作错误	现象	原因	纠正方法
1. 球拍没上引，击球时前臂由后上向前下动作不明显	球下旋力不强	担心击不到球	正确的搓球徒手模仿练习
2. 击球时，球面后仰不够	球出界或下网	对来球旋转判断有误	练习用慢搓接对方发来的下旋球，体会拍面后仰前送的动作
3. 击球时，球拍与球接触的部位不准	球不过网	拍没有对准来球	做对搓练习，体会拍面与击球的关系
4. 击球后，前臂前送不够	球不过网	击球点偏前	二人慢搓练习，使击球点后移一些，体会击球后前臂前送的动作

五、攻球技术动作的教学顺序与步骤

(一) 攻球技术动作教学的基本顺序

攻球技术动作教学的基本顺序是：（1）近台攻球；（2）中远台攻球；（3）扣杀球。

(二) 攻球技术动作教学的基本步骤和注意事项

1. 攻球技术动作教学基本步骤

(1) 徒手练习

①根据正反手攻球的技术要求，先徒手模仿练习，体会挥臂、腰部扭转和重心交换等动作要领。

②在原地徒手练习的基础上，结合步法移动做正反手攻球的徒手练习。

(2) 单个动作练习

规定一人发球一人练习攻球。打一板球后再重新发球。

(3) 攻推挡练习

①一人挡球，一人练习正（反）手攻球。

要求：先轻攻，待动作基本掌握后可以用中等力量攻。待稍熟练后，再练发力攻或快攻。

②一人推挡，一人练习正（反）手攻球。

要求：先练攻斜线，再练攻直线；在二分之一球台范围内攻球或在三分之二球台范围内攻球。推挡球的落点在规定范围内有所变化，攻球者要在走动中练习攻球。

③两点攻一点。

要求：对方把球推到攻球者两点（左、中或中、右，或左、右），而攻球者在左右移动中将球击到对方一点。练习时可先有规律，角度变化小一点。然后逐渐增加难度。

④一点攻两点。攻球者从一点将球攻至对方两点。练习时，可以先有规律地攻两点，后变为无规律地攻两点。

(4) 正手对攻练习

①正手对攻斜线。

②正手对攻中路。

③侧身正手对攻斜线。

④把以上三条对攻线路连贯起来，两人在左右连续移动中对攻。

⑤两直对两斜的对攻。一人在左右移动中专打直线，另一人在左右移动中专攻斜线。

2. 攻球技术动作教学注意事项

(1) 初学阶段，在掌握攻球的基本技术动作时，一定要使先进的攻球基本技术要领，初步正确和完整地包含在学习的技术动作中，以保证在未来的技术水平提高过程中不走或少走技术上的弯路。

(2) 在教学过程中，要遵守循序渐进的原则。攻球内容很丰富，学习时应先学正手攻球再学反手攻球，先慢打再快打，先轻再重，先稳再凶，由浅入深，逐步掌握。

(3) 要特别注意多在走动中练习攻球，注意死球活练，结合实战。

(4) 重点技术要经常练，反复练，做到精益求精。

3. 攻球技术动作比较

表 4－12 正手攻球技术动作比较

技术动作名称	准备动作	击球时间	击球部位	发力方法与方向
1. 正手近台快攻	引拍距离短	上升期	中上部	肩与前臂发力为主,手腕控制弧线,向前上方挥拍
2. 正手中远台攻	向后引拍幅度较大	高点后期	中、中下部	身体带动前臂发力,手腕控制弧线,向前上方挥拍
3. 正手扣杀球	增大向后引拍距离,拍略高于台面	高点期前后	中上部	充分发挥身体的力量,腰部力量配合手臂的发力

表4－13　直拍反手攻球技术动作比较

技术动作名称	准备动作	击球时间	击球部位	发力方法与方向
1. 反手近台攻	转腰带臂引拍短	上升期	中上部	转腰,以前臂向前上方发力为主
2. 反手中远台攻	转腰带臂引拍较长	高点或后期	中、中下部	转腰作用增大,协助前臂向前上发力
3. 反手扣杀	肘关节前顶,引拍位略高	高点期前后	中上部	转腰作用增大,协助前臂向前上发力

表4－14　横拍反手攻球技术动作比较

技术动作名称	准备动作	击球时间	击球部位	发力方法与方向
1. 反手近台攻	微转腰带臂后引拍	上升期	中上部	以前臂向前上方发力为主
2. 反手中远台攻	转腰带臂引拍较长,肘关节前顶	高点或后期	中、中下部	转腰作用增大,协助前臂向前上发力
3. 反手扣杀	肘关节前顶,引拍位略高	高点期前后	中上部	转腰作用增大,协助前臂向前上发力

4. 攻球技术动作一般易犯错误和纠正方法

表4－15　攻球技术动作一般易犯错误和纠正方法

易犯的技术动作错误	现象	原因	纠正方法
1. 正手攻球手腕下垂	动作僵硬、发不出力	握拍不正确	手腕略微上提,做徒手模仿练习
2. 正手攻球手腕上翘	动作僵硬、发不出力	握拍不正确	手腕略微放下,做徒手模仿练习
3. 正手攻球抬肘关节	动作僵硬、发不出力	食指过于用力	食指放松,肘关节下垂做徒手练习
4. 直拍反手攻像推挡	击球位置让不开	拍没引到体侧,没有转腰动作	把拍放在体侧,通过转腰引拍
5. 横拍反手攻像直拍	击球点偏后外侧	套用直拍反手攻	把击球点放在腹前
6. 判断球的落点不准,引拍动作不到位	击不准球	对来球的观察不够	用多球进行练习,强化对来球落点的判断

六、弧圈球技术动作的教学顺序与步骤

（一）弧圈球技术动作教学的基本顺序

弧圈球技术动作教学的基本顺序是：（1）正（反）手拉加转弧圈；（2）正（反）手拉前冲弧圈。

（二）弧圈球技术动作教学的基本步骤和注意事项

1. 弧圈球技术动作教学基本步骤

（1）徒手模仿正反手的拉弧圈球动作。

（2）一人发出台的下旋球，另一人练习拉正反手加转弧圈球。主要是体会击球时摩擦和撞击球的手上感觉，以及拍形和击球部位。要求动作准确，要多摩擦球。

（3）同上练习。要求体会击球手法与挥拍、转体等动作的协调配合，练习前冲弧圈球技术动作。

（4）一人推挡，另一人练习连续正反手拉加转弧圈球或前冲弧圈球。

（5）二人对搓。固定一人搓中拉正反手加转或前冲弧圈球。

（6）一人削球，另一人练习正反手连续拉加转或前冲弧圈球。

（7）同上练习，规定向固定落点拉正反手加转或前冲弧圈球，以提高击球动作的准确性。

（8）练习中要求推挡、搓球或削球一方要不断变化落点，以提高在移动中连续拉正反手前冲弧圈球的能力。

（9）结合其他技术练习拉正反手弧圈球，如发球抢拉、接发球抢拉、拉攻中结合弧圈球、拉弧圈球结合扣杀等。

2. 弧圈球技术动作教学基本步骤注意事项

（1）初学阶段，在掌握弧圈球的基本技术动作时，一定要使先进的弧圈球基本技术要领，初步正确和完整地包含在学习的技术动作中，以保证在未来的技术水平提高过程中不走或少走技术上的弯路。

（2）练习弧圈球时，要充分做好肩部和腰部的准备活动，以免受伤。

（3）要注意把上臂、手腕，腰及腿的力量集中使用在击球一刹那，以加大摩擦球的力量。拉球结束后，手臂要迅速放松，及时还原，作好下一次击球的准备。

（4）准备击球时，拍面角度不宜太小，否则容易拉空或拉在球拍边上。

3. 弧圈球技术动作的比较

表 4－16　正手弧圈球技术动作比较

技术动作名称	准备动作	击球时间	击球部位	发力方法与方向
1. 加转弧圈球	拍后引位置比较低，在身体的外下侧	下降期	中部	转体和挥臂，触球时前臂要快收，手腕加力摩擦，由后下向上略前用力
2. 前冲弧圈球	拍后引位置略高，在身体的外侧	上升后期	中上部	转体和挥臂，触球时前臂要快收，手腕加力摩打，由后下向前上用力

表 4－17　反手弧圈球技术动作比较

技术动作名称	准备动作	击球时间	击球部位	发力方法与方向
1. 加转弧圈球	拍后引位置比较低，在两腿之间	下降期	中部	身体和手臂由后下向上略前用力，触球时，以肘关节为轴前臂发力，手腕加力摩擦
2. 前冲弧圈球	拍后引位置略高，在下腹部	上升后期	中上部	身体和手臂由后下向前上用力，触球时，以肘关节为肘前臂发力，手腕加力摩打

4. 弧圈球技术动作一般易犯错误和纠正方法

表 4－18　弧圈球技术动作一般易犯错误和纠正方法

易犯的技术动作错误	现象	原因	纠正方法
1. 引拍不够，重心较高	拉球的旋转不强	加速距离不够	徒手动作练习，引拍时要降低重心
2. 向前挥臂多，向上拉少	球缺乏弧线	引拍位置高	拉下旋球来改进动作，注意引拍
3. 球拍触球部位不对	摩擦不住球	引拍位置拍形变化大	利用多球练习固定引拍位置和拍形
4. 动作向上多，向前少	球没有力量	引拍位置低	拉上旋球来改进动作，注意引拍
5. 击球时间不对	击球落空	对来球性质判断不清	利用多球练习，在下降期拉球

七、进攻型打法结合技术动作的教学顺序与步骤

（一）进攻型打法结合技术动作教学的基本内容

结合技术动作教学的基本内容是：（1）左推右攻（拉）；（2）推挡侧身；（3）推侧扑正手；（4）发球抢攻（拉）；（5）搓中抢攻（拉）；（6）攻（拉）、吊结合。

（二）进攻型打法结合技术动作教学的基本步骤和注意事项

1. 进攻型打法结合技术动作教学基本步骤

(1) 推和攻技术动作结合的练习

包括左推右攻、推挡侧身攻和推侧扑。

①两点打一点的左推右攻（拉）练习。

②两点打一点的正反手两面攻（拉）练习。

③推挡变线正手攻（拉）。

④两人对推斜线，推中侧身抢攻（拉）。从固定一方侧身抢攻（拉）到双方均可侧身抢攻（拉）。

⑤推中结合反手攻（拉）。

⑥推中侧身攻（拉）后扑正手空当，或反手攻（拉）接侧身攻（拉）后再扑正手空当。

⑦推中反手攻（拉）结合侧身攻（拉）。

⑧发力攻练习。按以上练习方法，有些攻球动作要求发力攻。如结合单步练习左推右攻，结合侧身步练习推挡侧身攻，结合交叉步练习侧身后扑正手等。

⑨改变攻（拉）球节奏的练习：在以上对攻和推攻的固定球路练习中，还要注意把近攻和远攻结合起来，把借力和发力攻球结合起来，把攻球和拉球结合起来，借以改变攻球节奏，造成对方回接困难。

(2) 发球和抢攻（拉）技术动作的结合练习

①不同旋转发球后固定落点的进攻技术练习。

②不同旋转发球后不固定落点的进攻技术练习。

③发球后不同线路和落点的进攻技术练习。

④发球后连续进攻技术练习。

⑤发球后正反手进攻技术结合练习。

(3) 搓和抢攻（拉）技术动作的结合练习

①对搓斜线，搓中一方（或双方）侧身起板抢攻。

②一方一点搓两点，另一方左搓右攻。

③两点对两点对搓，搓中一方（或双方）起板抢攻。

④全面搓攻。

(4) 攻（拉）、吊技术动作结合的练习

①稳拉练习。先做定点定线的练习，再在走动中拉不同落点。

②拉中冲。拉中路冲两角，或拉左冲右、拉右冲左，拉两角冲中路。拉时要有轻重的变化，或旋转的变化，从而为冲创造机会。

2. 进攻型打法结合技术动作教学的注意事项

(1) 初学阶段，在掌握进攻型打发的结合技术动作时，一定要使先进的结合技术的基本要领，初步正确和完整地包含在学习的技术动作中，以保证在未来的技术水平提高过程中不走或少走技术上的弯路。

(2) 练习结合技术动作，要考虑两种不同技术动作在结构上、在技能习得上的异同；注意动作之间的迁移作用，避免干扰。

（3）要重视在结合技术动作的学习中，强化步法技术动作的练习。提高手和脚的配合能力。

（4）结合技术动作的教学中，要认识到结合技术动作是基本接近于比赛使用的技术。把实战意识体现在教学和练习的要求和安排中。

（5）实施结合技术动作教学，不应等到所有的单一技术动作完全掌握后才进行；应当把所学的能够进行结合的单一技术动作，适时地结合起来进行教学。以保证所学的技术动作在比赛的使用上是有效的。

3. 进攻型打法结合技术动作的比较

表 4－19　推和攻结合技术动作比较

技术动作名称	步法类型	击球的性质	技术结合要点
1. 左推右攻	跨步或并步	上旋＋上旋	步法调整与拍形的转换
2. 推挡侧身攻	垫步－并步；垫步－跨步	上旋＋上旋	步法调整；侧身时机
3. 推侧扑	垫步－并步－垫步－交叉步	上旋＋上旋	步法调整；步法手法结合

表 4－20　发球和抢攻（冲）结合技术动作比较

技术动作名称	步法类型	击球的性质	技术结合要点
1. 侧上发球后侧身攻（冲）	垫步－并步或跨步	上旋＋上旋	步法调整；引拍位置略高
2. 侧下发球后侧身攻（冲）	垫步－并步或跨步	下旋变上旋	步法调整；引拍位置略低
3. 侧上发球后扑正手攻（冲）	垫步－交叉步或跨步	上旋＋上旋	步法调整；引拍位置略高
4. 侧下发球后扑正手攻（冲）	垫步－交叉步或跨步	下旋变上旋	步法调整；引拍位置略低
5. 转与不转发球后侧身攻（冲）	垫步－并步或跨步	下旋变上旋	步法调整；引拍位置略低
6. 转与不转发球后扑正手攻（冲）	垫步－交叉步或跨步	下旋变上旋	步法调整；引拍位置略低
7. 发球后反手攻（冲）	垫步与跨步	下旋变上旋	步法调整；引拍位置略低

表 4－21　搓球和抢攻（冲）结合技术动作比较

技术动作名称	步法类型	击球的性质	技术结合要点
1. 搓中侧身攻（冲）	垫步－并步或跨步	下旋变上旋	步法调整；引拍位置略低
2. 搓中扑正手攻（冲）	垫步－交叉步或跨步	下旋变上旋	步法调整；引拍位置略低
3. 搓中反手攻（冲）	垫步与跨步	下旋变上旋	步法调整；引拍位置略低

表 4－22　拉（冲）和吊结合技术动作比较

技术动作名称	步法类型	击球的性质	技术结合要点
1. 正手拉（冲）结合吊	垫步与并步	上旋变下旋	拉吊的击球时间和部位不同
2. 反手拉（冲）结合吊	垫步	上旋变下旋	拉吊的击球时间和部位不同

4. 进攻型打法结合技术动作一般易犯错误与纠正方法

表4－23　进攻型打法结合技术动作一般易犯错误与纠正方法

易犯的技术动作错误	现象	原因	纠正方法
1. 正反手压不住球	击球出界	左右换拍速度慢	徒手练习，直拍用拇食指、横拍用手腕调整
2. 伸手或夹臂攻球	击球无力	判断和步法移动慢	通过徒手和多球进行反应和步法练习
3. 身体移动中起伏	击球点找不准	步法用力向上	步法滑动练习
4. 击球动作变形	击球时间晚	对来球缺乏判断	提高控制球的质量，多球练习提高判断能力
5. 进攻动作失常	击球失误多	前一板技术质量低	提高前一板的技术质量

八、削球技术动作的教学顺序与步骤

（一）削球技术动作教学的基本内容

削球技术动作教学的基本内容是：（1）近台正反手削球；（2）远台正反手削球；（3）削挡结合；（4）削中反攻。

（二）削球技术动作教学的基本步骤和注意事项

1. 削球技术动作教学基本步骤

（1）做削球的模仿练习。

（2）在接发球时，用正手或反手将球削回对方。

（3）用正手或反手连续削回对方拉过来的球。

（4）用正手或反手削直线或斜线球。

（5）正反手结合向固定落点削球。

（6）近削逼角练习。一人拉球，另一人用反手将球削到对方左角或右角。

（7）逼角后结合变线，连续削逼左角，突然变线回右角，或连续削逼右角，突然变线回左角。

（8）削转与不转球。一人稳拉对方正手或反手，另一人练习正手或反手用相似手法削出转与不转的球。

（9）一人拉球，另一人正、反手结合削转与不转球。

（10）一人拉中扣杀结合放短球，另一人练习在削球中上步接短球。

（11）在以上练习中，伺机削中反攻。

（12）削、推结合练习。在削球中突然上前推击对方空当。

2. 削球技术动作教学的注意事项

（1）削球引拍时要注意球拍上提。如果球拍上提不够，容易击球不过网或下旋力不强。

（2）削球时拍面不要过于后仰。以免造成削球过高或不过网。

(3) 必须学会使用正反手结合的削球。正反手连续变换的削球很重要，应作为练习重点。

(4) 削加转球时，不要滥用手腕力量，手腕要跟随前臂的挥动方向用力。

(5) 削球时，手臂和腰、腹、腿用力要协调。注意加强步法练习，提高削球的稳健性和变化旋转的能力。

3. 削球技术动作的比较

表 4－24　削球技术动作比较

技术动作名称	准备动作	击球时间	击球部位	发力方法与方向
1. 近削	小转体前臂上提，球拍稍竖	上升后期或高点期	中或中下部	转腰，以前臂发力为主，手腕配合向前下方压球
2. 远削	身体转动，臂上提	下降后期	中下部	通过身体的转动，使上臂带动前臂发力，球拍由上向前下方挥动

4. 削球技术动作一般易犯错误与纠正方法

表 4－25　削球技术动作一般易犯错误与纠正方法

易犯的技术动作错误	现象	原因	纠正方法
1. 引拍时，球拍上提不够高	球不过网或下旋不强	转体不够	做引拍动作练习，将球拍引至肩高后，再向下削球
2. 击球时，拍面过于后仰	击球过高或球不过网	击球点偏前	做接平击发球的削球练习，体会在合理击球点时，拍面稍竖一些
3. 球拍向前用力过大	球出界	引拍过低	做多球练习，体会接重板球时，前臂上提和下压动作
4. 上臂前送动作不够	球不过网	引拍过高	用多球练习远削，在适当的引拍位置上体会上臂前送动作

第三节　击球技术的观察分析和错误动作的纠正

一、击球技术观察分析的基本程序

在教学过程中，教师掌握观察分析乒乓球击球技术结构的方法，对提高教学质量具有重要意义。王家正等（1997）认为，在学生按照教师布置的教学内容进行练习时，教师可以通过观察学生完成技术动作环节的情况，发现存在的问题，指出错误动作并分析产生错误的主要原因，提出改进动作的方法，再让学生进行练习。观察和分析动作的程序如下（图 4–3）：

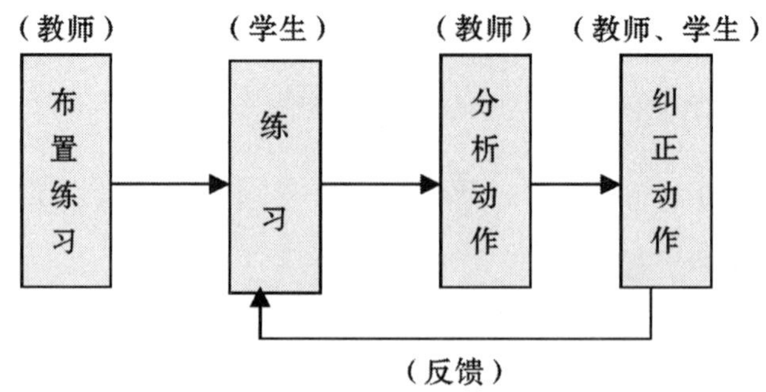

图 4–3　观察和分析击球技术基本程序

二、击球技术观察分析的基本方法

教师观察和分析击球技术结构时，根据练习者击球技术的击球结果，即从乒乓球的飞行弧线——弧线过高、过长和击球出界，或弧线过低、过短和击球下网，球的旋转——是转或不转，球的力量——是发出了力量还是没有，球的速度——是快是慢，球的线路和落点等，进行击球技术各个结构的进一步分析。

分析的经验性方法，就是把击球技术结构进行分解，即把击球技术结构分解为两个部分：（1）判断来球；（2）击球动作结构。在实际练习和比赛中，击球技术是统一的和连续完成的，它们相互联系，相互影响，形成一个整体性结构。击球动作是这个结构的核心，判断来球是为了完成一个合理有效的击球动作。这个结构存在于任何技术动作中。（图 4–4）

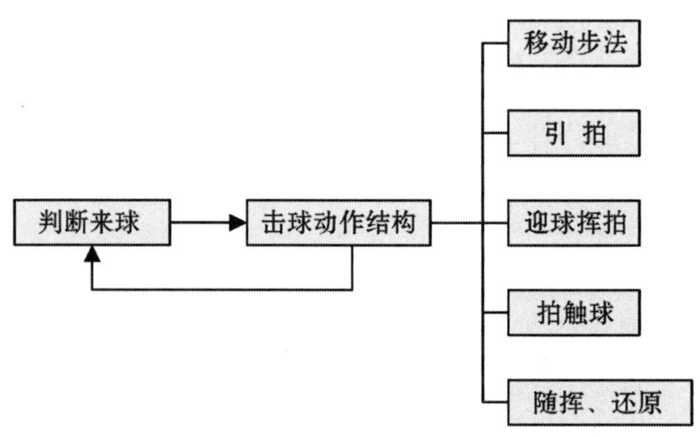

图 4–4　击球技术结构关系示意图

如果进行击球技术分析，可以在教学现场通过对击球技术结构中每一个部分的分析，发现击球技术结构中存在什么类型的问题，哪个问题是牵一发而动全身的关键性问题，并对存在问题给出一个比较合理的解决方案。

比如：对初学者出现击球出界或下网现象，分析的基本步骤是：

第一步，要分析初学者对对方来球的性质，包括球的旋转、速度，力量和落点等在判断上有没有出现问题。

第二步，在步法移动和调整上是否合理有效。

第三步，在击球动作结构上，运用的是什么样的击球动作。即在击球动作结构方面找出存在问题，从引拍，迎球挥拍、球拍触球，随势挥拍和还原这些结构的细节中发现问题。其中应着重观察和分析引拍位置、击球时间、部位、拍形和发力方法等（表 4-26）。同时，在分析中，还必须注意，学习者技术动作存在的问题往往有体能、心理方面的成因。事实上，技术动作结构的观察和分析，是通过练习者的技术动作表现出的问题，来寻找技术上、体能上、心理上以及战术上的原因。由于技能学习过程中，存在着明显的个体性差异，因此，要注意处理好标准化技术动作要领和个人技术特点的关系，原则上以个人的技术特点不影响技术的提高为处理这一关系的基本点。

表 4－26 影响正手前冲弧圈球技术的击球技术结构方面诸因素示例

击球结果	判断	步法	引拍位置	挥拍			触球		随挥和还原
				方向	速度	发力方法	拍形	摩擦与撞击	
球出界	有误	不到位	过低	过上	较慢	协调用力不好	没压	—	—
球下网	有误	不到位	过高	过前	—	协调用力不好	过压	没摩擦撞多	—
上旋弱	—	—	—	—	较慢	协调用力不好		摩擦少撞多	—
连续冲失误	有误	不到位	没变化	—	—	协调用力不好	控制差	打摩调整不好	不充分

三、错误技术动作的纠正

在教学活动中，错误技术动作的纠正，不仅包括技术动作结构方面的内容，还包括体能和心理等方面的内容。在纠正错误技术动作时，不能只看到技术动作结构一方面，而忽视体能和心理方面的成因。

1. 技术上的原因

技术概念不清，没有掌握动作要领。存在着错误动作的干扰，缺乏对技术的综合分析能力。

解决办法：采用各种针对性教法改进教学，提高讲解和示范的质量，加强技术动作各细节的练习。

2. 体能上的原因

身体素质差，协调性差，技术水平起点低，球感差等。

解决办法：加强身体素质的练习，加强基本技术各细节的分析，调整练习的难度等。

3. 心理上的原因

学生学习目的不端正，凭兴趣出发，只喜欢打比赛，对练习基本动作不感兴趣，注意力不集中，怕枯燥，遇到困难时有畏难情绪等。

解决办法：加强教育，注意练习中的配对，增进互相帮助，改进教学方法，加强心理训练。

在纠正错误动作的过程中，教师应注意以下几个问题：

第一，在教学过程中采取预防措施，在讲解和示范时应让学生知道可能出现的某些错误，使学生注意力集中在正确的动作想象上，随时注意改进动作，并相应地调节动作的难度和创造改进动作的条件，尽量减少错误的出现。

第二，当错误动作形成后，应区别主要和次要，关键和一般，形式和实质，集中精力先抓住主要错误，有的放矢，对症下药，解决实质性问题，其他一般问题就可迎刃而解。

第三，纠正错误动作时，对学生要耐心细致，循循善诱，热情帮助，把纠正错误动作和学习掌握正确动作有机地结合起来，使学生边学边改。

第四节　教学文件的制订

根据教学对象和培养目标，制订切实可行的教学文件，有助于教师全面地安排和实施教学工作，充分发挥教师的主导作用，处理好教学大纲、教案、课之间的关系，加强教学的系统性和针对性。

一、教学大纲

教学大纲是依据教学计划所规定的任务和时数，具体安排教学时数、教学内容和考核办法的文件。教学大纲一般包括课程性质、课程目标、教学内容、教学时数分配、考核安排等内容。

乒乓球专项技术教学大纲

1. 课程性质

本课程是体育教育专业的专业必修课。总时数568学时，36学分。

2. 课程目标

培养学生勇敢顽强、吃苦耐劳、机智果断、团结合作的精神和心理品质，使其具有独立获得知识、提出问题、分析和解决问题的基本能力以及开拓精神，促进学生德、智、体、美全面发展，以适应现代学校体育和社会体育对人才培养的需要。

通过专项教学，全面发展学生的专项身体素质，使学生正确、熟练地掌握本专项的技术，达到示范标准并能够在实践中熟练运用；基本掌握乒乓球专项的主要战术，在比赛具有一定的运用能力；了解或初步掌握最新技战术或较复杂的技战术。通过乒乓球专项训练，使学生的运动技术达到二级运动员水平；能够较好地具备从事学校体育教学的能力和初步具有从事学校体育业余训练的能力。

3. 教学内容

章节名称	教学内容	教学要求
一、乒乓球基本技术 (一) 单一技术	1. 发球技术 (1) 正（反）手转与不转发球 (2) 正（反）手侧上、侧下旋发球 2. 接发球技术 (1) 搓接 (2) 推接 (3) 挑打接 (4) 抢攻接	要求： 根据个人不同的技术打法类型，选定主要的发球和辅助发球。 要求： 根据来球性质，合理使用接发球技术。
……	……	……

4. 实践环节

(1) 在基本技术训练中，使学生具有运用基本技术的能力。

(2) 在战术训练中，使学生具有运用基本战术的能力。

(3) 在教学训练中，使学生掌握基本教学训练方法。

5. 时数分配

内　容	第一学期		第二学期		第三学期		学时	比例 %	教学形式
	春季	秋季	春季	秋季	春季	秋季			
基本技术教学	50	50	34	34	20	20	208	37	实践教学
个人主体技术类型打法	34	34	40	40	46	46	240	42	实践教学
非个人主体技术类型打法	0	0	0	0	8	8	16	3	实践教学
双打技术和战术	0	0	2	2	4	4	12	2	实践教学
比　赛	6	6	10	10	12	12	56	10	实践教学
考　核	4	4	4	4	4	4	24	4	
机　动	2	2	2	2	2	2	12	2	
合　计	96	96	96	92	96	96	568	100	

6. 考核安排

(1) 成绩评定采用百分制。

(2) 考核内容及比例。

①平时学习情况占 20%；

②技术达标、技评占 50%；

③比赛能力以全校通级比赛的成绩为主要评定依据，占 30%。

(3) 技术考核方法见附件《乒乓球专项技术考核办法》。

7. 要求说明

(1) 根据大纲内容和基本任务，认真备课上课。

(2) 教师在教学训练中，要坚持教书育人，以身作则，严格要求和科学管理。

(3) 在教学训练中要因材施教。

(4) 加强培养学生的基本教学能力和灵活运用教学方法的能力。

8. 参考书目

(略)

二、教学进度

教学进度是把教学大纲所规定的教材，按照一定的要求和顺序，合理地分配到每次课中去。在整个教学进度的安排中要反映出教学计划的完整性和连贯性。(表 4–27)

表 4 –27　教学进度表

200　~200　度　　第　学期

周次	课次	教学内容	备注

三、教　案

教案是根据教学进度编写的，它是教师上课的具体计划和教学内容实施的依据。教案包括的基本内容有：本次课的主要内容和教学要求、教学顺序、教学步骤和方法；课的各个部分以及练习的时间、次数；课的组织工作等。(表 4–28)

表 4 –28　教案格式

班级：　　人数：　　课次：　　年　月　日　　任课教师：

课的部分	时间	课的内容	组织教法	备注

思考题

1. 运用技术动作理论中速度–准确性关系或反应时与动作决定关系，做一个乒乓球技术动作学习的观察报告。

2. 在教学课中，进行一次以技术动作分析为主的教学实践活动。

3. 编写一份以乒乓球初学者为对象的教案。

推荐阅读文献

1. 吴焕群，等. 乒乓长盛的训练学探索[M]. 北京：北京体育大学出版社，2002.

2. 张英波. 动作学习与控制[M]. 北京：北京体育大学出版社，2003.

3. 温国昌. 乒乓球教学与训练[M]. 郑州：河南教育出版社，1986.

4. 唐建军. 新编乒乓球 DVD. 济南：齐鲁音像出版社，2009.

5. 唐建军. 乒乓球教学课件. 北京：北京体育大学音像电子出版社，2010.

6. 唐建军. 学打乒乓球. video.sina.com.cn.

第五章　乒乓球训练

教学提示

1. 了解乒乓球训练理论的基本内容构成。

2. 在了解乒乓球竞技能力概念的基础上，理解乒乓球运动员竞技能力训练。

3. 根据乒乓球竞技能力培养的内容，制定训练计划和安排训练内容。

中国乒乓球在世界竞技乒乓球运动中长期占据优势地位，并在训练理论上也形成了具有中国特色的原则、方法和内容。中国乒乓球训练理论成为运动训练理论中的宝贵财富。

中国乒乓球训练理论包括四个基本内容：一是乒乓球运动的基本特征与训练关系；二是乒乓球训练的基本原则；三是乒乓球运动员的竞技能力训练；四是乒乓球训练的安排。

第一节 乒乓球运动的基本特征与训练的关系

在乒乓球运动训练中，把握乒乓球专项基本特性，是进行有效训练的基本前提。

乒乓球运动的基本特征包括两个方面：一是复杂性；二是多变性。

复杂性与多变性相互关联，在理论分析的意义上，乒乓球运动的基本特征在客观上表现为复杂性；在竞技实践的意义上，乒乓球运动基本特征在训练实践中则表现为多变性。也可以说，客观存在的复杂性是运动训练实践中多变性存在的基础，复杂性为乒乓球运动的多变性提供了可能；而多变性是复杂性在竞技活动中的必然表现。多变性的本质就是为了获得比赛胜利所采取的一系列战术策略。

一、复杂性特征与训练

作为技能类隔网对抗竞技项目，乒乓球运动的复杂性特征表现的十分突出。乒乓球运动的复杂性特征，是由乒乓球球性的复杂性决定的。在乒乓球比赛中，球性的变化是复杂多样的。构成乒乓球运动复杂性的基本因素就是它的制胜因素。

乒乓球的球速可达 19~25 米/秒，转速可达 20~180 转/秒；击球间隙在 0.16~0.4 秒之间。在乒乓球台上，落点变化约有 70 余个，旋转方向的变化有 6~8 种（理论上 26 种），弧线有 9 条；各种球性的单个出现及其组合出现还具有无序化的特点：如最凶的球、最快的球、落点最刁的球、最转的球、又快又转的球、大板扣杀的球、旋转变化的球等等，再加上技术类型打法和球拍性能的不同，可排列成 1400 万种不同的球性刺激。（吴焕群 1996）

球性可以产生出众多的刺激，使得乒乓球运动在技术战术的对抗过程中变得复杂起来。由于乒乓球球性的复杂性，使得在乒乓球技术的训练过程中，必须根据球性的复杂性特征进行训练和安排训练，以使训练内容和训练安排符合由于球性的复杂性所产生的多变的情况。

乒乓球训练和训练安排中，强调运动员要和不同技术类型打法的运动员进行配对训练，强调适应不同速度、力量、旋转、落点和弧线的来球。其目的是为了保证运动员能适应不同技术打法的球性，并在比赛中比较正确地处理和应对由不同技术打法产生的不同球性的变化。这一特征在安排训练时必须予以重视。

研究专栏：乒乓球旋转的复杂性和训练适应性关系的实验报告

1. 实验内容

接弧圈球实验

2. 实验方法

（1）同等条件下的两组少年乒乓球选手，每组 12 人。

（2）甲组接 141.7 转/秒的弧圈球和 133.6 转/秒的弧圈球；乙组接弧圈球的转/秒数除上述两组类型外，还接与上述两组转/秒相近的弧圈球，使接弧圈球的刺激不太集中，稍有分散。

3. 练习时间

7 次训练后的终测，仍以 141.7 转/秒和 133.6 转/秒为测试刺激。

4. 研究结果

甲组的成绩好于乙组的成绩，两者之间的差异显著（$P<0.01$）。

上述研究结果说明，对某种刺激的应答，因训练的要求不同，在相应的训练时间内，所形成的技巧会有不同的结果，其差异的程度，可以用统计学方法来评定，两者之间的差异是真实的、显著的。

依吴焕群，1996

二、多变性特征与训练

乒乓球运动的多变性，是乒乓球球性上的复杂性在战术策略上的充分表现。乒乓球运动的多变性特征，指的是乒乓球运动的战术策略在充分利用乒乓球球性复杂性的基础上，来谋求在战术变化中获得比赛的胜利。多变性的具体表现形式是战术策略的变化，支持这种变化的形式有 3 种：

1. 把战术策略在技术类型打法上相对固定化

乒乓球运动中的技术类型打法的形成，简单地说，就是为战术策略有效实施匹配一个综合的技术框架。

在乒乓球运动的发展过程中，形成了不同的技术类型打法，而且在不同时代主导性的技术类型打法是有所不同的。从乒乓球运动技术类型打法的发展史上看，基本形成了速度变化与旋转变化对抗的历史格局。具体到技术类型打法上，20 世纪 50 年代中期前，是削球打法用稳健的下旋球战术来制约缺乏攻击力的进攻打法；50 年代中期后，发展为用长抽打法的大力进攻战术制约稳削打法；60 年代开始，近台快攻用快速的战术策略来制约稳削打法、长抽打法和弧圈球打法；70、80 年代出现以弧圈球技术为核心的不同打法，它们在进攻技术中把速度与旋转有机地结合起来，转和快的战术策略，对近台快攻打法的快速优势产生了明显的制约作用；90 年代以来，是由强烈上旋的弧圈球与强调快速的近台进攻结合所形成的快速凶狠打法和稳中带凶打法，前者的代表人物是盖亭、波尔，后者的代表是瓦尔德内尔、孔令辉。这两种技术类型打法基本代表着世界乒乓球运动技术的发展趋势。

2. 不同技术打法的战术策略经过变化和组合，在具体的技战术使用中构成一个强调“变”的基本格局

致力于提高竞技水平，努力使球性有不同的变化，成为技战术训练的主要内容。在单一技术使用中，如搓球技术使用，为了适应不同来球的性质和增加回球的多变性，出现了强调速度和落点变化的快摆两个小三角、快摆中路、晃接和劈长。在拉球技术使用中，出现了反撕、侧拧技术。在单一战术的发球抢攻使用上，变化也是战术使用策略中主要内容。根据对瑞典选手瓦尔德内尔的技战术分析，其发球抢攻战术的变化以及组合的可能性在 21 种以上。

在发球变化方面：发球方法有 2 种；旋转 2 种；落点 4 种；线路 3 条；发球后的抢攻：线路变化有 3 条；拉球方法变化有 3 种；速度变化有 2 种；旋转变化有 2 种（张晓蓬，1999）。在瓦尔德内尔发球的变化上，国家男二队教练方文（2000）认为：即使发球使用的成功，他还会变化套路。他还可以用 5 个不同的发球动作，让对方连续 5 个球接下网。还有就是在技术上的创新。如直拍横打技术创新的具体内容是：反面接发球、拉打下旋球、弹击机会球、倒拍后正手可用反胶拉、反面发球、正手倒拍发球。可以说，在战术的意义上，变化是战术运用的核心内容，“变”使得快、转、狠、准具有了不同的战术含义。

3. 乒乓球底板、海绵和胶皮性能不同，为乒乓球运动的多变性提供了物质上的可能

（1）底板：在乒乓球底板的演变中，提高击球的速度、力量以及操控性是其主旋律。从羊皮板、木制板以及在以木制底板中加碳素纤维、芳基纤维、玻璃纤维、碳素纤维与芳基纤维的混合纤维等、钛合金等不同的化学合成材料，乒乓球底板发展的历史，就是在保证击球稳定性的前提下，不断提高底板击球的力量和速度的历史。

（2）海绵：乒乓球海绵发展演变与底板的演变方向是一致的，也是强调对力量、速度以及操控性的满足。海绵的厚度和硬度指标表示海绵的弹性水平。

（3）胶皮：胶皮的发展和制造旋转有关。最早乒乓球胶皮是正胶，胶皮和海绵结合的海绵正胶、反胶球拍出现在 1957 年，随后在正胶胶皮系列中，又出现了生胶、长胶和防弧圈球胶皮。它们在旋转方面的不同，为不同技术类型打法，在技战术的多变性上提供了有利的武器。（表 5–1）

表 5－1　海绵胶皮性能与技术类型打法的关系

海绵胶皮种类	控球力	速度	旋转	适应的技术打法
正贴单层胶皮	较好	一般	较差	乒乓球发展初期的攻球和削球打法
正贴海绵胶皮	较差	较好	一般	快攻为主的打法
生胶海绵胶皮	较差	较好	一般	快攻为主的打法
长胶（海绵）胶皮	较差	一般	较好	削球打法，进攻打法
反贴海绵胶皮	较好	一般	较好	快弧或弧快的打法

建立在乒乓球球性复杂性基础上的乒乓球技战术策略的多变性，是乒乓球运动技术提高和发展的基本根据。为了使乒乓球运动技术水平保持世界领先地位，乒乓球训练以及训练安排应善于利用球性的复杂性以及在技战术上可能产生的多变性，注意这种多变性促使乒乓球各种技术在战术细节上的不断变化和发展。

第二节　乒乓球的训练原则

乒乓球训练原则，是乒乓球训练和比赛中积累起来的具有普遍指导意义的经验的总结和概括。乒乓球训练原则，是对乒乓球运动基本特征的反映，是乒乓球训练过程中教练员和运动员必须遵循的基本准则。

一、从难、从严、从实战出发的训练原则

从难、从严、从实战出发的训练原则，主要体现在训练管理和计划安排的过程中。这一原则强调训练的目的是为了比赛。其核心是如何根据比赛的实际情况，对训练工作提出要求。

在乒乓球训练中贯彻这一原则的具体要求有：

1. 从难：是指随着运动技术水平的提高，或者为了促进运动技术水平的提高，在训练的安排上，要不断加大技术能力、战术能力、体能和心理承受力的训练难度。从难训练要符合运动员训练的实际情况，使从难训练对激发运动员训练动力具有积极性的意义。

2. 从严：是指教练员以及运动员在训练过程中，对完成训练的内容和任务要严格要求。它是从难训练得以实现的基本保障。从严训练就是要严格执行训练计划，严格按照对技术能力、战术能力、身体素质能力和心理承受能力的训练要求进行训练。同时，还要严格对训练和比赛态度及作风进行要求，形成运动员必须具备的专业素质。

3. 从实战出发：是从难和从严的基本依据，也是强调训练要和比赛相结合。从难训练和从严训练，必须服从比赛的要求，比赛的成绩是检验从难和从严训练效果的唯一标准。解决比赛中存在的问题，就是对运动员技术能力、战术能力、身体素质和心理素质的实战化提出要求，比赛中存在的问题，既是训练安排的出发点，也是训练管理和计划安排必须时刻注意的关键点。从实战出发的目的就是使运动员的技战术能力在比赛中能够得到比较充分的发挥。近年来，通过观察和分析欧洲乒乓球运动比较快速发展的成功经验发现，运动员一年中参加的比赛比较多，这对比赛经验的积累和对在比赛中技术、战术存在的问题进行调整是有益的。“以赛带练”的观点已经成为人们的共识。

二、系统训练原则

系统训练原则，就是在训练计划和训练管理的安排中，针对运动员培养需求，考虑训练的系统性。我国乒乓球训练的系统性既存在于三级训练体系的衔接上，也体现在每一级训练的不同时期的计划安排和组织中。

系统训练原则主要理论根据：（1）人体适应是长期性的，即人体对训练负荷的生物适应必须通过有机体自身的各个系统、各个器官、各部分肌肉乃至每个细胞的变化，逐步去实现的。（2）训练效果是不稳定的，即对于运动员来说，当训练的系统性出现间断或停止时，已有的训练成果也会消退甚至完全丧失，比如体能会下降，技能动作在神经中枢建立的暂时

性神经联系由于不能得到不间断的训练强化而消退。

乒乓球运动员获得优异运动成绩，一般需要15年左右时间的训练（史健，1985）。在这个过程中，运动员需要在训练体系的三个不同层次（体校、体工队、国家队）中进行训练，训练体系中的不同层次，训练计划的安排是不同的。训练体系确保训练内容的系统性，保证运动技术水平能够不断地提高。

三、适宜负荷原则

在训练中，训练的效果是通过给运动员施加适宜的运动负荷来实现的。运动负荷由负荷的量度与负荷的内容一起构成，负荷量度包括负荷量与负荷强度。在训练计划不同时期的安排中，运动负荷内容和运动负荷量度，都依训练阶段的不同而表现出不同的特点。（表5–2）

表5－2　技能类项目多年训练的阶段划分与运动负荷特点

阶　段	主要任务	年限	训练的重点内容及程序	运动负荷特点
基础训练阶段	发展一般运动能力	3～5	1. 协调能力，基本运动能力	循序渐进
			2. 多项基本技术	留有余地
			3. 一般心理品质	
			4. 基本运动素质	
专项提高阶段	提高专项竞技能力	4～6	1. 专项技战术	逐年增加
最佳竞技阶段	创造专项优异成绩	4～8	2. 专项运动素质	逼近极限
			3. 专项心理品质	在高水平
			4. 训练理论知识	区间起伏
竞技保持阶段	努力保持专项竞技水平	2～5	1. 心理稳定性	保持强度
			2. 专项技战术	明显减量
			3. 专项运动素质	
			4. 训练理论知识	

（根据田麦久1988年材料改制）

安排参加乒乓球基础训练的少年儿童的运动负荷时，必须严格遵循循序渐进的原则。在专项提高和最佳竞技阶段，由于运动员经过了进入专项提高阶段的训练，通常可以比较明显地逐步承受较大的专项训练负荷。根据个人不同情况，有的运动员的运动负荷可以逐步提高，有的运动员则应当波浪式地发展。在最佳竞技阶段，由于多年承受高强度负荷、高水平激烈竞赛、伤病的影响，使运动员难以继续承受大负荷的训练。因此，在这一阶段中，谨慎安排运动负荷尤为重要。一般讲，此时的运动负荷应呈现波浪形，有张有弛。

周训练是组织训练活动的极为重要的基本单位。在基本训练周中，基本技术训练周和完整技战术训练周的负荷安排，主要是针对提高神经系统与骨骼系统的高度协调能力。与此同时，通过变化负荷的内容，对运动员施以不同的心理负荷，如在正手位拉弧圈球技术训练中，在规定时间内完成一定板数的条件下，一拉一挡定点的训练和不定点的训练，每人练习5分钟，在同样的练习时间中，训练负荷中心理负荷以及生理负荷是明显不同的。一般而言，训练内容难度越大，训练要求限制性条件越高，乒乓球运动员机体和心理承受的训练负荷就越大。

乒乓球运动的负荷，在技能训练方面所占的比例比较大。由于对各种手段的练习量，常常不作非常严格的规定，而是以技术或战术的掌握情况而定，所以，乒乓球运动负荷的安排，可以参考以下几个基本要求：

1. 平时的训练量必须要大于比赛时的运动量。

2. 在技术训练中，适宜的大运动量训练，有助于运动条件反射的建立，并且比较容易巩固，促进各种基本技术的学习和掌握。

3. 增加运动负荷的一般方法是，先加量，后加强度。加量时略减强度，加强度时略减量。一般不采用量和强度一起加，这样会使身体的负荷过大，容易影响基本技术和战术的系统掌握。

4. 要求运动员掌握有关运动负荷的基本知识，学会自我控制和调整，并与教练员进行配合，做好运动负荷的监测与安排。

5. 通过医务监督，对运动员个体的运动负荷情况进行评估。

四、辩证训练原则

在乒乓球训练中，始终面对如何处理若干训练内容的关系这一问题。这些关系如何解决，也是乒乓球训练工作面临的重要课题。辩证训练的原则，是属于训练方法和手段方面的原则。它是在运动员长期训练过程中，通过大量地观察和分析技术打法特点及其比赛表现情况，对成功和失败的经验进行的总结。这些总结是中国乒乓球训练成功经验的集中体现。同时，它对乒乓球训练有着重要和现实的指导意义。

辩证训练原则，所强调的是在考虑乒乓球训练和比赛的关系时，要以个人的技术特点，球队的技术传统，比赛的实际需要作为基本准则进行切合实际的安排，并以比赛成绩作为检验的标准。中国乒乓球运动在长期的比赛和训练过程中，逐步总结出了辩证地处理乒乓球训练方面的各种关系以适合比赛需要的方法。

在乒乓球训练中，主要涉及的关系有：技术特长与技术全面的关系；有序训练与无序训练的关系；一般对手训练与特殊对手训练的关系；多球训练与单球训练的关系；步法训练与手法训练的关系；专项训练与身体训练的关系。

（一）技术特长与技术全面

运动员的技术特长就是得分率和使用率最高的技术。可以说技术特长是比赛中的杀手锏。因此，在运动员所掌握的特定技术类型打法中，抓住那些对得分制胜有决定意义的技术，在训练过程中要反复磨练，精益求精，力求使其形成突出的技术特长。形成技术特长是训练工作的重要内容。

当然，特长技术不是一个孤立和单一的技术。全面地认识技术特长，有助于正确地进行技术特长训练。李富荣认为：技术特长本身也有个全面的问题。比如正手技术，如果你的特长是攻打中近台的弧圈球，那么你的侧身攻弧圈球以及正手攻中远台的球也要有相当功力，还不能偏废了攻打下旋球的基本功。又如发球技术，既有特长发球，又有辅助性发球，不能单打一。如以往许多选手一律侧身高抛发球，其他配合性的发球不敢用。只会发近网短球，不会或不敢发既有速度力量又有落点变化的上旋长球。接发球也是如此，也有个特长与全面的关系问题，不能只有搓不会挑。正手、反手的技术也是如此，不能只是“独角龙”。既要突出特长，又要顾及全面。

乒乓球运动员技术特长的建立可以从以下几个方面进行考虑：

1. 通过建立个人的技术类型打法，为技术特长的发挥提供保证。

2. 根据个人技术打法类型特点，从发球以及进攻、接发球以及进攻和相持中的攻防转换等方面，观察、研究和形成自己的技术特长。

3. 根据战术运用策略的特点，从进攻时的线路使用、控制时的落点使用、攻防转化时节奏变化等方面，观察、研究和形成自己的技术特长。

4. 根据使用球拍的性能特点，结合用长胶与反胶两面不同性能的胶皮打削球或打快攻、用生胶打快攻等情况，进行观察、研究，形成自己的技术特长。

5. 最后要把技术特长融入个人技术体系中并形成运动员自己的技术风格。

在突出技术特长的同时，还要考虑技术的全面性。所谓的技术全面，包括如下内容：一是在和不同打法的对手比赛时，运动员的技术要能够对付不同类型的打法；二在打法类型上，快攻型选手除了前三板外，必须具备在相持中的防御能力以及由防转攻的能力；防守型打法的运动员不仅是要削得住，还必须具备强有力的进攻能力；三是在单项技术能力的掌握上，如横板的弧圈球技术，不仅正手有拉和冲的能力，反手也要有；四是在技术和战术策略实施上，既会打直线，又会打斜线；既能摆短，又能劈长；既能晃接，也能挑打。

概括地讲技术全面，就是在技术上没有明显漏洞，在比赛中对方找不到致命的弱点。

训练过程中，在处理技术特长和技术全面关系上，技术特长应当是主导性的，技术全面是辅助性的。当然，技术全面的辅助性，不是次要的概念，而应当理解为它是技术特长发挥的基础或基本条件。可以说只有具备了一定程度上的技术全面，特长技术才能够有效地在比赛中发挥出决定性的作用。吴焕群（2002）认为：在训练安排中，在处理技术特长与技术全面的关系中，关键的一点是：不宜使两者之间的差距太大。差距是应该有的，第一位是要有突出的技术特长，但它与第二位的全面技术之间的差距，不要形成特长与特短的关系，只宜形成第一、第二的关系。否则将使特短往往处于抑制状况，不敢使用。邱钟惠等人（1982）提出：技术上的全面发展不是提倡平均地对待技术，或技术提高上的一般化，形成样样会，样样都不精。而是要求在技术比较全面的基础上，精练几种特长技术，作为得分的重要手段。

（二）有序训练与无序训练

有序训练和无序训练是乒乓球训练中提高运动员技术和战术能力的有效手段。它们既有区别又相互关联。

所谓有序训练，也是我们常讲的有规律的训练。在训练安排中，教练员根据训练的目的和任务，对训练内容、击球线路、旋转性质以及步法的移动方式和范围等训练要素做出比较固定的要求。

有序训练的作用：（1）使运动员能够在条件刺激比较单一的训练环境中，比较快地掌握基本技术动作，形成动力定型；（2）比较快地学习和掌握基本战术的内容以及使用方法；(3）可以提高训练的密度，并且是在特定条件下，有针对性地去完善技术和战术的某些薄弱环节。

所谓无序训练，也是我们常讲的无规律的训练。它强调的是只对训练内容作出安排，对击球在力量、落点、旋转、节奏等要素的变化上不做规定。强调的是根据运动员技战术特点和比赛实际的需要，进行与比赛中实际情况近似的练习。

无序训练的作用：（1）这种练习由于接近比赛的实际情况，可以有效地增大训练的技战术难度；（2）无序训练体现了乒乓球球性的复杂性，有利于运动员对技战术进行实战组合和运用能力的培养；由于有了这种训练条件，球性的复杂性使得技术和战术使用上要相应产生不断的变化；（3）无序训练有利于运动员战术意识的养成。

由于有序训练和无序训练的作用不同，在乒乓球系统训练不同的阶段中，两者存在着不同的适用范围。在同一个训练阶段中，也存在着不同适用范围。使用它们的基本规律。(表5–3)

表5－3　有序和无序训练安排顺序及作用

训练阶段	安排顺序	技术训练效果	比赛能力
在基础训练阶段	有序—无序—有序—无序	基本功上升快	比赛能力逐步上升
	无序—有序—无序—有序	基本功不扎实	早期比赛成绩好，但提高慢

（依曾振豪改制，1993）

（三）一般对手训练与特殊对手训练

一般对手训练是指在技战术训练中，训练对手是在同队选手之间进行安排的。特殊对手训练是指在技战术训练中，训练对手是根据技术和战术快速提高和针对比赛对手技术类型打法进行安排的。由于训练水平和训练条件的不同，一般对手训练在乒乓球基础训练阶段中所占的比例比较大，特殊对手训练在乒乓球高级训练阶段中所占的比例比较大。特殊对手训练是乒乓球技术和战术训练快速提高和比赛战术模拟实施的重要手段。特殊对手训练包括：陪助训练和模拟训练。

乒乓球的陪助训练是指“强带弱，男帮女”的训练。乒乓球项目中的陪助训练开展得较早。现在，其他球类及对抗性项目如女排、女篮、女子摔跤等也有所采用。

陪助训练的作用：（1）在训练的初期、中期，为了使训练对象缩短基本技术的训练时间及提高技术质量，产生了“强帮弱”的陪练方法。目前，在全国少年儿童乒乓球训练中，采用这种方法比较普遍；（2）在训练的高级阶段中，优秀女子运动员由男子运动员来陪练，即“男帮女练”。这种方法可以发挥男子运动员技术质量高的特点，增加女子运动员的技术训练强度和难度，使女子运动员形成适应高强度技术训练的能力，有助于比较快速地提高女子运动员的运动技术水平。

乒乓球的模拟训练是指训练对手模仿比赛中主要对手技术打法和技战术特点，为参赛的运动员提供有针对性训练的一种手段。模拟的具体方式是模仿模拟对象的技术动作、打法特点、战术变化规律等。模拟训练的实施时间安排在比赛前，一般是赛制 2~3 个月直至临赛前。

模拟训练的作用是：（1）使参赛队员对比赛对手产生专门的适应性。（2）有利于特定技战术迁移到与对手的比赛中去。（3）能够使运动员掌握战胜对手的技战术。由于有了对对手的适应性和战术使用的针对性，因此有助于运动员赛前良好心理状态的形成。

（四）多球训练与单球训练

多球训练的连续供球方法，在强度、密度、数量等方面，有利于形成特定的技术及特长，在训练步法及手感方面，有其独特的功效。多年来，各级运动队在这方面都受益颇多。但事物总有两面性，有利则有弊。多球训练连续供球的不足之处在于：它只能单一的一次性击球，只有对来球的刺激进行技术上的反应，而没有在击球后再次对来球球性的反馈消息。多球训练的连续供球在解决第二板后的技术战术问题和相持时的攻防转换的问题方面，缺乏符合比赛实际的有效性，只能对一板击球技术的熟练程度产生明显的影响，而此点恰恰与比赛的情况脱节。多球训练的练习方法，在机制上可以用巴甫洛夫的经典条件反射进行解释。而比赛的实际更多地是符合斯金纳的操作条件反射的机制，即强调反馈的作用。在己方攻球之后对方的回击就是一种反馈，这种反馈带着己方攻球之后的“后作用”，如由于己方在施以的旋转、力量和速度上的不同，对方回击的球也会把这种不同情况反馈回来。这种情况较为符合比赛的实际情况。

（五）步法训练与手法训练

步法训练和手法训练始终是一同进行的，即使是在单一技术学习的过程中，也存在步法的移动。乒乓球技术动作是由手法技术和步法技术组成，因此，乒乓球技术动作质量的高低不仅取决于手法技术而且也取决于步法技术，它们共同决定着乒乓球技术动作的质量。

由于乒乓球击球的准确性，直观的感觉是对手法的依赖比较大，在乒乓球训练中，往往会比较注意手法技术的训练。在步法训练方面，就不尽如人意。这个问题有历史上的原因，在过去的训练中重视手法多，重视步法少；选才也重视手法手感；历史上较多的人打近台快攻，步法的矛盾不如其他打法那样突出，导致步法上没有严格的要求。步法移动技术是乒乓球技术的基本构成，击球的准确性、爆发力、相持能力与连续攻，以及贯彻积极主动、抢先上手，抢先发力的战术意图等，都依赖于步法。步法要从小练起，与手法技术相结合，与实战要求相结合。

（六）专项训练与身体训练

专项训练是指训练的目的在于提高运动员的技战术和心理素质水平的各种形式的训练。它在训练课的安排上，或者是一堂完整的技战术训练课，或者是作为训练课的技战术训练部分。身体训练是指训练目的在于提高运动员机体一般运动素质能力和专项运动素质能力的各种形式的训练。它在训练课的安排上，或者是一堂完整的身体训练课，或者是作为训练课的身体训练部分。

身体训练和专项训练既有区别又相互关联。区别表现在训练内容和解决问题的手段上存在着不同。比如，战术训练的侧身拉后扑正手练习，其目的是要根据比赛的实际情况，把侧身拉和转相持战术意识和战术行动有效地结合起来；而一般身体素质训练的速度素质的训练，其目的则是使运动员有一个良好的，能够适应乒乓球运动速度特征的一般身体机能水平。由于它们有着各自的训练目的，所以，在训练内容和解决问题的手段上存在着不同。

当然，这种区别仅仅是它们解决问题的着重点的不同，它们之间的联系是其关系的本质，因为它们解决问题的目标是一致的。在这个关系中，专项训练是主导性的，它决定一般身体训练和专项身体训练的基本内容和要求，身体训练要满足专项训练的要求。比如在积极主动上手连续正手进攻技术能力和战术意识培养上，一般身体训练的 10 米折返跑练习在与专项训练结合上，是专项身体训练中的徒手推、侧、扑步法移动练习，从专项身体训练的角度讲，徒手推、侧、扑练习可以避免技术训练中，由于经常击球失误导致此项练习的量和强度不够，能够保证步法移动练习在训练强度和量上的要求。那么，身体训练在这个意义上是和战术意识培养密切关联的。在乒乓球运动训练实践中，随着对多球训练的价值和作用认识的不断深入，把技术训练的内容通过多球训练的方式来实施，不仅使身体训练（特别是专项身体训练）和技术、战术训练联系的更为紧密，也使得技术和战术训练本身和专项身体训练融合在了一起。多球训练既能解决专项素质问题，也能解决技术和战术方面的问题。(图 5–1)

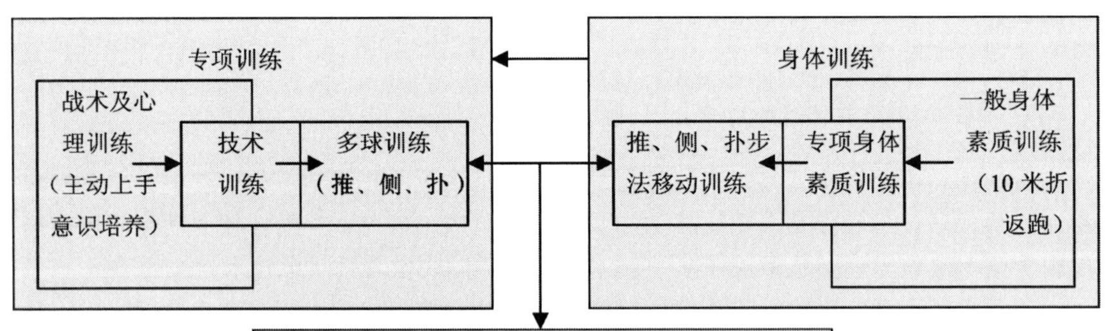

图 5–1　专项训练与身体训练关系模式图

在多球训练中，有连续送多球和多球单练两种方式。前者的训练强度和量比较大，而且可以比较好地由教练员进行控制，比较适宜作为发展专项身体素质的训练手段；后者的训练接近于比赛实际情况，并且能够保证一定的训练负荷量，比较适合作为强化基本技术的训练手段。

在处理专项训练和身体训练的关系时，应当注意的方面有：

1. 要根据乒乓球专项进行安排，要考虑到专项对灵敏的要求大于柔韧、对爆发力的要求大于一般力量的要求。

2. 要根据个人的特点进行安排，个人在专项素质上存在着差别，要区别对待。

3. 根据各个时期技术和战术训练的要求进行安排，在准备期，全面身体训练的比重大于专项身体训练，比赛期，则以专项身体训练为主，并且要配合此时技战术训练的要求。如果技战术上要提高其质量，专项身体训练一般以发展爆发力和快速能力为主；如果是要提高连续进攻能力或相持能力，则可以安排步法启动和移动速度方面的练习。

4. 在选择身体训练的练习手段时，要处理好一般性和专项性的关系，匹配一个适宜的比重。

5. 要使身体训练适应比赛的需要。

第三节 乒乓球竞技能力训练概述

乒乓球竞技能力的训练，是乒乓球训练的根本任务。乒乓球竞技能力训练，对于提高运动技术水平，获得优异运动成绩，延长运动寿命，都具有重要意义。

一、乒乓球竞技能力的概念和体系构成

乒乓球竞技能力就是指运动员本身具有的比赛能力。乒乓球竞技能力是一个由多级元素构成的能力体系。（图 5–2）

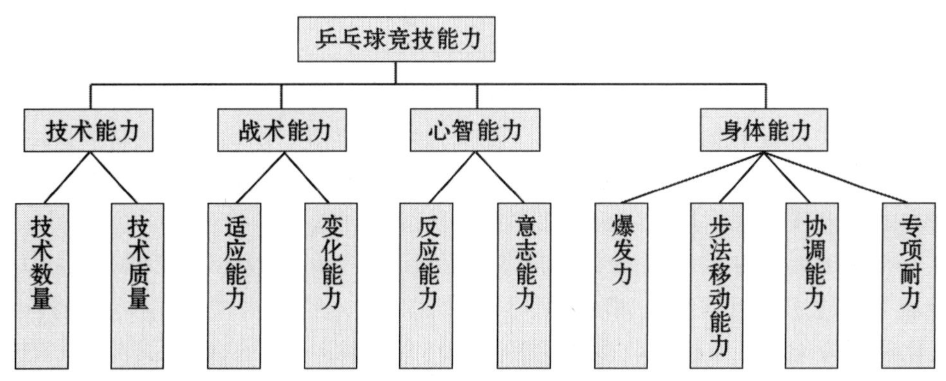

图 5–2 乒乓球竞技能力示意图

第一级元素是由运动员的技术能力、战术能力、心智能力和身体能力 4 个方面构成。

第二级元素是构成技术能力元素的技术数量和技术质量；构成战术能力元素的变化能力和适应能力；构成心智能力元素的反应能力和意志能力；构成体能元素的爆发力、步法移动能力、协调能力和专项耐力。

第三级元素是构成技术数量的单项技术和结合技术；构成技术质量的弧线、速度、力量、旋转和落点；构成变化能力的落点变化能力、旋转变化能力、力量变化能力、速度变化能力、节奏变化能力；构成适应能力的适应落点变化能力、适应旋转变化能力、适应力量变化能力、适应速度变化能力、适应节奏变化能力。构成判断反应能力的预测期、判断期和反应期。构成意志力的自觉性、主动性、独立性、果断性、顽强性、自制力、自信心。构成爆发力的力量能力和速度能力。构成步法移动能力的启动能力、平移能力和制动还原能力。构成协调能力的灵敏能力、柔韧能力。构成专项耐力的专项速度耐力、专项力量耐力。

乒乓球竞技能力还可以进一步往下划分，直至划分到单一技术动作的具体操作性元素上。

二、乒乓球竞技能力的训练

在训练活动中，乒乓球竞技能力首先是一个整体，局部上的训练始终是和整体联系在一起的。乒乓球竞技能力中的技术能力、战术能力、心智能力和身体能力之间，即在技术数量和技术质量、变化能力和适应能力、反应能力和意志能力、爆发力、步法移动能力、协调能力和专项耐力之间，是相互关联和相互影响的。

这种相互关联表现在：

1. 技术能力的提高，为战术能力的提高提供了基本条件。

2. 战术能力的提高，促进了技术能力的实战化，使得技术和战术在实战的意义上得到了有效的统一。

3. 技战术的统一，也是运动员心智能力参与的结果，经过比赛的磨练和训练水平的提高，心智能力也发展起来，在高水平比赛中，心智能力往往在决定着技战术能力的表现。

4. 身体能力的提高，保证着运动员能够进行系统的训练；有利于技战术的学习、掌握和提高，而随着技战术能力的提高和心智能力发展，又会对身体能力提出新的要求。

乒乓球竞技能力的训练，从训练学角度看是一个长期的过程。在安排训练时，需要考虑以下 3 个因素：

第一，在基础阶段的训练中，由于运动员的训练水平比较低，技术能力和身体能力训练的比重相对比较大，基本技术动作的学习，主要是学会动作的方式和掌握基本要点，身体训练主要是使他们具有良好的速度素质、灵敏素质和一般的耐力素质，以便能够比较快地学习和掌握基本的技术和战术，并为今后技战术能力的提高创造有利的条件。

第二，在专项提高阶段的训练中，随着运动训练水平的提高，在安排竞技能力训练时，可以逐步加大技战术能力训练在训练中所占的比例。技术数量要增加，技术的质量要提高，战术的变化和适应能力要通过比较多的比赛安排得到提高。同时，把技战术能力的提高和心智能力的发展结合起来。

第三，在最佳竞技和竞技保持阶段的训练中，战术能力和心智能力是训练的主要内容。

其训练的时间安排和内容安排的比重要加大，以促使最佳运动成绩的取得和保持较好的运动成绩。

三、各种技术打法类型的竞技能力训练内容

在乒乓球运动中，技术打法类型可以分为两大类。由于不同技术打法类型的运动技术特点和风格不同，在竞技能力训练的内容和要求上也存在着不同。

（一）进攻型打法

1. 技术能力

技术数量：主要技术、辅助技术、结合技术和防御技术。

技术质量：击球的速度、旋转、力量和落点；击球的准确性。

2. 战术能力

变化能力：把旋转和速度结合起来，运用旋转的变化，并辅之以落点和节奏变化。

适应能力：主要是要适应速度的变化，以及适应不同对手的落点、力量和节奏变化。

3. 心智能力

判断反应能力：能够瞬间观察和分析出来球的不同性质，并做出正确合理的快速回击动作。

意志力：强调前三板和相持技战术的运用，坚持走拉打结合的技术风格道路。

4. 身体能力

爆发力：是爆冲、连续冲所必须具备的。

步法移动能力：中近台的快速地运用跨步、并步、侧身步和扑正手的交叉步。

协调能力：主要是快速冲球后的还原，以及连续跑动进攻，身体的平衡性。

耐力：一般耐力和专项的速度耐力、力量耐力是主要的训练内容。

（三）削攻型打法

1. 技术能力

技术数量：主要技术、辅助技术、结合技术。

技术质量：击球的旋转、落点；击球的准确性。

2. 战术能力

变化能力：旋转变化和落点结合起来，运用旋转的变化时，要辅之以落点和节奏变化。

适应能力：主要是要适应突击球的速度和弧圈球的强烈上旋球的变化，以及适应不同对手在进攻时的落点、力量和节奏变化。

3. 心智能力

判断反应能力：能够瞬间观察和分析出来球的不同性质，并做出正确合理的快速回击动作。

意志力：由于强调在相持中多板数的稳削和尽可能地发动进攻的战术策略，坚持打持久战，培养顽强的打不垮精神。

4. 身体能力

爆发力：是加转削球和进行连续冲所必须的。

步法移动能力：远台、中台、近台快速地运用前后步、跨步、并步、大范围的交叉步和侧身步。

协调能力：主要是削冲和扣杀球后的还原，以及连续的步法移动中，保持身体的平衡性。

耐力：一般耐力和专项的力量耐力、速度耐力是主要的训练内容。

四、乒乓球的技术、战术训练

从一般意义上讲，乒乓球技术训练和战术训练是统一的，这种统一表现在技术训练总是不同程度地包含着战术的因素，而战术训练同样也不同程度地包含着技术的因素。

技战术训练，是针对运动员技战术能力提高的训练。技战术训练是乒乓球运动训练中最重要的内容。我国乒乓球 40 多年来在技战术训练方面的经验，就是把技术训练与比赛中提出的战术要求结合起来，做到练以致用。所谓练以致用，就是指技术训练是在一定的战术要求下进行的，使技术训练逐步达到战术的要求。同时，战术训练又是以技术为基础，技术数量和质量是战术数量和质量的保证。

当然，在训练过程中，根据需要可以对技术训练和战术训练作出不同的安排。以完成不同的训练任务。一般讲，技术训练是根据技术训练的任务，对技术动作、球的落点，力量，旋转等进行某种规定的条件下，以学习技术动作、提高技术质量为目的的训练，这种训练基本上根据有序训练原则进行安排。战术训练则主要是把所掌握的有一定质量的技术动作做战术性转化，是以培养战术意识，提高变化能力和适应能力为目的的训练，这种训练基本根据无序训练的原则进行安排。在训练中由于解决技术和战术问题的侧重点不同，技术训练和战术训练不能互相替代。在不同的训练阶段和在训练的不同周期中，它们在训练的侧重点和训练安排的比例上是不同的。这样才能使技战术达到熟练和提高。这也是我国乒乓球训练的特点和有效地提高训练质量的基本指导思想。

（一）乒乓球技、战术能力训练的特点

乒乓球运动具有强烈对抗性和高度灵活性的特点，对运动员高级神经活动要求较高，需要其既能迅速地兴奋，又能及时地抑制，兴奋与抑制过程转换迅速，从而使运动员变化快，控制能力强。乒乓球许多不固定的、变化多端的灵活性训练，不但有提高大脑皮层兴奋与抑制迅速转换能力的作用，而且在此基础上还有强化各种条件反射的作用。这种训练有利于运动员掌握比赛所需要的技战术。因此，不仅在练习结合性技术时必须练得“活”，即使在练习单项技术时也要注意，“活”是乒乓球技战术训练必须抓住的特点。

（二）乒乓球技术训练和战术训练关系的理论观点

乒乓球技术训练和战术训练的内容很多。在训练中，各种技术训练和各种战术训练既分别存在又相互交融。技术作为战术的基础，是一个普遍的共识。在乒乓球竞技运动中，单一

技术从击出球的球性看，它具有为获得一分而产生的5个制胜因素。这些单一技术在制胜因素上的变化，构成了乒乓球战术的基本单元。当把两个以上单一技术组合起来，这种技术的组合包含着比单一技术更丰富的专项战术因素，这种技术的组合被称为结合技术。由于结合技术可以在技术训练中比较充分地贯彻战术思想，或者根据战术训练要求进行结合性技术的选择，因此，结合性技术在战术的意义看，就是一个单个战术。而单个战术的组合则形成综合战术。

在《现代乒乓球技术研究》一书中，提出了在乒乓球技术训练和战术训练中有一个连接技术和战术的重要的中间环节——结合技术和单个战术。在长期的训练和比赛的实践中，它已经成为乒乓球技战术训练，战术能力培养和运用上的一个很重要的的训练理论。我们把它称为乒乓球训练的中间环节理论。

在技术和战术关系问题的进一步的研究中，吴焕群等（2003）认为：一分球的争夺，往往在两板球以上，除了依靠包含5个制胜的竞技要素质量外，更依赖于战术——发球抢攻、拉中爆冲、调左压右等等。也就是讲，作为单个战术训练内容的结合技术，其基础是单一技术。唐建军（2003）认为：从战术的角度看，单一技术是构成战术的基本单元，它本身就是战术的一种最基本手段。而结合技术则是为战术的实施提供一种比较系统化的手段。结合技术的联合使用，就是把进攻、控制和防守结成一个攻防体系，以保证在比赛中，能够合理有序地使用技术，对付较为复杂的比赛，满足战术的需要。这些认识对结合技术作为单个战术的看法，做了进一步的解释。强调了单一技术具有的战术性质。它们丰富了对技战术训练的中间环节理论的认识。

结合技术是指由两种或两种以上单一技术结合而成的技术。如果一个运动员把个人打法所需的单一技术和几项主要结合技术练得质量很高，那就能为其战术训练提供有利的条件。战术灵活变化的范围就大，选择性就高，战术上的主动权就较大。反之，如果单一技术以及结合技术训练不够或不当，产生的结果往往是训练与比赛脱节。如果一个运动员单一技术的训练成为“机械化”，比如正手对攻能打成百板，反手推挡速度快，力量也重，但由于缺乏和比赛实际情况的结合，以及在此基础上，它们还缺乏作为结合性技术的训练，在进行单个战术训练时其质量自然就很低，一旦要在比赛中加以运用时，战术就体现不出来了。这是因为教练员和运动员没有抓好技战术训练的中间环节所造成的。从实战的意义上看，由于结合技术本身具有的战术要求比较明显，在乒乓球的技术和战术训练中，必须加强结合技术的训练，使之达到熟练和高质量，才能充分为战略、战术服务。反过来，战术运用是否能灵活多变，又可以检验结合性技术的训练安排是否恰当。因此，结合性技术是战术训练和运用的重要基础。

训练专栏：结合技术的训练要点提示

构成要求：根据不同打法和个人特点组织结合性技术。这种组合要合理，少而精。

训练：练习每一项结合技术时严格要求技术规格，反复多练达到牢固掌握的程度。

技术要求：着重要求运动员判断的及时性和准确性，反应快，步法移动迅速，击球技术使用合理，几个技术之间的衔接动作要快速、经济、节奏感强。

战术要求：特长技术与单个战术训练结合，强化比赛中得分手段与不同技术打法对手的训练，提高单个战术能力。

单个战术是指一项结合技术在比赛中的运用。单个战术也被称为基本战术。单个战术训练概念的产生，是建立在充分研究和分析特定的世界强手的技、战术优缺点之后，根据各种不同打法的特点，从瞬息万变的不规律的战术中提炼出有规律性的战术，根据这一规律性的战术研究出来单个战术，单个战术正是乒乓球战术中的核心战术。据此进行训练，恰恰最能使对手在比赛中就范。

训练专栏：单一技术的技战术训练安排和要求

内容安排：正手位弧圈球技术训练

训练要求：

(1) 注意步法移动的近中台结合；轻重力量结合；旋转强弱结合；快慢节奏变化结合等。

(2) 在手法训练时不应忽视提高步法能力的训练，或在步法训练时也不应忽视提高手法能力的训练。

(3) 练单线时，要适当地结合变线；练左（右）方时，不忘右（左）方；练推挡时，要注意伺机结合侧身攻；练拉球时，有机会也要发力攻；拉弧圈时，有了机会要注意冲或扣杀；练稳削时，不忘抓住时机实施反攻等等。

一般认为所谓的战术训练，尤其是对抗性竞赛项目的战术训练，是在极其错综复杂、千变万化的条件下，训练运动员当机立断、灵活变化的综合性战术能力。就整个战术训练计划而言，情况是如此。但是，具体到训练课中战术训练内容的安排时，针对运动员战术能力培养的系统的综合性战术训练，则是由一系列单个战术训练组成的。这是存在于所有乒乓球训练课中的事实。单个战术训练的技术形式就是结合技术。在训练中，容易将结合技术与单个战术的概念弄混淆，原因是二者有相同之处。作为教练员和运动员既要了解它们的相同点，同时也要区分它们的不同点。在内容和方法方面，可以说它们是相同的。如推挡结合侧身正手拉弧圈球，在形式、内容和方法上，既可作为结合性技术训练，也可作为单个战术训练，这就是相同之处。而不同之处在于这个训练是结合技术的训练，还是单个战术的训练，主要体现在训练目的和要求的不同上。

训练专栏：结合技术和单个战术对应关系（横拍弧圈进攻型打法）

结合技术：

1. 发球后抢拉、冲。
2. 反手拉、拨结合侧身抢拉、冲。
3. 正手拉结合扣杀。
4. 反手拉、拨结合正手拉、冲、扣。
5. 搓中冲或拉。
6. 反手拨、拉后侧身扑正手对拉、冲；返左方时反手对拉。
7. 对拉转冲、扣。

单个战术：

1. 发球抢攻战术。
2. 反手拉伺机侧身冲三条线路。
3. 正手拉住反手伺机连续冲。
4. 近台拨、拉控制落点后正手冲。
5. 快搓或摆短控制后正反手冲。
6. 反手控制和压住对方，侧身抢拉、冲后扑正手位拉三条线路。
7. 中远台对拉中控制对方空当或反手，由相持或防御转为主动进攻。

如果作为技术训练，推挡结合侧身正手拉，要求的是在反复练习由推变拉过程中训练步法移动能力；手法方面的挥臂自如，腿、腰、臂发力协调；推拉两个技术之间的动作衔接恰当；步法与手法协调配合等。并以达到一定的练习数量指标为其主要目的。着重于技术范畴提出要求。如果作为单个战术训练，推挡结合侧身正手拉训练则是从战术角度提要求。首先是战术意识，一拿起球拍就想到是比赛，是比赛中的对手站在对面。其次是对某一推挡或正手侧身拉，在落点、线路和力量方面提出带战术性的特殊要求。如制造机会的一板加力推挡球，要求推的角度大或重压对方中右追身位置；或轻重力量相结合迫使对方减低控制能力；侧身拉这一板球，也可以是从战术角度出发，要求在出现机会球时，发力冲对方。或者在没有机会侧身发力冲时，可以根据对手防御的特点，进行中等力量结合大力、变化线路的连续拉训练。这种训练是以提高一板、两板或三板球的战术运用能力为主要目的。

简而言之，单项技术是构成结合性技术的基础，两个以上的单项技术结合起来就成为结合性技术，结合技术训练中强调战术性要求，使得结合技术对于比赛而言具有了实质性的意义。在针对比赛和特定对手时，成为了抓住对方技术弱点所采用的在战术上有效的结合技术训练，事实上就使结合技术训练成为了单个战术训练。

不同结合技术的组合，构成结合技术群，从技术上讲，结合技术群是一组为谋求在比赛中获胜的技术体系。从战术上讲，结合技术作为单个战术，根据比赛需要也就形成了由若干单个战术构成了综合战术。综合战术的运用是建立在单个战术基础上的。单个战术的训练强调了结合技术训练中的战术性要求。结合技术训练质量依赖于单一技术水平的提高和发展。在进行技战术训练时，加强带有战术要求的结合技术的训练，可以促进整个技术训练质量和实战程度的提高。结合技术和单个战术是乒乓球技战术训练的核心。

训练案例：乒乓球单个战术的训练与运用策略

1. 资料来源：《现代乒乓球技术研究》

2. 年代：1960—1965

3. 对手技术情况：欧洲某弧圈强手在技术上是反手弱，主要靠正手侧身单面抢拉、抢攻。

4. 单个战术训练与运用策略：（1）单个战术训练内容和方法：在战术训练上，采用反复练习紧压左大角变右角，待其从左到右跑动中正手拉只能大多数拉斜线球时，再快带其左角找进攻机会。（2）训练效果：这种单个战术训练，针对性很强，训练时间又比较集中，效果很好。

5. 比赛应用：比赛中，以此战术为主，带动其他战术，使所有战术都用活了，造成对手明明知道，也无法摆脱的局面。

第四节　乒乓球各种打法类型技战术训练

对乒乓球运动技术、打法和类型的划分，是乒乓球运动实践在理论上的概括。它明确了乒乓球运动在不同的技术动作体系中，形成不同的打法，不同的打法又构成了不同的类型。区分乒乓球运动的技术、打法和类型，表明了对乒乓球运动竞技特征认识的程度提高，这对提高乒乓球运动训练的针对性和训练效果具有重要的价值。

由于乒乓球运动中存在着不同的打法类型，在技战术训练实践中，一般都是根据不同类型打法的技术特点进行技战术内容的安排。因此，不同类型打法的技战术训练在方法和内容上存在着不同。这种不同使得不能从共性的角度论述乒乓球技战术训练，而必须从乒乓球的不同类型打法方面进行分析和讨论。

各种打法类型在技战术上，都有自己的技术风格和技战术特点。它们随着世界乒乓球运动技术的发展而发展。积极主动、特长突出、技术全面和战术多变，是当今世界乒乓球运动技术的发展方向。各类打法要在世界乒乓球领域保持优势，就必须不断改进和创新技战术训练方法，以便不断完善自己的技术风格和技战术特点。

一、进攻型打法的技战术训练

20 世纪 80 年代以来，进攻型打法在乒乓球技术中占有重要地位，在 90 年代后，进攻型技术打法逐步成为乒乓球运动的统治性打法。这是因为进攻技术把旋转和速度越来越紧密地结合在了一起。它在速度上已经体现出快速的特点。在乒乓球训练和比赛的实践中，“快速”的概念，已经从原来的直拍正胶快攻以撞击为主的“快”，演化出了另一种以摩擦和撞击结合的“快”。那种仅靠在中远台拉强烈的上旋球获胜已经成为不可能。事实上，当今的横拍进攻型技术打法，就是尽可能地在快速的基础上发挥旋转的优势，或者是在旋转的基础上尽可能地发挥速度的优势。在这个意义上，进攻型打法已经变成另外一个含义上的快攻技术了。

专家专栏：蔡振华论进攻型打法的技术训练

训练重点：

1. 接发球技术

目标：提高晃接、撇、劈长、快摆短球、快点抢拉长球、抢冲半出台球技术。

2. 反手快拉

目标：提高快点反拉技术；反手快撕；相持中反手快拱和弹压；被动中反手反拉弧圈球、反带弧圈球。

3. 反拉弧圈球技术

目标：提高反拉对方从下旋拉起的弧圈球技术；相持中近台快速反拉和反带技术；中远台对拉弧圈球技术。

（依蔡振华改制，1999）

（一）进攻型打法的技战术特点和战术风格

技战术特点：以旋转和速度结合为主，转快呼应，近打主动，远打相持，攻防转化。

战术风格：转、快、狠、准、变。

个人战术风格：稳中带凶、凶狠为主和稳凶均衡。

（二）进攻型打法技战术训练的基本要求

1. 横拍进攻型打法的训练，注意培养正反手拉弧圈球的速度和前三板抢拉能力，以及中远台的相持能力和由防御转进攻的能力。

2. 必须练好凶、稳结合和有旋转、节奏变化的拉球技术。还要进一步研究拉强烈旋转配合不转的弧圈球、侧旋弧圈球，并要能随时主动改变拉球的节奏，以达到能凶能稳、能快能慢，使战术能有更多的变化。

3. 必须具备一定的防御能力，不能有明显的漏洞。在现代乒乓球比赛中，每一局、每一分球的比赛，都不断地交替出现着主动与被动，进攻与防御，只能主动进攻而没有一定的防御，不具备由被动转为主动的技术根本行不通。

（三）进攻型打法的技战术训练具体内容和要求

1. 正反手弧圈球

（1）具体内容

①正手单线拉加转、前冲弧圈球至对方一点（包括正手位和侧身位的斜线），一方正手带、轻打、反拉和对拉；反手推（拨）、切、反带、反拉。

②正手一点拉对方两点和正手（侧身）2/3 台拉对方两点。

③正手全台不同落点拉对方一点。

④反手拉、冲对方斜线、直线。对方推（拨）斜线、直线。

⑤全台正手不同落点拉、冲、扣对方一点。对方以削为主或拉弧圈球（反拉）进行陪练。

（2）具体目的

①提高正反手拉弧圈球的技术质量和相持时灵活变化球路的能力，以及步法移动的灵活性。

②为战术训练打下坚实的基础。

（3）具体要求

①中近台的步法移动要放在第一位，坚持贯彻在练习之中。

②反手拨、拉斜线、直线，要灵活善变，切忌习惯性变线。

③拉球动作要舒展而又有爆发力，要防止引拍幅度过大或发死力去拉球，以免影响连续拉球。

2. 发球技术

（1）具体内容

①侧身位正手高抛侧上旋、侧下旋发球。落点是近网斜线、中路和直线。配合三条线的底线长球。

②侧身位正手转与不转发球。落点是近网斜线、中路和直线。

③反手侧上旋、侧下旋发球。落点是近网直线、中路和斜线。结合底线长球。

（2）具体目的

加强发球在旋转、落点上的变化与快攻的抢攻技术有效地结合。

（3）具体要求

①发球时，前臂、手腕的爆发力要强（尤其是手腕力），出手要快，尽量用相似的手法发出不同旋转、不同落点和不同速度的球。转与不转之间、长短落点之间的差距要大，并注意多练结合自己抢攻特点的一套发球。

②注意研究掩护性的假动作。

3. 拨后侧身拉冲和扑正手

（1）具体内容

①拨结合侧身拉、冲，争取主动和增强左半台攻击力。

②侧身拉后结合扑正手。

③反手拉结合侧身拉：这也是横拍进攻型打法的重要结合技术之一。比赛时一般用反手拉弧圈压住对方的反手后，当对方在被动中回球到自己的左半台时，即使用侧身正手拉冲来得分制胜。练习反手拉结合侧身拉时，关键在于反手拉弧圈球必须具有较大的冲力，或者拉球的角度较大，才能为侧身拉创造有利条件。此外，练习侧身拉时，必须注意移位要及时、迅速才能充分发挥侧身正手拉的威力。

(2) 具体目的

①通过结合技术的练习，着重提高正反手弧圈球（包括拨）的技术质量，并培养适应和对付各种不同速度和旋转的能力。

②作为单个战术训练，主要是提高相持或由被动转为主动的战术运用能力。

(3) 具体要求

①应稳、凶结合，并有意识地结合一定的速度进行练习。

②不要每板球都用100%的力量去拉、冲，以免由于拉、冲过凶而造成对方回球难度过大，使自己练不到结合性技术。

③作为单个战术训练，更应根据来球的不同情况，选择各种不同的击球时间（高点下降前期、后期），千万不能只练一种击球时间，有时可有意识地主动改变击球时间，才能适应战术运用的要求。由于拉弧圈球的动作比快攻要大，因此，练习时不但要在侧身拉后比较主动的情况下能扑正手，同时也要求在侧身拉后比较被动的情况下也能扑正手，这才算是真正掌握了侧身拉后扑正手的过硬本领。

4. 反手拨、拉结合正手拉

(1) 具体内容

①左拨、左拉结合右拉练习。固定正反手线路的练习。

②左拨、左拉结合右拉练习。不固定正反手线路的练习。

(2) 具体目的

①先以反手连续拨、拉控制对方的反手，迫使对方用直线回击，然后用正手拉弧圈球得分。

②用反手拨、拉直线袭击对方右角空当，引诱对方回斜线，然后用正手拉弧圈球。

(3) 具体要求

①这是横拍进攻型选手常用的重要结合技术。在练习反手结合正手拉时，由左向右的步法交换或由右向左步法移位，要力求快速并及时到位，否则会导致反手拉速度快而正手拉速度慢，容易造成漏拉的缺点。

②掌握好近台和中远台不同距离运用拉球的基本要求，在左右的步法移动中，也要能够前后移动。

5. 正反手的挑打、摆短、劈长

(1) 具体内容

①接发球或对搓时，在正手位挑打、摆短、劈长至不同落点和线路。

②接发球或对搓时，侧身正手挑打、摆短、劈长至不同落点和线路。

③接发球或对搓时，反手挑打、摆短、劈长至不同落点和线路。

(2) 具体目的

①熟练正反手用挑打、摆短和劈长的方法，提高回击近网下旋球的能力。

②加强在不同位置上正反手挑打、摆短和劈长结合使用的能力。

(3) 具体要求

①动作要放松，出手要快。挑打不宜追求大力量。

②摆短不宜太追求下旋。劈长注意突然性。

6. 拉中结合连续冲

(1) 具体内容

①正手拉或侧身拉对方不同落点（以上来球均以近网短球和不出台的下旋不太强的球为主）。结合对机会球的连续冲。

②全台移动中，正手拉球至一点或不同落点，伺机转为连续冲。

③左半台或右半台用正手拉至对方一点或不同点（以上来球是转与不转的削球和两面不同性能球拍的削球）。伺机连续冲。

(2) 具体目的

①拉与冲紧密结合，提高攻打削球的能力。

②作为战术训练，要求正确选择冲球的时机。

(3) 具体要求

①拉球是基础，要拉得稳且转，能拉左、中、右和长、短的落点。

②冲是在拉球的基础上进行的，如果拉球不过关，往往造成没有适宜的冲球机会。只会拉而不会冲，会影响得分和大大减弱进攻威力。故应根据不同训练阶段和个人的优缺点情况，在一定时期有所侧重地进行训练。

③训练时，在拉球与连续冲的数量和质量方面，均应提出一定的训练指标。

7. 中远台对拉

(1) 具体内容

①两条斜线正手中远台对拉。

②1/2 台不定点中远台对拉。

③一点对全台对拉。

(2) 具体目的

①在定点线路上对拉，体会反拉弧圈球的技术要领。

②在移动中（左右、前后），把步法和对拉结合起来，找击球点的位置，学会把身体移动时的动量用到击球的发力上。

(3) 具体要求

①能够根据对方拉球情况，运用不同力量进行对拉。

②连续对拉中，要保持身体的平衡。

③对拉时以发力为主，注意不同线路的运用。尤其是直线的运用。

8. 近台反带、反拉

(1) 具体内容

①陪练者拉弧圈球（单面拉或正反手两面拉均可）至正手位或反手位，练习者正手或反

手练习反带和反拉。

②陪练者拉弧圈球（单面拉或正反手两面拉均可）至全台，落点以无规律为主，练习者进行正手或反手的反带、反拉练习。

(2) 具体目的

掌握和提高相持或被动时必备的防御能力，以期在被动中争取转化为主动。

(3) 具体要求

①坚持近台为主，反带通过变化斜、直线球路来争取主动。

②反拉弧圈球的技术，是针对质量不太高的弧圈球进行反冲。在练习中反带和反拉的使用要合理。

9. 搓中转拉和冲

(1) 具体内容

①对搓中，在正手位和侧身位的正手，对有规律来球进行拉和冲的练习。

②对搓中，在正手位和侧身位的正手，对无规律来球进行拉和冲的练习。

(2) 具体目的

①比赛的大多数情况是从台内下旋球开始而转入其他的技战术较量的，因而要在比赛中取得主动，首先必须从突破下旋球做起。

②比赛中通过搓球来控制对方，掌握搓中拉和冲的技术就成为十分重要的一环。

(3) 具体要求

①拉弧圈球的条件是，侧身机会不太好，身体的位置让的不充分时，可以用拉来过渡。

②在让位充分时，就尽可能地去冲球。

10. 发球抢冲

(1) 具体内容

①发球后，要求对方用固定的方法接发球至固定的落点，然后抢冲。

②发球后，要求对方用不同的方法接发球至不固定的落点，然后抢冲。

③单一发球、配套发球后进行定线或不定线的抢冲。

(2) 具体目的

①在发球抢攻训练中，要把某一种发球和某一种抢冲（正反手）方式结合起来。

②注意发球质量。发球后抢拉要大胆，果断，力求发球后每板都进行抢拉。以一板攻（拉）死为主，有时也可结合中等力量的抢拉。

③练好一至两套发球抢冲技术。

(3) 具体要求

①根据发球的旋转、落点，注意对方回击球的一般规律，把发球和抢冲匹配起来。

②单一发球或配套发球后，让对方用多种方法回接，也可不固定落点，然后进行抢冲。

11. 接发球及抢冲

(1) 具体内容

①一方练发球，另一方专门练接发球。

②可任意发球，另一方也可用任意方法回接。

③对单一的接发球进行抢冲，然后再逐步要求对方发长、短落点或有旋转变化的球伺机进行抢冲。

④接发球后第二板球的抢冲练习。接发球一方用不同的接发球方法回球后，进行抢冲。

(2) 具体目的

①要力争主动，提高接发球和接发球抢冲能力的培养。

②接发球时回球落点的战术意识要强，要为在被动中转为主动创造条件

③掌握多种接发球的方法，有利于在比赛中取得更多的主动权。

(3) 具体要求

①接发球不仅仅是回接发球，而应当是积极的控制对方。

②接发球时要学会判断，要能够用多种接发球的方法回接发球。

③接发球技术，都应力争主动，切忌保守求稳，如此才能直接得分和为抢冲创造机会。

训练示例：进攻型打法个人技战术训练处方

制定者：方文（国家男二队教研组组长）

实施对象：贾佳（中国国家二队队员）

年龄：18 岁

技术打法：右手横拍进攻型打法

存在问题分析：

1. 赛练有点脱节，球路不刁，调节和应变方法不多，节奏变化比较弱。
2. 扑右角时，左脚技巧不够，影响转腰和还原。

训练处方：

1. 技术训练中，在下降前期和下降后期击球点拉上旋球。
2. 相持中正手位的拉和连续跑位拉练习。
3. 下旋或短球打起，连接 1~2 组无规律摆速加侧身扑正手练习。

（依方文改制，2000）

二、削攻结合型打法的训练

在现代乒乓球运动技术发展中，进攻型打法的技术发展的比较快，在世界乒坛占有主导地位。在这种形势下，削中反攻打法要想获得成功，就必须具备以下几种能力：（1）削得住具有强烈旋转的弧圈球，并且能够削得“转”（包括转与不转），削得“稳”和削得低；（2）能够积极创造机会进行正反手的反攻；（3）在具备攻、守全面的基本技术基础上，能够充分发挥战术多变的作用。

(一) 削攻结合型打法的技战术特点和技战术风格

技战术特点：以旋转变化为主，攻防转化。

战术风格：转、稳、低、攻、变。

个人战术风格：稳中带凶、旋转多变和攻守兼备。

(二) 削攻结合型打法技战术训练的基本要求

1. 加强旋转变化能力的训练。以加转为主，通过旋转变化扰乱对方，争取主动。

2. 提高削球的稳和低。要注意做好对来球的判断、击球时间和挥拍击球速度的把握、击球动作要因来球性质不同而不同。

3. 注意把防守的变化和进攻的变化结合起来。

4. 具体要求：(1) 判断方面。要特别注意判断清楚来球的方向、落点和旋转，不能只顾判断旋转，以致影响适宜的前、后、左、右迅速、准确地移动，降低命中率。(2) 基本姿势方面。削球的准备姿势。以将球拍置于上体体前为宜。削完每一板球后，要求迅速还原(包括准备姿势，身体重心和基本站位)。(3) 步法移动方面。正反手削球要求步法不停顿地前、后、左、右移动。在移动中应视来球的角度大小及长短，分别运用并步或反交叉步。从左侧削球到右侧削球时，身体重心和步法的变换一定要迅速，不可左侧削完后站在原地等着来球，而应迅速作轻微的调整，使位置还原至中间，全身肌肉有一刹那的放松 (尤其是臂、腕)，以利于下一板削球的发力；一定要避免用一种步法、一种手法和一个击球时间去削各种不同的来球。(4) 技术动作方面。正反手削近身球时，上臂要贴紧上体，以便固定动作和让位。来球角度大时，一方面要力争步法到位，可利用腰部向侧面伸展来增大击球范围和辅助压低弧线。无论进行正手或反手削球练习，都要认真体会球拍摩擦球的一瞬间，手臂发力要集中，尤其是在削加转弧圈球时，更要增大向下用力，以抵消来球的旋转。手腕也要起到调节、控制拍面角度和突然加力的作用；并尽可能使正反手削球挥臂的动作相差不要太大，以免造成反手快而正手慢的毛病。

专家专栏：张燮林论削球打法的技术训练

训练重点：

1. 削旋转球练习

主要技术：削下旋球、侧旋球技术；抖动式削球技术；不同性能胶皮倒板削技术。

2. 进攻技术练习

主要技术：前三板进攻技术；削中抢攻、反拉技术；左半台进攻技术；兜一板上旋球技术。

(依张燮林改制，1994)

（三）削攻结合型打法技战术训练的具体内容和要求

1. 正反手稳削

（1）具体内容

①陪练者单线拉各种弧圈球。主练者正手、反手（或中路）削对方定点。

②陪练者 1/2 台拉各种弧圈球。主练者正手、反手（或中路）削对方左 1/2 台或右 1/2 台。

（2）具体目的

提高稳削各种弧圈球的技术。达到能够稳削对方拉的不同力量和旋转的球。只有掌握了过硬的本领，比赛时才不致于感到后方空虚和心神不定。

（3）具体要求

①应采用 1 分球连削数十板的练习，不能怕枯燥、怕辛苦。

②以练削得低而稳为主，并应有数量指标。

③在此练习中，以削得稳、削得低为主，旋转变化放在第二位。

2. 正反手削加转球

（1）具体内容

①对方从左或右半台定点拉出加转弧圈球，主练一方从左右两角削加转定点回击。

②对方从左或右半台不同定点拉出加转弧圈球，主练一方从左右两角削加转不同定点回击。

（2）具体目的

加转削球是削球旋转变化的基础，是削球类打法的重要技术。加转削球掌握得不精，就根本谈不到进行削球的旋转变化。因此必须把削加转球的技术，提高到一个新的水平。

（3）具体要求

①正反手削球的摆速和步法移动要快而准确，以利于加大削球的旋转。

②在削加转球时，要注意运用上臂带动前臂发力的方法，以适当加大削球的力量。

③在削加转球后，肩、手臂、手腕的肌肉要立即放松。否则，肌肉僵硬难以连续加转和衔接下一板球。

3. 削不转球

（1）具体内容

对方拉前冲弧圈球。主练者从左、右两角将球削到对方左半台或右半台。

（2）具体目的

提高削不转球的技术质量，为削球转与不转变化提供条件。

（3）具体要求

①削不转球的外形动作要和削加转球尽量相似。

②削出的球落点要长，弧线要低。

4. 削转与不转结合控制落点

(1) 具体内容

①陪练一方有规律拉加转弧圈结合拉前冲弧圈，半台对半台或全台对全台，主练一方正反手削转与不转结合控制落点。

②陪练一方无规律拉加转弧圈结合拉前冲弧圈，全台对全台。主练一方正反手削转与不转结合控制落点。

(2) 具体目的

①将削加转与不转球和控制落点很好地结合起来，主要是提高削球和旋转变化能力。

②作为战术训练，应加强不断以转与不转的球扰乱对方，为反攻创造有利条件的战术意识。

(3) 具体要求

①削转与不转的手法要力求相似，并尽量压低弧线。

②在转与不转的削球中，应有命中率的要求。否则一味追求旋转变化，容易造成许多不应有的失误。

③这一内容既是结合技术练习，又是战术练习。因此，除旋转变化要灵活运用外，应有控制落点的意识。否则旋转变化虽大，但经常打不到对手弱点位置上去，也就难有反攻或得分的机会。

5. 中路削球

(1) 具体内容

陪练一方拉弧圈球，既可以跑动单面拉，也可以用正反手两面拉，紧逼主练者中路追身及中间偏左或偏右的贴身位置，配合突然拉一大角度的球。主练一方以正反手让位，用贴身削球至对方全台。

(2) 具体目的

提高削中路追身球的能力，通过练习掌握由被动争取转为主动的技战术。

(3) 具体要求

①主练者要灵活地左、右让位，用正反手削接，回球控制落点的意识要强。

②遇对方突然的大角度来球，要全力以赴去削球，即使无法及时跑到位的球，也要做出移动的动作。

6. 削球结合推挡

(1) 具体内容

主练者在反手半台削、推对方全台不同落点，对方用拉、攻、扣陪练。

(2) 具体目的

充分运用不同性能球拍的特点，改变旋转与速度，争得主动权或制造反攻的机会。

(3) 具体要求

①此技术的关键，主要是由中远台上近台推挡时要突然，出其不意。因此，步法移动必须迅速及时。

②推挡时应视来球情况及对方站位，灵活变化斜、直线，切忌只顾熟练推挡动作而忽视落点变化。

③比赛中大多数是在削球比较主动时，突然上近台推挡，或在双方相持时上近台推挡。所以，练习时也应按上述两种情况进行。

7. 搓球结合削球

(1) 具体内容

全台对全台。陪练方练拉、搓、扣；主练方练搓、削配合反攻、反拉。

(2) 具体目的

提高前后步法移动及适应旋转、速度变化的能力，破坏对方运用拉、搓、扣的战术。

(3) 具体要求

①这是两项重要的结合技术。搓球时应注意旋转、落点和速度的变化。

②必须练好快搓、慢搓、加转搓和倒拍搓转与不转。

③从远台削球到近台搓球，必须注意上步要快，重心要稳。

④作为战术训练，当自己被调动到近台时，不能只顾将球搓回，一定要有控制弧线和落点的意识，才易争取主动。

⑤对方从搓转拉时，要根据来球的方向，迅速向后移位去削球。

8. 削球结合反攻

(1) 具体内容

主练方全台正反手削、攻对方 1/2 台；对方用拉、攻或推、挡陪练。

(2) 具体目的

通过练习使削球手提高削中反攻的能力。

(3) 具体要求

①结合实战的要求，在各种技术训练中，抓住一切有利时机练习反攻，这是主要的和行之有效的训练方法，但削、攻是属于两类截然不同的技术，还必须要求有专门的练习时间，才能打下扎实的削中反攻的技术基础。

②一定要在削球的基础上结合练习反攻技术，如果忽视削球，一味追求多攻，在比赛时，削和攻的结合运用就容易混乱。

③要练习正反手都能反攻对方的搓球、拉球和推挡球。即不仅要练近台反攻，也要练一定的中远台反攻，以及连续攻。只有掌握了比较全面的反攻技术，比赛中才能有威胁。

④作为战术训练，反攻不要求板数多，而要求不攻则已、攻就要置对方于死地。反攻时要特别注意抓准时机，选好位置，以提高成功率。

9. 削接突击球和前冲弧圈球

(1) 具体内容

主练者全台削对方从左 1/2 台或右 1/2 台攻或拉过来的球。

(2) 具体目的

提高被动防御及后发制人的本领。

(3) 具体要求

①有意识地让对方在比较主动的情况下，充分发挥突击和拉前冲弧圈的威力，自己在顽强抵御中，有意识地连续加转和伺机削不转球。

②接突击球的练习虽然难度很大，但在比赛中往往因为能顶住对方一两板凶猛的攻球或强烈的前冲球而起死回生，所以一定要积极进行练习。

③练习时，要求能连续顶住三板以上。

10. 削、攻、拉、挡、拱全面结合

(1) 具体内容

①全台对全台，主练方主动削转与不转，抓住时机上近台反攻，或挡后变拱再攻，或在中台反拉弧圈球。陪练方可以任意变化拉球的落点和旋转。

②主练方先用挡球变化落点找机会进攻，对方变搓时可用拱球后再攻，如遇对方加力拉或攻时，可退台用削球控落点后再变挡攻，如此反复进行。

(2) 具体目的

将所掌握的各种技术结合起来，练好练精，丰富战术内容，加强战术变化。

(3) 具体要求

①一次训练课或一个阶段的安排，应根据情况在综合练习中侧重练习一两种技术（削中反攻，削中转挡，拱，或挡中转削），这样才易有效。

②练各种结合技术时，要注意选择好运用时机，不能单纯追求回合多，以免脱离实战，练而无用。

11. 发球抢攻

(1) 具体内容

①发球后，要求对方用固定的方法接发球至固定的落点，然后抢攻。

②发球后，要求对方用不同的方法接发球至不固定的落点，然后抢攻。

③单一发球、配套发球后进行定线或不定线的抢攻。

(2) 具体目的

①在发球抢攻训练中，要把某一种发球和某一种抢攻方式结合起来。

②注意发球质量，提高不同球拍性能在发球上的优势。发球动作要近似。发球后抢攻、抢拉要大胆、果断，力求发球后每板都进行抢攻。以一板攻死对方为主，有时也可结合中等力量的抢攻。

③练好一至两套发球抢攻技术。

(3) 具体要求

①根据发球的旋转、落点，注意对方回击球的一般规律，把发球和抢攻匹配起来。

②单一发球或配套发球后，让对方用多种方法回接，也可不固定落点，然后进行抢冲。

训练示例：攻削结合型打法个人技战术训练处方

制定者：方文（国家男二队教研组组长）

实施对象：王振（中国国家二队队员）

年龄：15岁

技术打法：右手横拍削攻结合型打法

存在问题分析：

1. 正手削球放不开，前后找削球点步法跟不上。节奏变化比较弱。
2. 削接重板，步法退得不够，没有缓冲低点削。

训练处方

1. 正手削全台+侧身中（近）台拉+反手削全台+正手中（近）台反拉练习。
2. 长短多回合正（反）手削球接重扣或爆冲练习。
3. 两个大角+中路远台削练习。

（依方文改制，2000）

第五节　乒乓球技战术训练方法

乒乓球技战术训练方法，是指在乒乓球技战术能力培养过程中采用的训练方法。这些方法是根据比赛中技战术运用实际情况和练习者的技战术水平，把比赛中经常出现的技战术使用情况进行一定程度的简化，形成针对不同比赛实际情况的技战术训练模式，以适应训练的需要。技战术训练方法的核心是乒乓球制胜5个要素。技战术训练强调的是5个制胜要素在单一技术动作、技术组合形式安排和要求上的变化。所谓变化，就是指击球时的力量、速度、旋转、落点、线路的变化，不同的变化，使训练难易程度和训练质量高低有所不同，所达到的技战术目的也有所不同。

乒乓球技战术训练方法很多，概括起来有主体性训练法有3种：程序训练法、诱导训练法、比赛训练法。

一、程序训练法

程序训练法的本质就是试图把比赛中发生的和可能发生的技战术事件，编制成技战术训练的基本内容。这些基本内容模拟了比赛中技战术发生的情况，出于学习和训练的需要，它是比赛中技战术运用的一种简化。

程序训练法是指在乒乓球技战术训练中，根据乒乓球竞赛要求和训练者技战术水平，把多种技战术内容编制成一个在训练上具有内在逻辑联系的训练程序。它包括整体技战术内容的训练程序和单个技战术内容的训练程序。

根据胡亦海（2001）的看法，程序训练法中的训练程序，是由训练内容、时间序列和联系形式三个要素组成。

训练程序要求将庞大、复杂的训练内容按照系统分解成小的训练内容单元，并由其编制出具有相关性、逻辑性的训练内容体系。在乒乓球训练过程中，训练程序的基本内容构成了一个比较完整的技战术内容体系（表 5–4），它为乒乓球训练程序在时间序列和联系形式上的实施，提供了基本符合乒乓球竞赛要求的训练内容框架。因此，乒乓球技战术的训练程序是乒乓球技战术训练的一般方法。

表 5 –4　乒乓球程序训练法基本内容的构成体系

一级	二级	三级	击球要素要求	具体技术内容范例
程序训练法	单一技战术训练法	有规律训练法	固定线路、落点、旋转、力量、速度	发球；接发球；正反手对攻（拉）；反手推（拨）；搓球；削球；一推一攻（拉）；一削一攻（拉）等。
		无规律训练法	不固定线路、落点、旋转、力量、速度	
	结合技战术训练法	有规律训练法	固定线路、落点、旋转、力量、速度	发球抢攻（拉）；接发球后攻（拉）；左推右攻（拉）；搓中抢攻（拉）；推、侧、扑；拉中攻（冲）；削中反攻等。
		无规律训练法	不固定线路、落点、旋转、力量、速度	

时间序列，就是技战术训练内容在时间纬度上的安排。而时间序列安排又使得技战术内容安排在时间上发生关联。训练内容在时间序列上合理的划分，是根据竞赛对技战术的要求而进行。在时间序列的安排上，一般是以乒乓球技战术难度（与比赛近似性程度）来进行训练内容的安排。把技战术训练内容在时间序列上做出安排，也就表明了训练内容在训练逻辑上的相互联系。体现整体技战术内容的训练程序在课的训练内容安排中可以得到体现（表 5–5）；单一技战术训练内容安排在单个技术动作内容中可以得到体现（表 5–6）。

表 5 –5　技术训练课中训练内容的时间序列和联系形式基本范例

时间安排	顺序	训练内容	训练要求	训练重点
10 分钟	1	正手对攻练习	固定击球要素	技术动作及细节的掌握
10 分钟	2	推挡（拨）练习	不固定击球要素	技术动作及细节的掌握
10 ×2 分钟	3	左右摆速（推挡侧身攻）练习	不固定击球要素	战术细节和策略的掌握
10 ×2 分钟	4	搓中抢攻（拉）练习	不固定击球要素	战术细节和策略的掌握
10 ×2 分钟	5	发球抢攻（拉）练习	不固定击球要素	战术细节和策略的掌握
20 分钟	6	练习比赛	在比赛中实施练习的内容，并检验训练的实战效果。	技术的战术运用及其有针对性的取胜策略

表5-6 单个技术动作(正手弧圈球技术动作)训练的时间序列和联系形式范例

顺序	正手弧圈球技术动作	方法	训练要求	训练目的
1	正手弧圈球技术动作的上旋球训练	多球	1. 固定击球要素	1. 掌握技术动作
2	正手弧圈球技术动作的下旋球训练	多球	2. 固定击球要素	2. 掌握技术动作
3	推挡中的正手弧圈球技术动作练习	单球	3. 不固定某种击球要素	3. 提高动作调整能力
4	削球中的正手弧圈球技术动作练习	单球	4. 不固定某种击球要素	4. 提高动作调整能力
5	发球后的弧圈球技术动作练习	单球	5. 不固定某种击球要素	5. 提高动作调整能力
6	接发球的弧圈球技术动作练习	单球	6. 不固定某种击球要素	6. 提高动作调整能力

二、诱导训练法

诱导训练法是一种具有明确针对性的，进行技战术强化训练的方法。它在乒乓球技战术训练中有着特殊的作用。诱导训练的基本思路是，有针对性地提高运动员应对某一对手和解决某一技战术问题的能力。诱导训练法包括：模拟训练、陪助训练（强帮弱练）、多球训练。

（一）模拟训练

20世纪50年代末期模拟训练开始在我国乒乓球训练中采用。在以后又有比较大的充实和发展。现已成为我国优秀运动队的主要训练方法之一。

作为个人对抗性很强的运动项目，乒乓球运动员个体技术打法的差异比较大，所以在高水平竞技训练中，其技战术训练必须在有针对性的对立面的前提下进行。所谓有针对性，就是要了解对手技战术特点以及风格、个性等情报资料，让近似某位优秀选手技术打法的运动员作为模拟者。这样做，不仅在技战术方面，而且在心理方面，都产生强烈的真实感。特别是临近重大比赛时，模拟训练的作用就更为突出，它可以使运动员对将要遇到的对手，究竟应怎样去对付，在赛前就做到心中有数。

（二）陪助训练（强帮弱练）

由于男女生理上的不同，形成力量、速度以及掌握技术等方面的差异（就同级运动员而言），在同一代运动员中，掌握高、难、新的技战术，女子比男子在进度上有时会慢些。采用男帮女练，可以增大技战术训练的难度和强度，有利于女子更快地提高技术水平。实践证明，男帮女练的训练方法是提高女运动员技战术训练质量，加速女运动员成长的有效手段。同样的道理，年龄大且技战术水平高的运动员帮带年龄小、技战术水平低的运动员，也非常有利于后者技战术水平快速提高。

（三）多球训练

运用多球训练提高运动员技战术能力的方法，在我国广大教练员、运动员十几年来的训练实践过程中，得到了不断的完善，收到了显著的效果。这种训练方法既可连续不断地供球，也可以一球一用，也可以一球连用，供出各种不同性能的球。因而训练中可以大大减少拣球的时间，增加单位时间内的练习次数。在解决一些难度较高的技术时，可有效地改进运动员技战术某一方面的不足，有助于迅速提高运动员的技术水平。同时，多球训练还可起到增强运动员战斗意志的作用。

多球训练虽是一种很有效的训练方法，但应用时必须注意两个问题：(1) 决不能代替单球训练。多球训练与单球训练的时间安排应是1:2，至多是1:1，否则会产生不良后果；(2) 应防止和克服因为球多（不用每球必拣）而容易出现不动脑子、不认真对待每一板球的错误倾向。

专家专栏：多球训练手段的运用

训练时间安排：业余训练为每次1小时，专业训练每次1.5小时。

供球者要求：上下旋、大力攻球、冲弧圈球、反手供球。

技术打法：

攻球选手：1. 对拉弧圈球；左中右三点拉；侧身拉；2. 长短结合训练；3. 反手技术训练；4. 不定点摆速训练；5. 专门回接弧圈球训练；6. 拉打结合训练。

削球选手：1. 连续削攻球训练；2. 中路让位和两大角度跑动训练；3. 长短球训练；4. 搓攻练习；5. 连续削弧圈球训练。

负荷：2人交替，9~10个球轮换。（依唐鑫森，2002）

三、比赛训练法

比赛训练法是技战术训练的重要手段之一，合理地运用比赛训练法，对加速提高技战术水平会有良好的作用。比赛训练法包括检查性比赛、测验性比赛、关键分比赛、专门性技战术比赛。

（一）检查性比赛

检查性比赛是针对一节课或一周技战术训练效果的检查。它是进行技战术训练内容安排和调整的重要依据。

在每次训练课的最后20分钟与同一对手或者轮换另一对手，进行2~3局的记分比赛。在周末最后的一次训练，可举行队内比赛，或适当进行队外比赛。既可以采用单淘汰或双淘汰的竞赛法，也可以采用大循环或团体赛的赛制。

（二）测验性比赛

在队内或一般的队外教学比赛中，根据教练员规定的主要战术或运动员所掌握的技术（如发球、反手攻球、弧圈球等）进行比赛。在这种比赛中，把全局的胜负放在第二位，力争多用、活用规定战术或新技术，以便观察和发现训练中的问题。在比赛中教练员应做较详细的记录，并指定专人协助做好统计，赛后与运动员一起进行总结。

（三）关键性比赛

所谓关键性比赛，就是把比赛过程的关键局、关键比分段，单独抽出来，作为比赛的内容。具体的关键性比赛方式有：

1. 擂台式比赛

即在训练课中，安排20~30分钟进行多人次的1局或6分球决定胜负的比赛；获胜者继续与别的对手比赛，比谁当擂台主的时间长。

2. 局末比赛

局末的比赛是提高运动员处理关键球能力的一种训练方法。教练员可以规定比赛从“8:8”、“9:9”、“10:10”的分数开始，双方运动员根据这个比分进行比赛，直至一方取胜为止。

（四）专门性技战术比赛

把某一种技战术内容，作为比赛的内容，根据教练员的要求进行比赛。这种训练有助于提高运动员某一技战术实战能力。具体内容有：

1. 发球抢攻、抢拉（冲）比赛

将各种打法的运动员按技术水平混合编成若干组，用男子团体赛的方式（女子也可以采用此方式）进行竞赛。将同类打法的运动员编为一组，与另一类打法的运动员所编成的小组进行3人对3人，或2人对2人的比赛，获胜组再与其他获胜组进行比赛，直至决出冠军组。进行全队单人大循环比赛，决出所有的名次。以上三种方式的比赛，均是发球一方在发球后3板内必须抢攻、抢拉（冲）得分。超过4板算失分（以削为主打法运用发球抢攻时可放宽为发球后4~5板）。另一种方法是，规定超过4板可按各自的战术继续打下去，如发球一方最后取胜，则此球不算输赢，如失误，则算作输球，接发球可按各自的打法采用任意的回接方法。发球抢攻、抢拉（冲）时要积极争取主动；接发球不应完全脱离自己的打法，还要有争取主动和加强控制的意识。

2. 接发球比赛

分组及竞赛方法与发球抢攻、抢拉（冲）比赛相同。发球一方采用某种单一或单套的发球后可以抢攻、抢拉，接发球一方则可以用多种回接方法，如加转搓、摆短、快点、撇等，不限落点。回接后对方不能立即进行抢攻、抢拉时，算接发球一方胜2分。方法有两种：一种是只进行3板就停止，另一种是3板以后继续对打下去，按一般竞赛方法计算胜负。不规定发球的种类及套数，可视情况需要而对落点有所规定或不作任何规定。发球一方也可以在发球后抢攻、抢拉，但如失误则要算失2分。接发球用加转搓、快拨、摆短、削、撇、抢攻、抢拉回接均可，但前5种接法如直接得分算胜2分，后两种接法直接得分则算胜3分。要求接发球要灵活多变，力争主动，要把它当作是重大比赛的接发球来对待。既不能求稳保守，也不能盲目搏杀，要努力提高由被动转主动的意识。

3. 拉球对削球比赛

快攻、快攻结合弧圈和弧圈三种打法为一组的3人对以削为主、削攻结合和两面不同性能球拍打法为一组的3人。双方可按照自己的打法运用战术，但均不得采用发球抢攻、抢拉、抢冲。削球一方准许反攻，但攻失误一球算失2分；拉攻一方准许结合突击起板，或拉前冲弧圈球，但失误一球也算失 2 分。这是练相持时的战术运用，双方都要认真锻炼及提高落点、旋转变化和控制球的能力，做到咬得住、不盲目搏杀。如果拉球选手的水平明显高于削球一方，可根据具体情况采用先让几分球的方法进行比赛。

（五）适应性比赛

乒乓球是球类运动中连续比赛时间最长的项目之一，因而运动员在体力上和精神上的消耗都很大。加之比赛的地点不固定，气候、时差、饮食习惯、比赛场馆等各不相同，这些情况对运动员生理方面的要求也较高。此外，重大国际比赛时还存在用球弹性、软硬度以及比赛球台弹性、光滑度上的某些差异，不同地区、不同国家观众的不同习惯和情绪，裁判员可能发生的漏判、错判等等情况，对于运动员正常地发挥技战术水平，在心理方面的影响也不容忽视。

因此，在赛前安排一定的适应性比赛就显得很重要。它可以使运动员获得在重大比赛时所需要的各种应变能力。即使出现意外情况，也能比较沉着镇定地处理，不致于手忙脚乱影响比赛成绩。

第六节　乒乓球身体训练

现代竞技运动项目特点之一，就是必须以身体训练为物质基础。身体训练的重要性具体表现在：身体训练能增强运动员的体质，促进身体机能的全面发展，提高运动员的运动能力和防止运动损伤的发生。

研究表明，身体训练可改善运动员的运动器官和中枢神经系统、心血管系统以及呼吸系统的功能。这不仅有利于运动员掌握和发挥全面技术，保持良好的竞技状态，充分发挥特长技术，而且还可延长自己的运动寿命。

一、确定乒乓球身体素质训练内容的依据

确定乒乓球身体素质训练内容的依据有 3 个：一是根据乒乓球运动员机体能量代谢的特点来确定。金斯·特林格尔（1990）在一项对竞技乒乓球运动员能量代谢的研究中指出，竞技乒乓球是一项强度平均值比较低的耐力性负荷运动。随着负荷持续时间的增加，运动员依靠脂肪供能的比重就越大，乒乓球运动总的负荷强度较低不是因为负荷的时间短所致，而是由于休息—中等负荷—短暂的大强度负荷不断变化的结果。日本学者油座信男等人(1983)关于优秀乒乓球运动员比赛时间、空间的特性和机体生理负担量的研究结果表明：从心率看比赛中运动员的生理负担量，相当与最大心率的 71%~86%，推测实际相互对打时生理负担量要更高。从对打中的时间分析，可以判定优秀男选手比赛时相互对打是几秒钟内爆发性的无氧代谢的激烈运动，其中包括比赛时拣球等小休息在内的长时间反复的耐久力的运动。刘洵等人（1983）关于乒乓球运动员某些技术运作和一局比赛能量消耗的研究结果表明：乒乓球运动是一项中等强度的有氧代谢为主的运动。根据乒乓球运动的能量代谢特点，训练时应

选择较低或中等负荷强度—短暂的大强度负荷的练习内容，并在练习的强度和量的安排或不同练习内容的组合上体现出来。

二是根据乒乓球运动项目的特点来确定。一项研究结果表明，乒乓球运动员应首先发展专项速度素质和灵敏素质（北京体育科学研究所，1960）。其依据是，在乒乓球比赛中，判断—反应—起动—移动—摆臂等要快速。这就要求乒乓球运动员有良好的专项速度素质和灵敏素质。而专项力量训练对提高神经系统兴奋与抑制过程的强度有帮助，它有助于发展专项速度素质。其次，是要相应发展专项耐力素质。依据是，在实践方面，正式比赛9~10天，越到比赛后期，越紧张激烈，因而对耐力的要求也越高；在理论方面，乒乓球运动所需的耐力，是一种强度经常转换并与速度和灵敏密切配合的专门性耐力。由此可以认为：乒乓球专项身体素质训练内容按其重要程度可分为：专项速度素质、专项灵敏素质、专项力量（爆发力）素质以及专项耐力素质。

三是根据乒乓球运动主要技术动作特点来确定。乒乓球运动技术动作主要有：正手技术动作——拉、冲、打、挑、搓（削）等，反手技术动作——拉、打、冲、拨（推）、搓（削），以及与之配合的各种步法移动。要很好地完成这些技术动作，就必需具备良好的专项速度、灵敏、力量以及耐力素质。要使专项速度、力量等素质真正符合每一项技术动作的需要，就必须注意所选用的专项身体训练内容的动作结构、肌肉用力形式要尽量与之相似。乒乓球技术动作肌肉用力的顺序是，从人体总重心的近端用力始发到远端用力终止。只有这样才能使专项素质练习发挥实际效果，才能更好地促使技术的提高。

专家专栏：乒乓球运动员身体的训练

专项身体训练时间安排原则：

1. 服从总体训练计划。
2. 少儿训练阶段适当加大体能训练比例。
3. 大运动量训练周期或封闭训练前，要有两周时间增加体能训练的比例。
4. 封闭心理期间要保持必要的体能训练。
5. 连续比赛阶段体能训练要见缝插针。
6. 伤病阶段，能练什么练什么。
7. 调整阶段保持一定的体能训练。

身体训练的要求：

1. 肌肉用力性质、方向、幅度、节奏要符合专项特点，主要以发展速度及快速力量为主。
2. 能量供应以发展无氧及糖酵解供能比例。
3. 神经系统工作，主要提高长时间高度集中注意力的能力和反应速度。
4. 训练手段多样化，课程安排有利于调动练习积极性、保证训练质量。

（依史鸿范，2002）

二、乒乓球身体训练的内容和方法

身体训练的目的，在于提高运动员的身体素质。所谓身体素质，是一种运动能力的表现，这种能力也被称为体能。人们通常把身体素质分为 5 大类：力量素质、速度素质、柔韧素质、灵敏素质和耐力素质。

在运动训练中，由于专项的原因，人们又把身体素质分为：一般身体素质和专项身体素质。身体训练分为一般身体训练和专项身体训练。一般身体训练旨在增强运动员的身体健康，提高器官、系统的机能，全面发展运动素质，改进体型。专项身体训练主要目的是发展运动员的专项身体素质，根据运动员的专项特征，直接为提高专项运动技术水平服务。两者既有区别又有联系。

（一）乒乓球的力量训练

1. 乒乓球力量训练的核心概念

快速力量：是一种在极短的时间内肌肉快速收缩的能力。在乒乓球运动中，使用快速力量、相对力量较多，而使用绝对力量较少。乒乓球运动员所需要的专项力量，主要是击球时所需要的快速力量，即爆发力。

爆发力，属于动力性力量。根据动力学定律，力（F）是物体（m）发生加速度（a）的原因。即力等于质量与加速度的乘积（F=m·a）。因此，在质量一定的情况下，物体运动的加速度对于快速力量（爆发力）会起重要作用。比赛中，运动员的手臂和球拍的质量是一定的，要表现出较大的爆发力，就必须提高摆臂的加速度。在爆发力的概念中，包括着力量和加速度两个因素。美国克·阿·詹森和阿·加·费希尔，在《运动员身体训练的科学基础》一书中，把爆发力表述为：爆发力=力量×速度。爆发力虽然包括力量和速度这两个因素，但不同的运动项目，要求这两部分有不同的组合。即需要克服阻力大的运动项目，应加强的是力量，而需要克服阻力小的运动项目，应加强的则是速度。很显然，乒乓球运动中的起动、挥拍击球等动作，需要克服的阻力不大，因而加强速度的意义更加明显。

2. 力量训练的基本要求

在进行动力性力量练习时，必须遵循两个重要原则：即极限负荷和逐步加大阻力。在中等负荷情况下的动力性力量训练，可改善神经与肌肉的协调关系；在大负荷情况下的动力性力量训练，对增加神经过程的强度是有效的，因而能有效地增长绝对力量。快速力量练习，有助于提高身体各部肌肉的高度协调性。总之，每种力量训练的方法都有一定的好处，如何选择，要取决于训练目的以及专项运动的实际需要。

乒乓球运动员的力量训练，除了注意上述基本要求外，还要根据专项技术的需要，制定适合专项要求的专门计划。即把一般力量训练和专项力量训练结合起来。因此，在进行力量练习时，所选的练习内容在神经肌肉的用力性质上，要与专项用力动作的神经肌肉用力性质相似。同时，还要考虑所选练习内容在用力的动作结构上，也要与专项技术的动作结构相似。

(1) 力量训练内容的选择

力量训练内容选择要保持一定的均衡。力量练习内容的安排，要考虑全面身体力量的发展。(表 5-7)

表 5－7　力量训练内容的选择和安排

力量发展重点	训练内容安排的基本比例
侧重于上肢力量发展	安排 2～3 个上肢练习，1 个躯干练习，1 个下肢练习
侧重于下肢力量发展	安排 2～3 个下肢练习，1 个躯干练习，1 个上肢练习
侧重于全身爆发力发展	安排 2 个全身爆发力练习，1 个躯干练习，1 个上肢练习和 1 个下肢练习

力量训练内容选择要重点突出，兼顾一般，区别对待。力量训练内容的安排，要考虑到运动员个体差异。由于个人年龄、性别、性格、气质类型、健康状况以及参加训练的年限和程度不同，在选用的练习内容上要有所侧重。少年动运员，应注重发展基本力量结合专项力量；对训练年限长且训练水平比较高的运动员，则应以发展专项力量为主，结合发展基本力量。力量训练应选择以速度性力量为主的练习内容。

(2) 一般力量训练的内容和方法 (表 5-8)

表 5－8　一般力量训练的内容和方法

部　位	内容和方法
上肢力量	引体向上；俯卧撑；哑铃训练；双杠上做双臂屈伸；
下肢力量	单足跳；双足跳；蹲跳；跑台阶；中小负荷的负重蹲起；负重半蹲；小负荷负重半蹲跳。
腰腹力量	仰卧起坐；仰卧举腿；仰卧两头起；悬垂举腿（在肋木上做）；实心球练习（坐姿头上双手传球，坐姿转体传球、仰卧起坐的同时双手传球、仰卧收腹举腿用脚向后传球）。

(3) 专项力量训练内容和方法 (表 5-9)

表 5－9　专项力量训练内容和方法

部　位	内容和方法
上肢击球力量	用轻哑铃或铁制球拍（250g），作定时或定量的各种挥臂练习；在持拍手的前臂上绑砂护臂，进行多球练习；轻负重或不负重连续扣杀高球练习。
下肢专项力量	肩负小重量的杠铃做半蹲滑步；向前或向侧跨步；双脚跳练习；穿砂背心或绑上砂护腿，做各种步法移动的练习。

做上述一般和专项力量练习时，注意把发展速度与发展爆发力结合起来。在练习次数、时间的规定和组数的安排上，宜采用少次、短时和多组的安排方式，以保证练习动作能够快速完成。

（二）乒乓球速度和灵敏的训练

1. 乒乓球速度和灵敏的基本概念

速度是指人在某种条件下，以最短的时间完成某一击球动作的能力。对外界刺激物的反应速度和肌肉收缩的速度这两个概念，对乒乓球运动有很大意义。

人体各部分的动作速度大不相同，研究资料表明：对成年人来说，肢体远侧端各关节的动作最快，头、躯干运动时，应答反应速度最慢，而腕、肘，踝关节进行运动时，应答反应速度最快。

乒乓球运动员所需要的专项速度，是非周期性的单个动作速度，即击球时的摆臂速度和为了取得适宜位置迎击来球而移动身体的速度。它与短跑速度以及其他速度有明显区别。

乒乓球运动员所需要的灵敏，是临场比赛时随机应变的能力。从生理学观点看，它是条件反射活动的形式。其表现是能建立为完成困难动作所必需的协调运动；能从某一些反应很快转变为另一些反应，并能建立新的暂时性神经联系。它是皮层神经过程高度可塑性的表现。在实际比赛中，球在空中运行的时间一般是0.3~0.5秒，在这一瞬间，运动员要迅速判断来球的速度、落点以及旋转，并根据对手的站位迅速决定对策，这就需要具有良好的随机应变能力。

专项速度和灵敏包括：反应速度，步法移动速度和挥拍击球速度。

2. 速度和灵敏训练的基本要求

（1）增加作用力。增加作用力的途径是提高肌肉收缩的速度，增强肌肉对抗阻力的力量，改善协调性，利用动作中的杠杆作用。一些研究资料证实，肌肉反复进行快速动作的训练，能提高肌肉的收缩速率，其机制是改善了神经对肌肉的支配。运动的速度与肌肉的收缩速率一般成正比关系。当其他条件保持不变时，如果收缩速率快了5%，那么，运动速度也会快5%。

（2）减少阻力。运动时要克服一定的阻力，这个阻力主要是身体本身的重量。当阻力较大时，肌肉收缩的力量对速度有较大的影响。有研究指出：力量的增长和动作速度之间有紧密关系。提高协调性能加快专门动作的速度，当几块主动肌的共济运动较好时，它们能共同以较快的速度克服外界的阻力，如正手攻球屈前臂的动作就是这样，当主动肌和对抗肌的活动协调时，对抗肌对主动肌产生的阻力就小，如肱三头肌放松，屈前臂就快，并能推迟疲劳的出现。

（3）抓住速度和灵敏素质发展的敏感期。青少年时期，大脑皮层神经过程的灵活性较高，可塑性大，有利于发展速度和灵敏素质。

（4）速度和灵敏素质训练的合理安排。速度和灵敏素质训练，应安排在身体训练课的前半部，不要在身体已疲劳的时候安排速度和灵敏训练。因为，身体疲劳对于发展速度和灵敏有着不良影响。如力量、反应时、运动速度和爆发力等，在疲劳的情况下，会丧失协调性，勉强训练，常常劳而无效，甚至还会产生副作用。

（5）速度和灵敏训练，也要循序渐进。速度和灵敏素质的训练，要逐步增加强度和次数。如果运动员的无氧代谢能力比较差，速度训练的强度过大，容易疲劳，欲速而不达。

3. 速度、灵敏训练内容的选择

在选择速度和灵敏训练的手段时，要注意练习手段的性质与专项技术动作的结构和神经肌肉用力的性质是否近似。如果相差大，将达不到预期效果。训练时，有规律的动作与无规律的动作要交替进行。还可根据单个动作的特点，创造一些近似的练习，也可串连一些单个技术动作组成联合练习。（表 5–10、表 5–11）

表 5－10　一般速度、灵敏训练的内容和方法

发展重点	内容方法
快速移动能力	快速变换方向的跑和滑跳；各种姿势的突然性起跑；跳绳、原地高抬腿跑；加速跑；变速跑；冲刺跑；迎面接力跑。
协调控制能力	一对一紧逼与摆脱的游戏；篮球、足球的运球跑；篮球、足球小场地比赛；蛇形穿梭跑；以及发展协调性的基本体操。
反应能力	听口令的各种跑和跳练习。

表 5－11　专项速度、灵敏训练的内容和方法

发展重点	内容方法
步法移动速度	做定时（30～60 秒）计数的步法移动练习；做定量（50～100 次）计时的步法练习；在做各种步法移动练习时，可采用只练步法不做击球动作，也可用结合徒手挥拍进行练习；通过加快多球的供球速度，迫使练习者加快步法移动的速度；看信号做步法起动和移动练习。
挥拍击球速度	单一技术或结合技术徒手挥拍练习；在保证动作幅度及正确性的前提下，做定时(30～60 秒）计数或定量（50～100 次）计时的练习；通过加快多球供球速度，迫使练习者提高前后摆速，左右摆速和击球速率。

上述专项速度、灵敏练习中的速度是一种变化的速度，要与发展灵敏素质结合在一起。在练习次数、时间的规定和组数的安排上，宜采用少次、短时和多组的安排方式，保证练习动作能够在快速中完成。

（三）乒乓球耐力训练

1. 耐力训练的基本概念

（1）耐力：所谓耐力是指在尽可能长的时间内进行活动的能力，也是对抗疲劳和疲劳后快速复原的能力。在运动训练中，耐力的形式多种多样，区分方法也不相同。一种方法是区分为肌肉耐力与心血管耐力；另一种区分方法是根据活动的性质，区分为一般耐力和专项耐力。发展不同形式的耐力，需要不同的途径。

(2) 肌肉耐力：肌肉耐力是指一个人能克服某一阻抗进行工作的总次数，而并不考虑他的力量。虽然力量与绝对耐力之间关系密切，但是，力量与相对肌肉耐力之间的关系却是极小的，例如，当把阻抗调整到符合每个人的力量时，那么，体弱者就能显示出和体强者一样大的耐力。这种情况，在乒乓球训练中，可以找出许多例子。身材瘦小的运动员，也并不比强壮者出现疲劳早。因为，乒乓球击球动作以及移动自己身体的阻抗是不大的，它属于一种相对肌肉耐力。

(3) 心血管耐力：心血管耐力是循环系统的机能。供氧能力是心血管耐力的关键。所以，心血管耐力训练的主要任务是改善对工作肌肉的血液循环，保证氧气到达细胞。增强心血管耐力机能的途径，包括有氧训练和无氧训练。

(4) 专项耐力：各运动项目的活动性质不同，其耐力的特点也各有不同。因为，每个项目运动员的高度活动能力及技术水平，决定于一系列精细的专门化的运动性和植物性的反射。没有任何一种耐久力，能够满足所有运动项目的需要。例如，乒乓球运动员所需要的耐力，是一种与速度和灵敏紧密结合的耐力，这是一种专项耐力。

2. 耐力训练的基本要求

在发展一般耐力时，要注意动作的节律和工作肌的负荷情况。动作节律加快，负荷量加大，则持续活动的时间就缩短。用较慢的节律训练时，耐久力的提高较大，用较快的节律训练时，耐久力提高则较小。研究证明，进行中等速度的训练时，耐力可以提高 40 倍，而进行高速度的训练时，耐力只提高 3.5 倍。

在发展一般耐力时，要注意性别、年龄的区别。成年男子与女子比较，在缓和的练习中，耐力只有微小的差别，但在剧烈的活动中，女子的耐力则明显地低于男子。在青春发育期开始之前，女孩在耐力方面几乎和男孩相等。儿童的每搏输出量少和身体发育的阶段性等，这些发展耐力时的限制因素，要到青年时期才逐渐消失。所以，对他们的耐力训练，不应操之过急。（表 5–12、表5–13）

表 5－12　一般耐力训练的内容和方法

分类	内容方法
距离类	3000 米或 5000 米长跑；1500～3000 米变速跑（越野）；（50 米加速跑＋50 米慢跑）×10；（30 米加速跑＋50 米慢跑）×10。
计时类	5 分钟运球跑；3 分钟交叉步、跳步；3 分钟跳绳；3 分钟快速对掷网球；1 分钟快速立卧撑。
持重类	持 2 公斤重的实心球，做快速转体掷和前后掷。
球类	篮球、足球比赛。

表 5－13　专项耐力训练的内容和方法

方　式	内容方法
多球练习	3 分钟左推右攻练习；3 分钟推挡—侧身攻—扑正手练习；3 分钟长、短球练习；3～5 分钟连续扣杀练习；3～5 分钟拉后扣杀练习；3 分钟交叉步练习；3 分钟跳步练习；3 分钟各种步法结合练习；3 分钟徒手挥拍快速发力攻球练习（配合摆身转体）

专项耐力训练，一般安排在技术、战术训练结束后，效果比较好。定时或定量多球练习，是发展专项耐力的有效手段，可根据需要有所侧重地发展上肢速度耐力和力量耐力或下肢步法移动速度耐力。

第七节　乒乓球心理训练

一、心理训练的意义

乒乓球运动员心理训练，是当今乒乓球运动训练的重要组成部分，它与乒乓球运动技术、战术训练和身体训练相结合，构成了乒乓球运动训练的完整体系。当今乒乓球运动的训练和比赛，运动员付出的不仅是身体能量，同时要付出巨大的心理能量，如果运动员缺乏专项运动所需的心理素质和相应的心理状态，就不能顺利地完成训练和比赛任务。所谓乒乓球运动员心理训练，就是指有意识、有目的地对运动员的心理进行调适的过程，就是指采用针对性的方法，调节乒乓球运动员训练过程中和比赛过程中的心理状态，以保证乒乓球运动员能更好地完成艰苦的训练任务和比赛任务。

二、情绪的调节

在乒乓球运动中，运动员的情绪对运动成绩影响极大。一个适宜的情绪状态能提高竞争力，反之则会降低。过于紧张或过于放松，都不利于比赛中技战术的发挥。竞赛中，运动员主要的情绪状态是紧张和焦虑。

（一）紧　张

紧张是人在某种环境压力作用下，产生的一种适应环境的情绪反应和行为反应，紧张情绪的反应可能是适宜的、积极的；也可能是不适宜的、消极的。这取决于个体的适应能力。同时，紧张情绪也可能干扰人的意识活动。紧张情绪的反应可以表现为抑制行为，也可以表现为激化行为。它们都伴随明显的能量消耗。（表5–14）

表 5－14 紧张状态下的生理心理反应表

生理上的反应	心理上的反应
全身肌肉紧张；尿频；疲惫不堪，昏沉思睡；便秘；食欲减退。	无意识动作增多；心神不安、失眠；情绪抑郁，回避他人，自我解说，自我检讨；兴奋，颤抖，向人述说；愤怒，烦躁。

1. 紧张的成因

竞技运动是一个直接面对竞争和注重成就的领域，产生紧张情绪是运动员的一种普遍反应。但是，运动员实际体验到的紧张，是以他在成就情境中认识到的客观要求与主体能力之间的不一致而产生的某种威胁感。如果运动员的情绪达到使大脑皮层的神经细胞活动发生混乱、从而引起行为控制失调的程度，便会出现不能充分发挥其运动能力的一种情绪状态。处于极度紧张状态的运动员一般表现为：心绪紊乱程度提高；视野缩小，注意狭窄而又指向内心世界；方位知觉、时间知觉、距离知觉的判断错误。（表 5–15）

表 5－15 极度紧张形成的客观和主观原因

客观方面原因	主观方面原因
观众；社会的评价；比赛的性质及意义；比赛对手的实力。	求胜意识或期望值过高；对比赛缺乏信心；个性因素；对自身生理指标变化的消极评价。

2. 预防和克服运动员极度紧张的方法

（1）努力提高运动员运动技战术的熟练程度。

（2）对比赛成绩的期望不易过高或过低。

（3）不断增强运动员的自信心。

（4）运动员要学会独立地、按步骤做好每次比赛的心理准备工作。

（5）降低运动员的比赛胜负意识，把注意力引向运动本身，而不是指向比赛结果。

（6）运动员要学会心理自我调节的一系列技能（参见克服焦虑的方法）。

（二）焦 虑

焦虑是一种伴随着某种不祥之事即将发生的预感而发生的令人不愉快的情绪。它包含有紧张、不安、惧怕、愤怒、烦躁、压抑、神经过敏和担忧。心跳加快，身体颤抖，并不是产生焦虑的原因。只有当人预感到这种生理状态是不祥之兆时，才会引起焦虑。而且，越是意识到这种情绪反应的身体迹象，越会加强焦虑的程度，造成一种恶性循环。了解引起运动员焦虑的多重原因，就能有针对性地帮助运动员减少焦虑。

克服焦虑的方法主要有以下 8 种：

1. 想象中放松方法

练习要求：取一种舒服的姿势仰卧，眼睛微闭，尽可能放松，深吸慢呼。

练习方法：头脑里要有一种与感到放松密切相关的清晰的环境；要有好的想象技能，使所处的环境被心理的“眼睛”看得很清楚；先练习想象不使人紧张的情境，再逐渐地练习想象使人紧张的情境，并达到放松的状态。

2. 自我指导的放松方法

练习要求：利用磁带来进行练习，用自我指导语来达到放松的目的。

练习方法：完成自我指导的放松练习，用10分钟；可以将它与想象放松结合起来应用。

3. 渐进性放松方法

练习要求：它是一种学习感受肌肉群的紧张，然后再解除这种紧张的练习。

练习方法：将优势手的前臂朝着优势肩的方向举起，感受二头肌和前臂的紧张；保持这种紧张5分钟，完全集中注意在这种紧张上；放下前臂赶走全部的紧张，达到深度的放松。

4. 技术动作的心理练习方法

练习要求：这一练习一般安排在放松练习后进行。

练习方法：可将乒乓球的单个技术动作或结合技术动作编成一套心理练习程序。

如：正手拉下旋球技术动作，可以编成：准备和抢位动作—引拍（转腰）—控制拍面角度—挥拍击球（足够的挥拍速度，找准击球时间和击球部位，发力击球瞬间的用力感）—球出球拍后的弧线—身体重心的转换—球过网后落在球台上—身体的平衡控制。

5. 自我肯定的练习方法

练习要求：这一练习一般安排在放松练习后进行。

练习方法：将一种是自己优点的技术动作作为心理演练的内容。练习过程中要有意识强调自己动作的优点。

6. 肯定语句的练习方法

练习要求：选择几句针对性的、既现实又积极的句子。在比赛前或比赛中反复默念。

练习方法：只要像平时练习一样去打，肯定会打出好的成绩，控制对方反手位，抓住其弱点，主动侧身进攻，就能取得这局胜利。

7. 最坏结果预测方法

练习要求：在比赛前或比赛中，当自己紧张焦虑时，可以反问自己。

练习方法：可以为一个可能出现的最坏的结果设问。如：现在对我来说，可能发生的最坏的事情是什么?比赛的结果不管如何，它都是使我在经验和技术上获得进步的一个必须的环节，为此，应该付出必要的代价。使运动员因期望过高造成的压力过大得以缓解。

8. 注意集中在运动模式上的方法

练习要求：将注意力集中到身体运动的某一部位。

练习方法：想象自己身体在做侧身攻时，身捷若燕等等。如：在比赛中将注意力从“害怕”、“担心”的心理感受，转移到动觉的体会上来。

训练专栏：优秀运动员（马琳）大赛后的心理调整

事由：巴黎世乒赛败给朱世赫

身心反应：晚上经常做梦惊醒；身出冷汗；像被魔咒缠住一样；不想打球了；万念俱灭。

调整方式：

1. 谈话：分析关键比赛场次失利的真正原因，解除失利阴影响在心理上的影响。

2. 认真思考朋友劝解的话。

主观体会："什么境界打什么球"。即要从对方的角度看问题，而不是只想自己的问题。这个改变非常关键，因为我比以前的境界提高了。

调整结果：2003 世界杯再夺单打冠军。

（依夏娃采访内容改制，2003）

三、注意力的训练

（一）关于注意

注意是心理活动对一定对象的指向和集中。它使人选择有意义的、符合需要的和与当前活动任务一致的各种刺激，也就是使人放弃一些信息，从而能够更有效地处理重要的信息。

注意力的集中，是运动员要达到较高运动成绩的一个先决条件。注意力集中的持续时间因人而异。另外，注意力集中现象也存在个体差异，有些运动员抗干扰能力很强，对赛场上的干扰状况"视而不见""听而不闻"，有些运动员抗干扰的能力很差，赛场上的干扰很容易使他们分心。注意力集中训练，就是使运动员学会全神贯注于一个确定的目标，不受任何外来刺激因素的影响，不因内心杂念而分神。这对于以单兵形式作战的乒乓球运动员十分重要。

（二）注意力训练的方法

1. 行成一个稳固的注意模式

选择并练习一些具有任务指向的思维模式，如：可以将注意力集中在一些与比赛有关的因素上（眼睛盯着对手的球拍，注意球拍的各种变化）。当比赛现场出现干扰时，便可以使用这一模式。

2. 与干扰因素"交朋友"的练习方法

平时训练中，模拟可能出现的各种干扰，随着时间的推移能对干扰产生适应性，达到熟悉它们并习以为常。如训练或比赛中把其他场地的喝彩声，当作是对自己的激励。

3. 视觉守点练习方法

选择乒乓球的商标，对其仔细观察几秒后，闭上眼睛努力去回忆被观察对象的具体形象，如果回忆起来的形象某些地方还不太清楚，就睁开眼睛看，然后再闭眼回忆，认真重复，直到十分清晰地回忆出被观察对象的形象为止。

4. 视觉追踪练习方法

在训练中眼睛盯住乒乓球，观察球被击到对方球台的落点。

四、想象训练

（一）关于想象

想象是一种技巧，这一心理技巧的专门术语为“心理成像反映”。想象包括了听觉、视觉和动觉的成分。也就是说，当想象自己在运动时，仿佛“看到”“听到”“触摸到”自己的运动。在大部分的想象运动中，动觉具有不可忽视的重要作用。想象一种身体动作、动作过程或身体状态，如同想象某种情绪状态，都能影响到机体，当想象你正在从事某一动作时，与这些动作有关的肌肉群也在进行不同程度的活动。研究表明，当一个人想象某组肌肉群紧张然后放松时，他完全可以在不做任何放松或紧张运动的情况下来影响这组肌肉。在练习正手攻球时，这个动作的组织和协调是在大脑里进行的。进行某种技巧练习的目的就是尽可能准确而且清楚地告诉大脑如何组织这些身体动作。只有在大脑里有了正确的动力定型才能根本掌握技巧，并且改变错误的习惯动作。

在乒乓球运动中，反复练习某一技巧的过程，就是不断将这些运动信号从大脑传送到肌肉，然后再反馈到大脑的过程，这一过程“拓宽”了有关的神经线路。从而加快了有关运动信号的转化、促进了相关动作的协调。

（二）想象训练的方法

1. 诱导练习

采用一个舒服的坐姿，闭上眼睛，放松下来，做几次深呼吸。想象自己正在进行乒乓球的击球，这个动作可能是单个的，可能是一连串的。击球可能是在比赛中，也可能是在训练中。重要的是注意捕捉各种感觉器官各自所察觉到的最有效的东西。

2. 念动训练

念动训练必须在形成正确运动表象的基础上进行。其练习可以在练习前进行，也可以在练习后和休息期间进行。练习前集中注意力想象将要完成的动作；练习后回想刚完成的动作并用语言描述动作完成情况，然后听教练员的指导意见；训练后的休息期间回想完成最好的动作 3~5 次。

具体做法是运动员在安静的环境下放松，在头脑中想象自己正在进行乒乓球的某一动作，注意那些熟练掌握的部分和需要改进的部分。要看到整套动作完成得很出色。注意身体的什么部位先动。如何运用手臂的动作，双腿如何运动，身体如何保持平衡。尽可能详细地在头脑里观察各种动作细节。

第八节　乒乓球双打及其训练

一、双打的特点

1. 双打是两人协同作战。因此，要求两人必须真诚团结，同心协力，严于律己，宽以待人，互相信任，互相鼓励，相互谅解。同时，在技术、战术上要求配合默契，协调一致，做到知己知彼，扬长补短，充分发挥两人的技术特长，多为同伴创造机会，少给同伴制造困难，设法掩护同伴的缺点，少给对方可乘之机。

2. 跑动范围大，位置不易固定，多在走动中击球。在双打比赛中，运动员不仅要向左右移动，而且还要前后跑动。因此，要求运动员必须具有灵活的步法和在走动中回击各种不同落点和旋转球的能力。不仅会近台攻而且也能在中远台攻。

3. 发球区的限制。规则规定，双打发球必须从本方的右半台将球发至对方的右半台。这样，接发球一方可以站在右半台等待来球，对接发球抢攻比较有利。这就加大了发球的难度，对发球的质量提出了更高的要求。

二、双打的配对

在考虑双打配对时，除了要重视两人的思想基础外，在技术特点方面，要考虑到能充分发挥运动员的技术特长，合理地使用战术，便于灵活地交换位置，尽量缩小跑动范围，避免互相冲撞等。根据经验，比较有利的配对是：

1. 左、右执拍手运动员的配对。这种配对在站位上可以一左一右，有利于缩小跑动的范围和充分发挥正手攻球的威力。

2. 打法风格的配对。两个运动员应该是速度和旋转的结合。从技术角度讲，以速度为主的选手站位靠前，以旋转为主的选手站位稍后，这样一前一后，一快一慢就形成了区域性的立体攻防体系。同时，还要考虑打法上凶和稳的结合。有凶有稳达到平衡。

3. 两个削球手的配对。这种配对，最好是一个以近削逼角为主，另一个远削转与不转为主；或者两个均以转与不转为主（如果其中一人是使用两面不同性能球拍则更为理想）。两个削球手配对，要求两人都必须具备较强的反攻能力，出机会球时，能不失时机地进行有效攻击。

4. 一个使用两面不同性能球拍，反手以削、推、搓为主，结合正手攻较强（反手能攻则更理想）的选手和一个以近台进攻为主的选手配对。这种配对，由于不断改变回球旋转性能和击球节奏，使对手较难适应，效果较好。

随着乒乓球运动技术的发展，在世界乒坛上，出现了多种多样的配对形式，而且在比赛中都曾获得过良好的成绩。（表 5–16）

表 5－16　80 年代后我国运动员获世锦赛和奥运会双打前三名配对情况

持拍手	打法	男双	女双	混双
相同	相同	1	8（5）＊	6（5）＊
	相似		4	
	不同		7	2
不同	相同	2		
	相似	1	3	6
	不同	8	2	3
合计		12	24	17

＊：括号内为两个削球选手配对次数。　（依秦志锋，1992）

双打配对要固定下来，通过系统训练，使两人在各方面都能了解对方，从而达到比赛中的密切合作，行动默契。不要在赛前才临时凑合。配对也不要经常调换，以免影响两人的合作。双打项目的训练，一般在重大比赛前 2~3 个月安排，较为合适。

三、双打的跑位和战术

（一）双打的跑位

双打的跑位范围比单打要大得多，它不仅需要不停地跑位去回击，而且还要以不阻挡和影响同伴的跑位与回击来球为前提。既要跑得快，又要跑的默契。

比赛时，由于来球落点是经常变化的，因而跑位就没有一定的规律。有时要向斜后退，有时又要向左右闪开，究竟如何跑位比较合适，要根据对方回球的情况来决定。一般地说，跑位时应力求做到以下几点：（1）不影响同伴的视线和判断来球；（2）不妨碍同伴抢占击球位置和还击来球；（3）有利于本身还击下次来球。

目前，各种配对常用的基本跑位方法，大致有下面几种：

1. 左手和右手握拍攻击型选手配对。常用横向或横斜向移动（俗称“八”字式）。一般在击球后向自己反手一侧移动。（图 5–3）

2. 两个右手握拍攻击型选手配对，常用三角形的移动方法。（图 5–4）

当 A 在正手位攻击斜线球时，B 站在 A 的反手一侧；A 击球后，向斜后退至原来 B 站位的后面的同时，B 横向移动到原 A 的击球位置，当 B 在正手位击球时，A 由后向前移动到反手一侧，准备下一次击球。

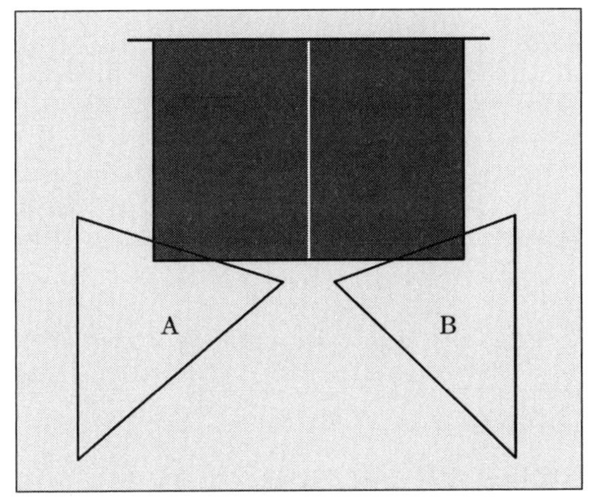

图 5-3　异侧持拍手“八字”型步法移动模式

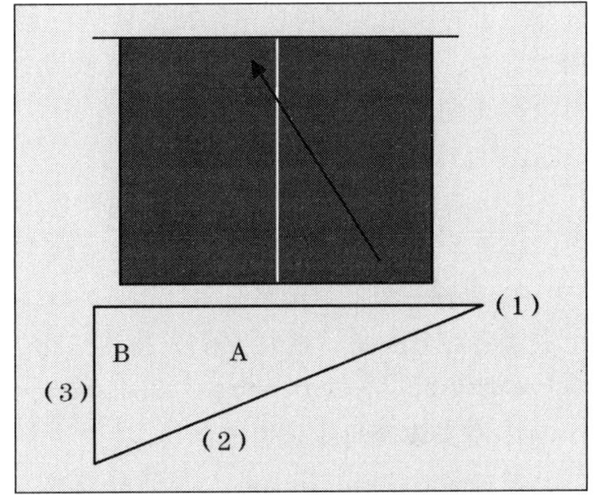

图 5-4　“三角型”步法移动方法

3. 一个近台攻球手和一个中台攻球手（或弧圈选手）配对，常用“T”字型移动的方法。前者多作左右移动，后者多作前后移动。这种移动方法也适用于一攻一削配对。(图5-5)

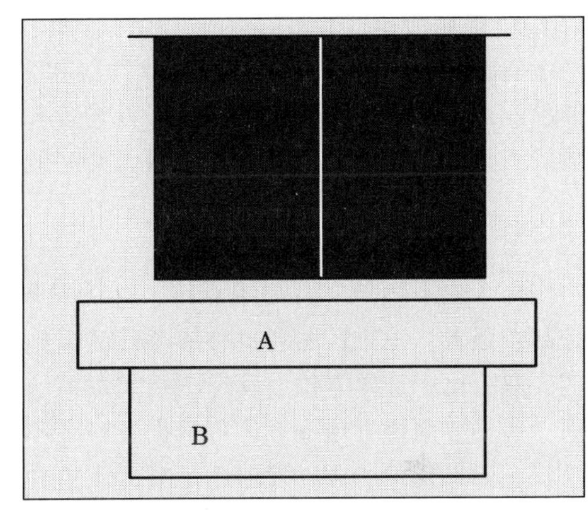

图 5-5　“T”型步法移动模式

4. 两个削球手的配对，一般用横斜向的移动方法或作环形移动。如果是一个近削和一个远削配对，则近削者以横斜向移动为主，远削者以前后移动为主。

以上介绍的只是双打各种配对的基本移动路线，但在比赛过程中，情况是千变万化的，固定不变的移动方式是没有的。因此，要求运动员临场必须灵活机动地运用。

（二）双打的战术

双打的战术与单打基本相同，但由于双打是两人协同作战，各人的技术特长和风格不同，因此，在战术运用上比单打要复杂一些。除了要很好地研究对方的特点外，还要根据配对两人的特点来确定战术运用策略。在双打比赛中，先发制人、力争主动的战术思想尤为突出，往往在前三板中就决定一分球的胜负。即使是以削为主的配对，也应贯彻积极防御的思想，力争以旋转和落点的变化控制对方，伺机组织进攻。几种常用的战术：

1. 控制较强者，主攻较弱者

这是进行双打比赛的一种战术安排。双打配对两人无论技术水平多么接近，其攻击力总会有区别。因而人都选择对方技术水平相对较低，攻击力相对较弱者作为主要攻击对象。为了选准主要的攻击对象，事先必须对对方的技术情况、打法特点了解清楚。设对方为 A、B，A 的技术较好，攻击力较强，我方就应根据各局比赛发球和接发球的顺序，对 A（较强者）

进行严密的控制，尽可能不给或少给A主动进攻的机会。为了实现这一战略意图，在控制A的过程中，即便造成一些失误，也不要动摇。而B（较弱者）则作为我方的主要攻击对象，力争在其身上得分或打出机会球。

2. 发球抢攻

发球者发球时，可用手势暗示同伴要发出什么球，以使其做好抢攻的准备。另外，同伴有时也可主动暗示发球者发什么球，直接为自己下一板抢攻或抢拉制造机会。

3. 紧盯一角，突袭另一角

紧盯对方一角，把对方两人挤在一边，迫使他们在一角匆忙交换击球位置，在此过程中，突然袭击对方的另一角，打出机会球，进行扣杀。

4. 交叉攻两角或长短结合

把右手握拍向左移动的人调到右边去，把左手握拍向右移动的人调到左边来；把近台攻的人挤到后面去，把中台进攻的人诱到近台来。这样，就打乱了对方的基本站位和基本跑位方法，破坏了对方的协调配合，为我方的扣杀创造机会。

5. 各施所长

双打和单打一样，在制订作战方案和采用战术时的基本方略是能充分发挥两人之所长。如果配对两人，一人防守较好，一人进攻较强，一般由防守好的人来抵挡对方的强者，进攻强的人攻击对方的弱者，以突破对方的防线。

（三）双打的配对

为了更有效地实现战术意图，达到预期的效果，在双打比赛中，配阵也是重要的一环。控制较强者、主攻较弱者这种战略性的措施也是配阵的主导思想。

双打比赛选择方位、发球或接发球时，大都选择接发球，一方面是由于接发球比发球有利，另一方面接发球一方还可根据发球者不同的特点来决定谁先接发球，取得合理配对的主动权。如果发球一方以发球质量高的人首先发球，接发球的一方则可用进攻能力强或接台内短球较好的人来对付他，力争先发制人，夺取主动。在混合双打比赛中，一般地说，男队员水平比女队员高，配对时，一般采取以男接男、以女接女的方法。这样，对方男队员打过来的球，以本方男队员向对方女队员进攻，以强攻弱，打开缺口，容易取胜。配对如果好，就能够采取以强对弱的办法来压倒对方，争取先拿下第1局，这样能增强信心，鼓舞斗志，为获胜打下良好基础。此外，根据双打比赛临场可以利用短促的时间和同伴商量的机会，在自身的配对中要明确一人作为现场队长。现场队长多由年纪较大、临场经验较丰富的队员担任，以利于及时发现问题，掌握战机，组织好协同作战。同时还要根据两人及对手不同的技术特点，在自己配对中选择一人作为主要突击手（找机会先起板进攻），同时选择好对手的突破口，主要突击手的同伴作为扣杀手（注意连续进攻），用以扩大战果。但是，这不能绝对化，因为战局和临场发挥常有变化，所以，两人既要有具体分工，又要密切合作。

四、双打训练

（一）双打训练的指导思想

一般来说，双打技术是建立在单打技术基础上的，单打技术水平高，双打水平也会较高，但这不是绝对的。因为双打是每人按次序各击球一次，除发球和接发球外，接下来的还击球在速度、旋转、力量、落点和节奏上都比单打难度大、变化多。这是双打区别于单打的最大特点。经过国家队多年的实践和总结，双打的训练应着重抓好以下几点：

1. 常年坚持，保证训练时间，这是我国女子双打成功经验之一

双打要求两人感情交流，相互信任和技术上的默契。这不是一朝一夕所能做到的，需要通过较长的训练时间去磨合。据此，我们认为双打要天天练，一般情况下每天练一次，一次练一小时左右，实践中还可根据具体情况适当调整。比如，接近大赛前夕训练次数和时间要再增加，俗话说“熟能生巧”，应从奥运战略高度出发，还可适当加大双打训练的时间比例。

2. 双打的实用性和针对性是最主要训练内容

双打要根据主要对手的特点（包括对方的弱点）进行训练，把两人的技战术融合在一起，光是拼命地练，并不能达到预期的效果。实用技术靠平时一个一个地去解决，练基本技战术可一对二，或用多球练。第25届奥运会前夕，某国双打强手的发球抢攻战术经常是第一板以中等力量抢攻，然后再伺机起板重扣或前冲。我们在训练中针对性地解决了回击第一板中等力量的抢攻球，使对方无法接下去起重板扣杀或前冲，结果取得了成功。

3. 抓好发、接、抢技战术

双打比赛中发、接、抢和控制前四板球是重点，这两项使用率加起来占全局比分的55%~65%。最低也超过一半，最高接近全局的2/3。很明显，把这四个环节的训练抓紧抓好了，取胜便有了保证。

4. 要练好几种主要步法

“八字”型步法（一左一右配对）；三角型（环型）步法（两个右手配对）；灵活的跑动位置是打好相持球的基础。因为双打是在走动中击球，并且还要让位置给同伴还击。因此双打跑动范围相对比单打大，除了向左、右、前、后、斜上、斜下方向作八字形和向右方做绕圈循环跑动外，对角度大的来球有时还要作一前一后的跑动，步法不能停顿。要打出威力大（既有速度，又有旋转、力量及节奏变化）又命中率高的高质量回球，如果不训练灵活合理的步法是难以做到的，还有一种主要用于两名削球手的T字形步法。近削者向左、右移动呈“一”字形；远削者向左、右、前、后移动，两者组合呈“乒乓”字形（庄家富，1999）。

（二）双打训练的具体方法

1. 发球与接发球抢攻的练习方法

（1）发球练习

一定要以提高发球质量为主，要重视发球训练，不能产生枯燥乏味的想法。练习时可采用多球训练，以节省时间。先将两人拆开，分别站在球台的右角，有计划地进行各种发球练习。

要求运动员发到规定的落点，在发落点的同时要结合旋转与速度，力求出手速度快，动作相似，转与不转差距大。在单人练习发球时，可根据球越网后在对方台面上能跳多少次来检查质量，跳的次数越多，说明球发的越短，有些发球不但次数跳得多，而且能从对方台面缩回来，这说明球的下旋很强。右侧上旋发球也可以用上述方法来观察，球跳至对方台面后往右拐弯越厉害，说明侧旋越强。

有时也可以一方发球为主，另一方练接发球。发球后如对方失误多，出机会球多，无法抢攻，说明发球质量高，效果好，反之，对方接发球较易抢攻，说明发球质量低，效果差。

(2) 发球与抢攻的结合练习

训练发球抢攻时，可以用单人来陪练，双人一方先发球，开始要求对方回接的落点固定在 1/2 台内，使同伴练习抢攻。单人一方在回接方法上也可以先简单些，固定以拉、削或搓来回接，使回球难度小一些，以提高双人一方抢攻的走位与命中率。然后再逐渐增大难度，单人一方回球可以不限落点，以提高双人一方步法移动的灵活性。最后让单人一方采用各种不同的回接方法，使双人一方练习发球与抢攻和比赛的情况逐渐结合起来，以提高实战能力。

(3) 用比赛的方法来进行发球抢攻的训练

专门比赛双方的发球抢攻，教练员可用统计方法来检查训练质量。一方将球发出后，另一方可以不限接法，但发球一方必须进行连续进攻，进攻不超过三板才能得分，否则即算失分。通过统计可以看出抢攻的命中率与威力，若连续攻三板不得分，说明或抢攻落点不好或攻球力量不重或战术运用有问题等。通过这种比赛也可以从统计中看出对方接发球的水平与防御能力的强弱。

2. 接发球和接发球抢攻的练习方法

(1) 用多球方法进行接发球练习

用多球方法练习可以节省时间增加密度。方法是将配对拆开，各占球台一方，一方以发球为主，一方以接发球为主，发球者可根据接发球者提出的要求发球（包括落点、长短、旋转性能等），接发球一方以快点或快拉为主配合快搓与其他回接的方法回接。回接要速度快，弧线低，控制落点，逐步提高接发球的质量。

(2) 重点回接不同性质的来球练习

在接发球的训练中要特别强调判断清楚，移位及时，并要在很短的时间内将球回击到对方台上。通过接发球反复练习，提高运动员前臂及手腕控制球的能力。以攻为主的运动员在训练接发球时，重点应放在多接近网下旋（转与不转）或侧下旋短球上，以接长球为辅；以削球为主的运动员，重点应放在多接一些侧上旋、急下旋等长球上，短球为辅。有时也可根据个人在接发球技术上的某些缺点练习，以提高接发球的能力。

(3) 用多球专门进行接球抢攻的练习

发球一方可用单人来发，接发球一方可以双人配合来做接发球抢攻练习。若结合实战需要训练，效果更好。

(4) 用比赛的方法来进行接发球抢攻的训练

专门比赛双方的接发球抢攻，教练员可用统计数字来检查接发球抢攻的使用率和得分率。

方法是接发球一方首先抢攻，然后同伴继续攻，不超过三板可得分，否则算失分。通过统计可以看出接发球抢攻直接得分的多少，得分多说明接发球抢攻水平高；连续进攻三板尚未得分，说明接发球抢攻能力比较低。同时从统计中也可以检查另一方的发球质量与防御能力情况。

3. 上旋相持球的训练方法

（1）正手弧圈球相持练习，可采用一人用推挡（拨）连续打全台，使主练一方两个人不断地在走动中正手拉。适当采用多球训练，效果更好。

（2）发球抢攻后转相持球练习。可采用单人与双人进行对练。此种练习方法由发球抢攻开始，陪练一方被攻后连续回击不同落点，主练一方两人在走动中不断正反手回击。

（3）单线近台封堵和中、远台对拉练习。以快攻为主者在近台封堵，以旋转为主者在中、远台对拉，提高相持能力。

4. 搓、拉结合的训练方法

（1）双打搓球练习，可参照双打走位练习的方法，既可采用单人对双人的练习，也可采用双人对双人的练习，既可做定点走位搓球练习，也可做不同落点搓一点的练习，最后还可采用任意对搓不同落点的练习，在搓中逐步掌握和提高搓得快、低、短、转以及落点变化或旋转变化的能力。

（2）搓中抢拉练习。首先要判断清楚来球距网高度、长短、旋转程度和落点，后进行抢拉，在抢拉时要注意力量的调节，因为双方均重视搓中控制，是爆冲还是拉落点，应视机会而定。没有把握时，应在50%~70%的力量中进行调节（搓中的练习，既可采用单人与双人对练，也可采用双人与双人对练）。搓球的落点可以不受限制，但抢拉可以一方为主，先攻规定一点，另一方练搓球控制和提高防御能力。最后双方可以任意搓不同落点和随意找机会抢攻，然后打相持球。（表5–17）

训练示例：王涛、吕林第25届奥运会赛前双打训练

1. 打法风格确定：一凶一稳。

2. 得分体系确定：王涛的反手弹打和正手快带是进攻和得分手段。吕林以控制技术和中台的稳拉作为过渡，为王涛的进攻创造机会。

3. 技战术训练要求：

（1）发动进攻的反拉一定要有进攻性；

（2）相持球对拉中对付角度大的球，注意命中率；

（3）在被动中对拉注意弧线要低而长；

（4）在进攻的线路上，以两条直线为主。

表 5－17　双打技战术内容与训练

技术训练内容		战术意识
前三板技术	相持技术	
1. 发球 2. 接发球（摆短、挑打、快搓劈长、抢冲半出台球、晃接） 3. 发抢（近网挑打、两条底线下旋长球的抢拉、抢拉对方挑打球、半出台的抢拉、反控制技术）等	1. 全台大范围步法移动 2. 中远台对拉（主动拉和被动拉） 3. 全台反拉弧圈球 4. 全台近台快速封堵 5. 同伴劈长后的防弧圈球 6. 两条直线的进攻和防守	1. 全台正手上手的意识 2. 抢拉半出台球的意识 3. 两条直线球的意识 4. 攻防转换的意识 5. 命中率比凶狠更重要的意识 6. 下一板球的预见性 7. 双方的默契性 8. 变化意识

（依吴敬平改制，1999）

第九节　乒乓球步法及其训练

步法是乒乓球击球技术环节中的重要组成部分。如果运动员具有良好的步法，能够保持合适的击球位置，就能使击球的速度、力量、旋转得到充分的发挥，从而有利于提高击球的技术质量。在训练过程中运动员必须养成“以脚带手”的良好习惯，手快脚慢，击球不到位，势必影响击球质量。

乒乓球的速度快、落点变化多，要求运动员既要掌握各种步法，又能在复杂的环境中灵活地运用，要达到此目的，必须进行长期系统的练习。步法训练时，应注意下面几个问题：

1. 起动要快。要做到这一点，准备姿势必须正确。要保持两膝自然弯屈，使下肢具有较好的弹性，上体微前倾，适当收腹，身体重心略靠前，以保证击球时身体重心的控制。

2. 注意击球后身体重心的交换。不论采用何种击球动作，移动步法时，身体重心必须紧紧跟随。发力击球时，身体重心要由一脚转到另一脚，发力结束时，重心的支撑脚应及时向相反方向蹬地，使身体重心迅速还原到两脚之间，这样才能保证下一次击球前的步法移动。

3. 击球过程中，要注视对方的动作，特别要学会用眼睛盯住对方球拍触球瞬间的动作。只有这样，才能做到在来球还处在对方台面上空时就已经把来球的方向和落点判断清楚了，从而有较多的时间移动步法，从容地进行回击。

4. 手法和步法要紧密地结合起来。

一、发展步法移动能力的专项性训练法

1. 先练单一步法，后练结合步法。

2. 徒手练习，以熟练个人打法所常用的主要步法。

3. 两人对练（不用球）。主练者根据对方口令做相应的步法移动。以提高反应和判断能力。

4. 根据个人打法特点，有针对性地安排步法练习内容（如采用多球方法进行步法训练）。

5. 做某一种步法练习时，可以规定次数或组数，或要求在规定的时间内完成一定的次数或组数。

6. 步法和手法紧密地结合起来练习，注意身体重心的移动。

7. 利用多球进行步法训练，以结合技术为主，要求步法移动到位。

二、发展步法移动能力的专项素质训练法

1. 单足跳训练（测速度，测远度）。

2. 双足跳训练（左右、前后连续跳，或跳跃适当障碍物）。

3. 蹲跳训练。

4. 负重半蹲起。

专家专栏：步法移动的组合和意识

1. 推、侧、扑进攻步法组合，是连续进攻的主要步法。提前意识：能够作出预判，找好位置。

2. 长短步法组合，是前三板与相持衔接的步法。

找点意识：找好击球点。

3. 并步与交叉步组合，是相持转攻的重要步法。

连续意识：步法保持始终移动。

4. 小碎步用于各步法之间的调节。

（依马俊峰，2000）

第十节　乒乓球训练的诊断及其安排

一、诊断在乒乓球训练中的作用

训练的目的性或针对性，主要是建立在对运动员技战术能力诊断基础上的。乒乓球运动中最常用的诊断方法是“三段统计及评估法”（吴焕群等，1988）。基本方法是通过对比赛中发球阶段、接发球阶段、相持阶段的统计，对技战术进行客观诊断和微观诊断，并进行运动员之间的横向比较分析和运动员自身的纵向比较分析。乒乓球竞技诊断，为乒乓球训练安排提供了关于运动员技战术状况的基本依据。它为乒乓球训练安排具有明确的目的性和针对性，提供比较科学的依据，当然乒乓球基本诊断还包括其他的方法。乒乓球技术诊断的作用是：（1）为乒乓球的训练安排提供一个较为科学的训练学依据，并为训练确立一个正确的起点；（2）能及时地帮助检查和评价训练效果。通过技术诊断，可以使教练员和运动员及时掌握训练过程的进展，即运动员竞技能力在训练过程中的变化状况。从而为训练指标的制订、训练周期划分、阶段任务的确定提供依据。对训练方法与手段的选择以及训练负荷的安排是否适应，及时作出准确的判断。（3）进行有效训练控制的重要前提。

二、乒乓球诊断的基本原则

（一）训练诊断的及时性

对运动员技战术水平的诊断，必须和运动员参加大赛和承担比赛的任务紧密结合起来，以便准确地把握运动员的技战术水平，并对训练计划的实施做出及时的评价，有效地对训练过程进行控制。

（二）训练诊断的客观性

训练诊断是否正确反映运动员实际状况，取决于诊断方法的客观性。诊断的客观性，包括测试的客观性、评价的客观性和解释的客观性。（表 5–18）

表 5－18　测验客观性的内容及检验途径

方　向	定　义	客观性检验途径
测试的客观性	测定经过对测定人员的非依存性	由另一个测试者重复进行测试
评价的客观性	测定结果对原材料处理者的非依存性	由不同专家对测定结果进行解释
解释的客观性	关于测定结果的解释对解释者的非依存性	由另一位测试者重复进行包括评价和解释的所有阶段在内的整个试验

（依诺伊马亚，1983）

（三）训练诊断的有效性

诊断的有效性，表现在所选择测试指标对运动员状态描述的代表性。只有当所选择指标能够准确地反映诊断者所期待描述的特定方向时，即诊断指标是针对不同性质的比赛（如奥运会，世锦赛等）确定的，这些指标的测试结果才有一定的价值，做出的诊断才是有效的。

如果选择测试指标是针对运动员专项的竞技能力，对于乒乓球项目而言，所选择的技术、战术、身体素质、心理等指标要能够反映乒乓球项目的专项特征。在乒乓球项目中，形态和机能方面指标的重要性比体能类项目要小，而技术、战术、专项身体素质和心理方面指标的重要性最突出。（表 5–19）

表 5 – 19　乒乓球专项竞技能力测试指标的选择举例

技术能力		战术能力		专项体能		专项心理	
类别	测试指标	类别	测试指标	类别	测试指标	类别	测试指标
接发球	1. 技术方法 2. 落点 3. 比赛的使用率和成功率	发抢战术	使用率 得分率	专项运动速度	左右移动摸台角 20 次的时间	比赛心理	领先、相持、落后时各段技术运用得分率的比较

（依田麦久改制，1988）

三、乒乓球技战术诊断方法

乒乓球的基本技术有 24 项，把 24 项基本技术内容划分为三阶段分别进行诊断，吴焕群（1988）认为：（1）从比赛能力的整体观出发，把总体能力分解为三个部分，即发抢段、接发抢段和相持段；（2）每一分的争夺取决于发抢（发球、发球抢攻、发球被攻）、接抢（接发球、接球后被攻、接发球抢攻）及相持（主动进攻、被动防御及其相互转换等 16 项技术）能力的强弱。为准备 2000 年第 27 届奥运会乒乓球比赛，在对国家乒乓球优秀选手技战术进行三段指标评估时，根据乒乓球技战术发展的情况，增加了发球抢攻段的内容，即除了发球、发球抢攻、发球被攻外，增加了抢攻后进攻、抢攻后被攻两项内容（张晓蓬等，2000）。

计算各段得分率及使用率的意义：便于对某选手的比赛能力进行分段评估与诊断，也便于进行纵向及横向比较；使比较模糊的观察定性方法，向比较准确的定量统计方法过渡。

1. 用各段的公式计算各段得分率及使用率

2. 由此进行实力评估与技术诊断和提出实力评估之经验模式的依据

（1）多年的资料积累；（2）专家经验模式；（3）比赛的胜负情况和本队的特长与不足；（4）模式的要求要适合本队的情况，既要合理，又要可行，如单打发抢要求高，双打接发抢要求高，相持能力要求中等。

3. 技术诊断实例（表 5-20）

诊断分析专栏：孔令辉对瓦尔德内尔比赛的技战术统计与分析

1. 分析对象：孔令辉

2. 宏观诊断：查三段的得分率与使用率与模式对照。

3. 微观诊断：查各段所含技术之得失分，如发抢得分率不高，可查看该段之明细内容等。

4. 技术比较：纵向、横向比较之方法与要求，进行纵向比较时，强调比赛性质与规模及其对手水平之可比性，看其有无资料积累之价值，能否真实地描述其技术能力的发展趋势。进行横向比较时，强调比赛的层次水平，即可比性，如欧亚强手等，水平是否在同一层次上。

5. 事例分析：2001 年在天津大港对抗赛上的技术统计结果，与 1999 年第 45 届比赛的技术统计结果比较，可以发现在三段中，孔令辉的接发球比原来发生了本质的变化。在第 45 届比赛时的得分率是 45%，在对抗赛是 61%。由于接发球的改善，对整个比赛的局势产生了深刻的影响，为自己本来就是优势的相持技术提供了能够继续保持优势的保障。（张晓蓬等，1999）

表 5-20　孔令辉对瓦尔德内尔技术统计

比赛性质	发抢段		接抢段		相持段	
	得分率	使用率	得分率	使用率	得分率	使用率
第 45 届比赛	77	32	50	35	54	32
	+17，-5		+12，-12		+12，-10	
2001 年大港对抗赛	65	34	61	34	59	32
	+15，-8		+14，-9		+13，-9	

（依张晓蓬等，1999）

四、乒乓球训练安排

乒乓球训练安排，是乒乓球专项运动训练学的重要内容。它是教练员根据运动员的打法类型、技战术特点、身体素质及心理状态，有组织、有目的、有计划地采用不同的技战术训练、身体训练、心理训练的内容、方法和手段，达到促进运动员成绩的提高的目的。

乒乓球训练安排包括了训练目的、训练内容、方法和手段以及训练计划。为达到训练目的和促使运动员提高竞技能力的训练内容、方法及手段的采用，都必须在有计划的训练安排中实现。乒乓球训练过程的组织和控制是乒乓球训练安排实施的基本形式。

(一)训练计划的制定

乒乓球训练计划的制订和实施，是乒乓球训练过程的中心环节，训练计划是对未来的训练过程事先做出设计，它和工程的蓝图是一样的。训练计划的作用：(1)使训练目标具体化。通过训练计划，把训练过程的目标具体化为若干独立而又有联系的训练任务；再将任务进一步具体化为若干具有特定要求的练习方法。运动员通过完成这些练习，完成训练任务，并接近和实现训练目标。(2)统一训练活动参与者的认识和行动。(3)为实现训练工作的针对性和有效性提供基本程序和方法。

1. 乒乓球训练计划类型

(1)按训练对象分类，可分为个人训练计划和全队训练计划。

(2)按训练任务和内容分类。根据训练任务和内容对运动员成绩的影响，可将其分为两类，一是发展运动员的竞技能力的训练计划，包括发展运动员的一般素质，改善多系统机能和形态，提升技战术、心理和智力能力；二是培养这动员在特定比赛中充分发挥已有的竞技能力的训练计划。如多种的模拟训练热身赛等。

(3)按在训练过程中所处的不同阶段分类。根据训练时间跨度的大小，可将其分为多年训练计划，全年训练计划，阶段训练计划，周及课训练计划。(表5–21)

表 5 –21　运动训练计划的不同类型及其特点

特　点			训练计划类型	适应范围	时间构成
战略的	框架的	稳定的	多年训练计划	系统训练	2 年以上
			年度训练计划	系统训练	1 ~3 个大周期
			阶段训练计划	阶段训练 中短期集训	0. 5 ~6 个月 2 ~25 周
			周训练计划	训练实施	7 天或 3 ~20 次课
战术的	具体的	多变的	课训练计划	训练实施	0. 5 ~4 小时

(依田麦久，1988)

2. 乒乓球训练计划的基本内容

(1)运动员状态的诊断；(2)确定训练指标；(3)划分训练阶段；(4)提出各训练阶段的主要任务；(5)安排比赛；(6)规划训练负荷动态变化趋势；(7)选择训练内容和方法；(8)确定训练负荷要求；(9)制订恢复措施；(10)规划检查评定训练的内容、时间和标准。

上述内容在不同训练计划中是共通的。它反映出训练计划制定在内容上的普遍性，在乒乓球训练计划中，计划的实施性部分，即选择训练的内容、方法、确定训练负荷要求和制订恢复措施是讨论的重点。

（二）乒乓球训练内容安排

乒乓球训练，在技战术方面的内容主要有：（1）技术动作方面：正手技术、反手技术、正反手结合技术；（2）技术动作效果方面：上旋技术、下旋技术、上下旋结合技术；（3）步法移动方面：近台、中台和远台技术；（4）技战术能力培养方面：发抢技术、接发技术、相持技术；（5）线路变化能力方面：单线练习、复线练习；（6）技战术变化与适应能力方面：有规律练习、无规律练习、计分比赛练习、周循环赛、阶段性公开赛等。身体训练的主要内容有长跑、跳挡板、跳绳、哑铃练习、步法练习等。心理训练有注意力训练、表象训练等。把这些训练内容落实到计划中时，应该考虑到这些内容必须符合乒乓球技术的基本特性，即乒乓球运动的复杂性和多变性。这些特性是实施训练内容的灵魂。

乒乓球训练内容安排中训练方法的作用：训练内容是死的，训练内容及其特性和所包含的各种训练关系，应在训练方法的实施中，变成影响运动员技战术水平提高的有效手段。

1. 乒乓球技战术训练中的分解训练方法

由于所要达到的技战术上的目的不同，分解训练的方法也有所不同。

训练示例：正手攻球技战术的分解训练步骤

（1）定点位攻球

①正手位定点斜线攻球训练——侧身位定点斜线攻球训练

②正手位定点直线攻球训练——侧身位定点直线攻球训练

训练要求：主要解决技术问题。

（2）移动中攻球

①1/2台、2/3台、3/4台、全台定点攻球训练

②1/2台、2/3台、3/4台、全台不定点攻球训练

训练要求：

定点移动攻球训练，是进行手法和步法配合训练。

加上不定点的因素，则强调通过训练提高判断能力，步法不规律移动的能力，正手击球点调节能力。

加上发力的要求，则强调的是正手进攻的强度方面，它要求进攻有高质量。

如果要求进行转化训练，则强调在正手对攻过程中攻转为防守，防守转化为进攻，正手转化为反手，反手转化为正手等。

如果要求有不同节奏。则强调的是在走位进攻时节奏要有变化，在连续进攻时有快慢节奏变化、力量的轻重变化。

如果要求换位时，则强调在不同位置击球时，正确步法的运用。尤其是近台、中台的不断换位。

2. 乒乓球训练中的量化训练方法

在乒乓球训练中，要打破过去只注重以时间为单位，来完成训练内容的安排方式。而应强调把量化方法与时间安排方法结合起来。量化方法的优点是：使运动员和教练员明确要完成的训练任务；提示单位时间的训练质量；对运动员的心理训练有积极作用。

3. 乒乓球训练中的“复盘训练”方法

复盘训练是一种记忆训练法。在平时的比赛中，要求乒乓球运动员像围棋或象棋选手一样，对与不同对手的比赛情况，能够在大脑里进行“复盘”。即能够对已经完成的比赛，在每一轮发球后的技战术使用情况和每一轮接发球后的技战术使用情况，能够用语言重复出来。这种方法对提高运动员技战术训练的质量大有裨益。（尹宵，2000）

（三）训练计划的制订

培养优秀的乒乓球运动员，必须进行全面的和系统的训练。周密合理的训练计划和科学合理的量度安排，对全面发展运动员的身体素质，提高运动技术水平，创造优异成绩以及延长运动寿命，起着极为重要的作用。

根据竞赛制度和训练任务的不同，乒乓球训练计划基本上可分为长期训练计划、短期训练计划和课训练计划 3 种。乒乓球竞技有着个人对抗性的特性，根据这一特性，针对不同人的不同情况，与这些计划相对应的还有一种个人训练计划。

训练计划要订得好，必须抓住以下几个主要问题：（1）各个时期的训练目的和任务要明确；（2）要有实现训练任务的措施和方法；（3）要科学合理地安排好运动量和运动强度；（4）要掌握和解决好关键问题与一般问题的比例，注意它们之间的相互转化；（5）加强对乒乓球专项特性和技术发展趋势的认识。

1. 长期训练计划的制订

长期训练计划通常是指以每年一届的重要比赛为一个周期所制定的全年训练计划。当然也还有 2 年以上的多年训练规划（如对少年乒乓球运动员培养的多年规划）。在制订长期训练计划时应考虑下列要点：

（1）明确目的

运动队的长期训练计划主要是以一年一届的重大比赛为目标，通过较长时间的、比较系统的训练，使运动员在身体、技术、战术、心理等方面都迅速得到提高，以最佳的竞技状态参加比赛，创造优良的成绩。少年运动员的长期训练计划，则必须通过多年、全面、系统的训练，在身体素质和基本技术得到全面发展的基础上，逐步形成个人的技战术风格和打法特点，为将来创造优异成绩打下良好基础。

（2）指标要求

根据运动员的思想，技术、体能水平，参考国内外技术发展情况，估计将来可能达到的水平，制订出一个具体的指标，或提出一个明确的进度，用以激励运动员不断进取。指标一般有下列三种：

①全队指标：在重大比赛中争取几项优胜（如获得若干项冠军、或前几名、或战胜儿个原来比自己强的队等）。

②个人指标：在重大比赛中，在各单项上争几项优胜（如获得若干项冠军，或前几名，

或在名次上争取和超过某些原来比自已强的选手等)。

③技术和身体素质指标：即在提高主要技术和身体素质方面的具体指标。如在计划完成时，通过测验或统计与初期的情况作比较，来观察技术和身体素质进步情况。在制订具体指标时，必须从运动员的实际情况出发，通过充分的酝酿和讨论，然后再确定下来。要尽可能防止指标偏高或偏低所造成的不良影响。

(3) 训练内容

从运动员的技术、战术、身体及心理方面的实际情况出发，先有一个概括的分析，它主要是根据现有的水平或对上一届比赛的总结提出。在这个分析中，既要肯定过去所取得的成绩，又要指出当前存在的主要问题和薄弱环节，结合乒乓球技战术发展形势，提出今后在技术、战术、身体及心理方面需要解决或提高的问题，作为安排训练内容的主要依据，并根据全队各种打法，分别提出不同的要求。使运动员明确今后的努力方向，为争取进一步的提高和发展而积极训练。

(4) 划分周期，安排好各种训练比例和运动负荷

由于长期计划的训练时间比较长，所以，在全年训练中，根据需要可把它分为2~4个周期，以便在不同的周期内，有计划、有步骤地去解决和提高技术、战术、身体及心理方面的关键问题。在一个周期内，一般又划分为训练期、比赛期和休整期。

每一周期的训练内容，都应根据全年训练计划的任务、要求、时间、比例等逐步落实。为了按计划、有步骤、有重点地提高运动员的身体素质、技术水平、战术素养和心理素质，在一个训练周期内，又可以把它划分为若干个阶段，一般训练期可划分为2~3个阶段，比赛期为一个阶段，休整期为一个阶段。每一个阶段的时间安排，根据训练任务来确定。在安排阶段训练计划时，还要编制每周训练的课程表，把阶段训练任务、要求、各种训练比例、训练负荷的安排等具体落实到每天的训练课中。总之，每个训练周期既有各自的侧重点，又是相互衔接、紧密联系的有机整体。只有这样，才能使运动员通过长期系统的训练，在技术，战术、身体、心理各方面都得到提高，为创造优异成绩打好基础。

为了更好地贯彻技术、战术、身体及心理训练相结合的原则，在制订长期训练计划时，应根据训练任务、要求以及运动员的身体状况、技术水平和训练年限等条件，全面考虑技术、战术、身体三者适宜的训练比例，并把心理训练同时纳入到上述三类训练中去。这些比例应在周期训练计划和阶段训练计划中具体落实。根据运动训练实践经验，对于训练年限较长，已具有相当水平的运动员，采用下列比例比较好：

①技术训练与身体训练的比例：70%:30%或75%:25%。

②基本技术训练与战术训练的比例：60%:40%或55%:45%

③单打训练与双打训练的比例：85%:15%或80%:20%。

④一般身体训练与专项身体训练的比例：50%:50%或40%:60%。

一般来说，无论是全年计划或周期计划，身体训练常常在训练开始时比例较大，越到后期、越临近比赛比例越小，基本技术训练常常在训练开始时只属中等，而在中间比例最大，到后来再降为中等，战术训练和双打训练，开始时比例最小（或者暂不安排双打练习），越到后期、越临近比赛比例越大。

(5) 训练措施

训练措施指为了保证训练计划顺利完成所采取的各种措施和办法。如加强政治思想工作和组织领导，编队和分组，业务学习，测验和考核，必要的设备、用具和器材，医务监督等。

2. 短期训练计划的制订

短期训练计划是为了完成某一竞赛任务而制订的，其目的主要是通过较短时间的训练，使运动员的技术、战术、身体及心理在原来的基础上得到一定的提高，有助于在即将进行的比赛中取得较好的成绩。

制订短期计划的要点与制订长期训练计划的要点基本相同，但应注意下列几点：

(1) 在短期训练计划中，应有明确的要求，并制订相应的指标。但必须从实际出发，运动员通过短期努力有可能实现的指标才可提出，不能要求过高，以免影响运动员的积极性。

(2) 短期计划的训练时间一般是 1~3 个月左右，在此期间里可分为 2~3 个阶段。训练的中心任务应着重解决技术和战术上的主要问题。根据运动员不同打法的特点，以发扬个人技术、战术特长为主，弥补缺点为辅，以利于完成比赛任务。

(3) 由于短期计划的训练时间比较短，技战术训练会多一些，身体训练的时间相应要少一些，两者的比例一般是技战术训练占 80%左右，身体训练占 20%左右。如果训练时间很短，则身体训练的比例还要更少一些，以便集中更多的时间解决技术、战术上的主要问题。

在技术训练与战术训练的比例上，也要相应有所变化，战术训练（包括综合性战术训练和比赛）安排得多一些，两者的比例一般是战术训练占 60%左右，技术训练占 40%左右。如果训练时间很短，则战术训练的比例还要更多一些，以利于运动员在较短的时间内进入竞技状态。

若在未来的比赛中有双打项目，尽管训练时间比较紧，也应安排一定的比例，比例的大小要根据这些项目可能取得的成绩来决定。

无论上述各种训练比例如何变化，在具体安排方法上仍应与长期计划基本相同。即不管身体训练的比例怎样小，都应按照由大到小的顺序去安排，特别是在训练的开始阶段，应先抓好身体训练以增强体质，为以后加大运动负荷打下基础。技术训练的比例应按中、大、中的顺序，利用中段时间抓好主要技术，为以后战术训练准备条件。战术训练和双打训练的比例应按照由小到大的顺序安排，以便进入比赛期，运动员具有良好的竞技状态。

(4) 短期计划中的比赛安排，不仅在进入训练后段要组织各种各样的比赛，而且在训练前段的末期或者在中段，都应每周安排一次队内比赛，或每两周进行一次对外公开比赛，以不断提高运动员的实战能力。

(5) 短期计划中的业务学习，应根据将要参加的比赛的特点，除安排一定的时间去讨论有关技术问题外，还要着重研究战术方面相关内容，以加强运动员的战术意识和作战能力。

3. 个人训练计划的制订

由于乒乓球运动员个人技术水平和打法的不同，因而除了有全队的训练计划外，还要制订个人的训练计划，以使长期或短期训练计划中所提出的任务能和运动员的具体情况密切结合起来，把长期计划或短期计划的要求以及各个不同周期或阶段计划所规定的训练内容，具体落实到每一个运动员的实际训练中去。

在制订个人训练计划时，应注意下列各点：

(1) 根据全队长期训练计划或短期训练计划的要求，结合个人过去在比赛中容易出现的某些思想活动，提出自己在思想上需要解决的问题和努力的方向。

(2) 根据全队长期或短期训练计划所提出的指标，结合个人的实际情况，制订出自己争取达到的指标或进度，其中包括技战术和身体两方面的指标。

(3) 按照长期计划和短期计划训练任务的要求，结合个人的具体情况，确定自己的技战术风格，并在周期训练计划或阶段训练计划中突出个人训练的重点和需解决的主要技战术问题。

(4) 依据阶段计划的安排，制订出个人技战术训练的范围，各项技战术训练的时间和具体的训练方法，并贯彻到每周的训练中去。

4. 课训练计划的制订

训练课是训练工作最基本的组织形式，不论是个人计划，短期计划，还是长期计划，都必须通过一次次的训练课的组织来实施。训练课又分成两种：一种是综合训练课，一种是单一训练课。综合训练课是指在一次训练课中，不只发展某一项技战术能力，而是要发展二、三项技战术能力。单一训练课是指在一次课中集中发展某一项技战术能力。

一堂训练课一般是由准备部分、基本部分和结束部分三个部分组成。

准备部分的目的是使运动员能进入良好的训练状态，并避免在训练中由于准备活动不充分造成损伤。在准备活动中，可以把一般性准备活动与专项准备活动结合起来，提高时间的利用率。

基本部分，用较长时间完成基本的技战术训练任务。（表 5–22）

表 5－22　不同技术打法乒乓球运动员技术训练内容安排

序号	削对削	攻对攻	直弧对直弧	横快对横快	攻对削
1	正手斜线对攻	正手斜线对攻	正手斜线对攻	正手斜线对攻	正手斜线对攻
2	正手侧身攻	正手侧身对攻	正手侧身对攻	正手侧身对攻	正手侧身对攻
3	搓中起板	反手对推	对推相持	反手相持或加力小起板	稳拉对稳削一点对两点
4	稳拉对稳削两点对一点	推挡侧身攻	推挡侧身拉冲	反手对拨加力侧身攻	稳拉稳削两点对一点
5	稳拉稳削一点对两点	两斜对两直	两斜对两直	两斜对两直	削中反攻
6	个人计划	个人计划	个人计划	个人计划	个人计划
7	练习比赛	练习比赛	练习比赛	练习比赛	练习比赛

（依张燮林，1985）

结束部分，也叫整理活动，主要目的是为了加速身体的恢复过程。如训练强度为65% VO_2max 时，其吸氧量通常在活动后10分钟、平均血压在活动结束后约20分钟左右可恢复到安静时水平，一般认为15分钟的整理性活动比较合适。

思考题

1. 从球性的客观存在和球性产生的原因的角度，论述乒乓球技术的复杂性与多变性的关系。

2. 在训练中如何理解乒乓球辩证训练原则，简述辩证训练原则的理论意义和实践意义。

3. 通过观察一场比赛，讨论一个成功的或失败的单个战术运用。

4. 分析一个优秀运动员比赛战术模式中战术单元与单个战术、若干单个战术与战术模式运用的关系。

5. 论述技战术训练、身体训练、心理训练的关系。

6. 在比赛现场做一个针对运动员技战术诊断的分析报告。

推荐阅读文献

1. 王家正，等. 乒乓球[M]. 北京：人民体育出版社，1982.

2. 温国昌. 乒乓球教学与训练[M]. 郑州：河南教育出版社，1986.

3. 吴焕群，等. 乒乓长盛的训练学探索[M]. 北京：北京体育大学出版社，2003.

4. 中国体育科学学会运动训练学专业委员会. 中国运动训练的理论方法和实践研究[M]. 北京：高等教育出版社，1991.

5. 田麦久，等. 运动训练科学化探索[M]. 北京：人民体育出版社，1988.

第六章
乒乓球比赛战术

教学提示

1. 通过对乒乓球战术类型和运用的学习，重点了解发球抢攻阶段主要战术、接发球抢攻阶段主要战术、相持阶段主要战术运用的方法及特点分析，使学生对当前乒乓球比赛战术的类型有较为清晰的认识；

2. 通过对第二部分即不同打法类型和特点的战术运用、不同战局下的战术运用、不同比分下的战术运用以及新规则下战术运用的特点分析，使学生对乒乓球比赛战术有更深入的了解，其难点在于对各种打法类型和特点的熟悉和理解上，并通过学习使学生对乒乓球战术在实际比赛运用方面有所提高，进而在整体上对本章的内容达到较为全面的认识和掌握。

第一节　乒乓球比赛战术概述

乒乓球比赛的战术，是运动员根据比赛对手的打法特点，结合场上比赛形势的需要，通过单一和结合技术在乒乓球竞技要素上的综合运用，转化为在制胜因素方面的相对优势，从而赢得比赛胜利所采用的手段和方法。可以说，双方运动员在技术水平相差无几的情况下，正确合理的战术运用就会成为决定双方比赛胜负的关键，即使有时在技术处于相对劣势的情况下，周密严谨的战术思维也往往会使运动员收到出奇制胜的效果。因此，乒乓球比赛是双方运动员以战术思想为指导，以技术手段为实现的综合竞技能力的全面竞争，表面看似是技术层面的搏杀比拼，实则为战术运用与转换的较量，战术运用是乒乓球比赛中决定胜负的关键要素之一。

同时，我们还要认识到运动员对技术的学习和掌握，无论是单一技术还是结合技术，其根本目的就是要在比赛中通过合理的技战术综合运用来战胜对手。因此，如何有效地运用并最终制胜，即运动员在比赛中综合表现出的意识、技术、智能和素质等各个方面，就构成了运动员的战术行为。战术也是运动员在赛场上根据对手的打法类型和特点所采用的各种技术手段方法的组合。其目的就是要发挥自身技战术优势，抑制对手技战术的实施并抓住对手的技战术弱点从而取得比赛的胜利。运动员在比赛中战术指导思想明确，运用合理，组织严密，往往会赢得最终的比赛。而运动员一旦在比赛中战术思想模糊，战术实施不到位，将很难取得好成绩。

为便于理解，本章将乒乓球战术的类型分为发球抢攻阶段的主要战术、接发球抢攻阶段的主要战术以及相持阶段的主要战术三个方面进行学习和讨论。需要说明的是，在研究统计中我们可以将比赛划分为几个阶段，但乒乓球战术在比赛中的实施是持续连贯的，因此在学习中要以整体连续的眼光和思维来考虑战术的运用。

一、发球抢攻阶段主要战术的运用

发球抢攻阶段的主要战术是指发球战术、发球后与第三板结合所采用的战术，在战术运用特点上主要包括发球战术、发抢战术、发控战术和发防战术等。在比赛中该阶段战术运用具有重要作用，运动员往往在自己的发球轮中积极抢分，形成优势，为赢得比赛的最终胜利奠定基础。

（一）发球战术

发球技术是乒乓球比赛中唯一不受对方控制的技术，因而在战术上占有举足轻重的地位。本节讲的发球战术特指第一板的战术，其应用主要体现在发球的速度、力量、旋转、落点和弧线的战术变化上。

比赛中发球战术的实施，要以提高发球质量为核心，高质量的发球不仅可以极大地抑制对手接发球直接上手抢攻的机会，还可以将对手的回球导入自己擅长的战术套路中，从而达到把控比赛的目的；高质量的发球更可以有效降低对手回球质量，从而形成有利于自己上手抢攻的机会球，甚至直接造成对手接发球失误。因此，该战术的核心要素就是要保持高质量的发球。

1. 正手转与不转发球战术

（1）战术思维

转与不转发球的使用，目的就是通过极为相似的动作发出带有强烈下旋或相对不转的球，使对手无法准确地判断来球的旋转程度，导致回接球质量不高，为己方抢攻创造机会。发球的旋转反差越大，则造成对方回接球的质量越差，甚至使对方直接吃发球。

比赛前应当了解对手接发球尤其回接转与不转发球的能力，比赛中结合假动作的运用，通过不同旋转、不同速度和落点的发球试探，大体了解对方对旋转的判断能力和对回接球质量的把控能力。通过发出高质量的强烈下旋球，主动地增强对手暂时性的回接下旋球的手感和意识，当再次使用几乎相同的动作发出不转球时，极易造成对手回接出机会球，形成抢攻得分的局面，最好直接造成对手接发球失误。或者通过下旋发球，造成对手无法直接上手抢攻，迫使对方与自己打下旋球，使比赛进入搓攻战术的进程。

（2）技术要领

正手转与不转发球时一般取左半台侧身位（以右手持拍为例，以下同），发球时拍面适当后仰，由右后方引拍向左下方挥动，前臂带动手腕摩擦球，整个击球动作于身体前方完成。发下旋球时拍面较平，摩擦球的中下部，以便制造旋转。发不转球时，拍面稍立，触球的中后部，撞击多于摩擦。当发快速的底线长球时，要提高前臂的挥击速度，当发近网短球时要加强手腕的摩擦发力。

（3）运用方法

落点：发球落点的变化，目的就是要超出对手的意料，调动对手被动跑位，使对手在移动中回接球，造成回球质量的下降，为本方实施有效的发抢战术创造条件。发球时还要根据对方的打法、站位、步法移动和抢攻能力的具体情况而定。当对方站位位于球台左半侧，正手位空当较大时，可以直接发对方正手位长球或短球（A、B 点），以此来调动对方，使其在移动中接球，从而出现失误或降低回接球的质量。在对方的接发球注意力集中于正手位，站位向正手靠，而且距离球台比较近时，可以结合反手位斜线长球（C 点），迫使对方被动回接。如果对方站位偏中间，则发中路短球（D 点），可以避免被对方使用正手挑打技术或回击出正手位大角度的球，造成本方的被动失位。此外，看准对手持拍手腋下的位置发球（E 点），即正反手交接处偷袭长球，也会得到意想不到的效果。因此发球落点的变化，就是要根据对手的站位和对不同落点发球的回接能力来变化，原则上长短球结合、直斜线结合、左右台结合。（图 6–1）

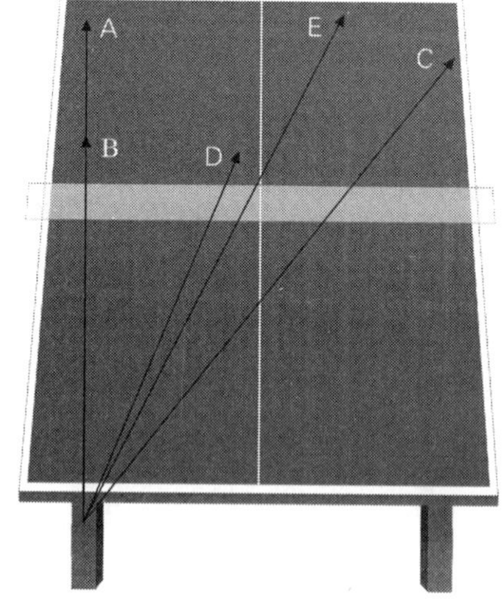

图 6–1　正手转与不转发球落点变化

旋转：运用旋转因素破坏对手回接球质量的需注意有两个方面，一是正手发出的下旋球越转，再发不转球时对手就越不适应，容易出机会球，另外就是如果正手发转与不转球的动作极为相似，使对手难以区分，则发球直接得分或出机会球的概率就大些，因此，正手发转与不转球时一方面是要保证发球质量，使球具有强烈的下旋或相对的不转，另一方面还要在保证高质量发球的同时使转与不转发球的动作保持高度一致性。此外，当对手接不好转或不转中的一种发球时，在坚持发此种旋转球的同时结合发另一种旋转作为干扰，扰乱对手的判断，造成对手无法调整适应你的发球，从而形成比赛战局的相对优势。

速度：发出的转与不转的底线长球应当具有极快的速度，落点要尽量接近端线，要用发出球的“长”顶住对手，使其无法发力和进攻，只能被动地用小动作回球，从而为本方队员下一板的衔接或进攻创造条件。当正手发近网短球时，一般说速度不会太快，但要注意击球时的出手速度要快，瞬间发力，既保证了发球的质量，也会使对手步法移动不及时，回接出机会球，从而形成有利局面。

弧线：速度、落点和旋转的变化，在很大程度上是以低弧线为基础的变化，如果发球弧线过高，会大大降低发球的质量，更无从谈起对对手的威胁，往往陷自己于被动，甚至被对手抢先上手进攻，造成被动局面。因此正手的转与不转发球，如要保证高质量，就要有高质量的发球弧线作为基础。

2. 反手转与不转发球战术

(1) 战术思维

对反手转与不转发球应用较多的是反手位技术较好或削球打法的运动员，从发球阶段就可以较好地控制住左半台，当对方主动变线至本方正手位时，可以使用正手加强进攻取得优势，或有效地缩短脚步移动的范围。反手发转与不转球时，要使用几乎相同的动作发出具有强烈下旋和相对不转的两种球，球的旋转反差越明显，越容易造成对手回接球失误或形成机会球，从而便于抢攻。反手发球动作小，相似度高，通过发球时的假动作干扰对方，使其难以对来球的旋转程度进行准确判断，导致对方回接球质量不高，为抢攻创造机会。

(2) 技术要领

站位一般在左半台近台位置，持拍手肩部高度要略低于非持拍手肩部高度，两腿自然分开，注意重心稍低。抛球时，身体围绕纵轴向左转动，持拍手由体前左侧向左后上方引拍，拍面后仰，击球时球拍向前下方挥动，根据发球的旋转需要控制好拍面角度和动作幅度，发底线长球时要加大前臂击球速度，发近网短球时要注重手腕的发力摩擦，同时整个动作的完成要保证连贯性和较强的相似性。

(3) 运用方法

落点：发球落点的变化，要根据对方站位、步法移动和抢攻能力而定。如果对方站在球台左半侧，正手位空当较大时，可以直接发对方正手位的长球或短球（A、B 点），以此来调动对方，使其在移动中接球，从而出现回接质量不高的被攻球。在对方的接发球注意力集中于正手位短球，站位往正手位靠，而且离台比较近时，可以结合反手位斜线长球（C 点），迫使对方被动回接。如果对方站位偏中，发中路短球（D 点），可以避免被对方正手挑打或回球到本方的正手位大角度，造成自己被动局面。（图 6–2）

旋转：一般来说，如果反手下旋发球发的非常转，发不转球时的效果就非常明显。如果反手发球转与不转时动作相似性高，则对方难以区分，发球直接得分或出机会球的可能性大。所以在注意下旋球质量的同时，还必须使转与不转发球的动作保持较高的一致性。如果对方比较怕接下旋球，可以考虑以下旋发球为主，以不转发球作为干扰，配合运用效果较好。反之亦然。

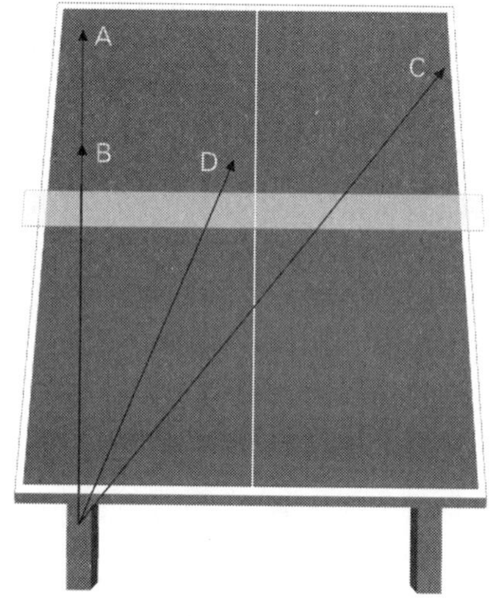

图 6-2　反手转与不转发球落点变化

速度：尽管反手转与不转发球，在发到对方近网短球时，其速度不算太快，但要注意击球的出手速度，来保证发球的质量，从而给对方接发球带来更大的压力和威胁。在发底线长球时，更应该使球具有一定的速度，迫使对方击球时间变晚，即在对方回接球时，球拍有被球“顶”的感觉。

弧线：发球的弧线也要引起重视。如果有了落点和旋转变化，在发球的速度上也做得不错，但是弧线过高，同样会使发球质量降低，特别是在发不转球时如果弧线过高，可能会被对方一拍打死。所以发球时，还要尽量做到弧线低。

3. 正手侧上旋与侧下旋发球战术

(1) 战术思维

侧上旋、侧下旋的正手发球战术，大都基于以下几个方面的考虑，首先侧上和侧下旋的发球要控制好发球弧线，要发出低平且速度较快的侧旋球，使球在对方台面弹起后出现较为明显的侧拐，造成对手击球时因对不准击球点而出现回球质量较低的情况。另外，侧上（下）旋的底线发球要结合近台的侧下旋发球配合使用，一方面积极调动对方移动步法，另一方面干扰对手对旋转的判断，当对手选择搓接时，这个球一般为出台球，一定要有积极上手的战术意识，当对方将球挑打回接为上旋球时，要及时准确地判断来球线路和落点，积极上手形成一三板的合理衔接。同时，比赛中要及时地通过不同落点、速度和线路的侧上、侧下旋的发球，大体了解对手是怕侧上还是怕侧下旋球，怕接斜线大角度还是怕接直线球，是怕接追身位长球还是怕接近网短球，灵活变化发球落点，从而导致对方回接球质量不高，为抢攻创造机会。

(2) 技术要领

正手位的侧上旋与侧下旋发球有两种，当发出的球为顺时针旋转时称为正旋转，当发出的球为逆时针旋转时称为逆旋转。当正旋转发球时，站位取左半台侧身位，发球时左脚在前右脚在后，身体侧对球台，适当降低身体重心。引拍时球拍向右后方引，同时转腰准备击球。球拍向前下方挥动，腿和腰腹向左转动发力并用力带动手臂，拍触球时，手臂和手腕发力摩擦。触球后，可使手腕做外展的假动作。侧上旋发球的拍面略微立起，在球拍横向挥动中，摩擦球的中部；侧下旋发球的拍面略微后仰，在球拍向侧下方挥动中摩擦球的中下部，动作过程要注意提高摩擦球的质量，动作不宜过大，短促有力，击球后快速还原，为下一板的衔接做好充足准备。

当逆旋转发球时，站位在左半台身体侧对球台，左脚在前右脚在后，抛球时身体以腰为轴顺时针向后转动，身体稍前倾重心落于左腿，在球的下降期，身体以腰为轴逆时针转动，抛球引拍时手臂内旋，提肘垂手，手腕内收尽量向身体内侧后上方引出，击球时手臂前摆，手腕由内向外迅速摆动，摩擦球的右侧下或侧上方，注意运用前臂、手腕和手指的合力摩擦使球逆时针旋转，击球后身体重心迅速还原。当发出台长球时，在触球瞬间将前臂略前送顶出，发近台短球时则适当减小前臂前送的幅度。

(3) 运用方法

落点：发球落点变化的主要目的就是要调动对手跑位，使对手在移动中接发球，或发出长球“顶”住对手使其无法发力进攻。当比赛中遇到左手持拍运动员时，可以采用斜线大角度发球到对方正手位（C点），调动对手被动跑位后，造成回球质量不高，伺机再杀反手得分。但当对手正手进攻能力比较强，或站位离台比较远时，则可以考虑以发近网短球为主（E、B点），限制对方的进攻。当对手两边衔接即摆速能力较差，或步法移动能力不强时，以发左右两个大角度的球为主（A、C点），迫使对方在大范围内移动中接发球，造成回球质量下降，而被攻失分，但本方一定要注意一三板的衔接，加强战术实施的连续性。同时，要特别注意的是，加力摩擦发出的逆侧旋球（E、D点）如对方回接不好，落点一般会偏向自己的正手位，因此要积极衔接好下一板的正手抢攻战术。（图6–3）

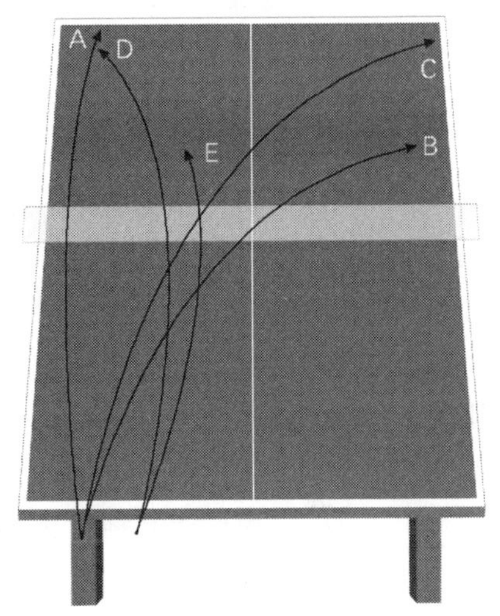

图 6–3 正手侧上、侧下旋发球落点变化分布

旋转：运用较好的正手侧上（下）旋发球，其旋转表现出融合性的特点，尤其在侧上（下）旋相结合的摩擦点上发出的球显现出极为相似的旋转特征，极易使对方在接球时出现犹豫，回球时一旦选择的拍型或击球角度不合理，极易造成被动被攻的局面。因此侧上（下）旋发球的目的就是扰乱对手对旋转的及时判读，控制对手回球的质量和范围，为本方下一板的战术衔接创造较好的机会。

速度：正手侧上（下）旋在发底线两个大角度球时要求速度要快，并结合旋转的变换打乱对手的战术意图和击球节奏，在发近网短球时出手速度也要快，注意发球第一跳要尽量接近本方网前，保证发出的球足够近网使对手被动移动，从而创造出本方得分机会。

弧线：无论发出的是近网球还是底线球，合理地控制好弧线是第一要务，近网发球弧线过高极易被对手挑打大角度被攻，甚至被暴挑完败。底线长球如果弧线过高其速度必然较慢，同样容易造成被动被攻，因此无论发短球还是长球，都要尽量压低弧线，突显速度和旋转的叠加作用。

此外，在注意以上要点的同时，动作的相似性也有着举足轻重的作用，正是发球动作的相似性极大地影响了对方对来球旋转的正确判断，从而造成对方判断失误，此为发球成功的前提之一。

4. 反手侧上旋与侧下旋发球战术

(1) 战术思维

反手侧上（下）旋的发球和正手侧上（下）旋的发球都易于发出底线长球和近网短球，但二者旋转的方向截然相反，因此在使用反手侧上（下）旋发正手位近网短球和底线长球时对对手的步法调动更加充分，结合下一板的大角度攻球或追身球会使对方难以招架。另外，反手发出的侧上（下）旋球对方在接球时如对旋转判断不准或不够，回球落点极易在本方正手位，因此在发球时就要对下一板的战术实施做到心中有数。此外在比赛中遇到困难或僵持，在正手转与不转发球和侧上（下）旋发球打不开局面时，积极变化，主动采用反手的侧上（下）旋发球，以此来打破被动或僵持局面。

(2) 技术要领

站位一般取左半台反手位，但目前也有个别选手（如奥恰洛夫等）也在右半台发此球。发球时，两脚平行或右脚稍前。抛球时，身体稍左转，球拍横立，提肘垂手，手腕内收；挥拍时，身体右转并以肘带前臂，向身体侧前方挥出，手腕加力外展摩擦球，同时身体重心适当下沉前压。发侧下旋时，球拍稍后仰，在球拍转向侧上方前的瞬间摩擦球的中下外侧。发侧上旋时，球拍稍立起，在球拍向前下方挥动转向侧上方的瞬间摩擦球的中部外侧，击球后身体顺势还原，尤其注意步法的还原要到位，不要发完球后右脚还在左脚前方。在右半台发此球时，一般迅速还原到球台中线附近，为回接短球或两面拉攻做好准备。

(3) 运用方法

落点：反手侧上（下）旋发球的主要落点在对方正手位近网处（C 点），要加大侧向摩擦使发球的第二落点尽量落在边线上并接近网前，这样球弹起后拐向台外，造成对手回接困难无法发力进攻，同时站位失位，还原距离较长导致被攻。因此，近网短球与正反手位大角度的底线长球（A、B 点）的结合，会使对方既要准备上步提防近网短球，又要小心反手底线长球“顶”住自己无法发力，还要注意正手位的长球，从而造成对手无所适从，回球质量下降。

此外，近网正反手位结合处也是此发球较好的落点（D 点）选择，此位置可以调动对手的步法移动，回接球不好发力从而出现机会球。（图 6-4）

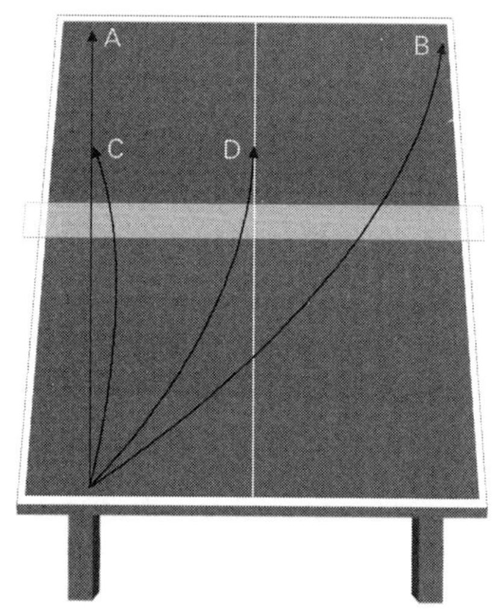

图 6-4　反手侧上与侧下旋发球落点变化分布

5. 正手奔球发球战术

(1) 战术思维

侧身位的正手直线奔球，主要用来牵制对方注意力，发球的速度快、突然性强，线路长。发球除了做出上旋外可以带侧旋或下旋，加大回接难度。使用奔球时，主要是发挥它的突然性。即当对方站位过于偏向左半台时，可以考虑发奔球到对方正手位。或当对方频繁直接侧身接发球抢攻时，为了牵制对方注意力，迫使对方减少侧身次数，可以考虑发奔球到对方正手位。对方正手位进攻能力比较弱，引拍比较慢，也可以考虑发对方的正手奔球，利用奔球的速度制胜。

(2) 技术要领

站位靠近球台，与侧身位的正手发球站位要有极大的相似性，如此才能体现出发奔球的突然性。身体稍前倾，左脚前右脚后，通过观察对方的站位来决定发球的落点和旋转。抛球时球拍后引，拍面稍前倾，手臂与手腕适当放松，腰稍向右转。挥拍击球时用腰带动手臂发力向前挥，触球瞬间再转变拍型决定发直线或斜线，提高发球的隐蔽性。触球时手腕既要有弹击球的动作，又要有上旋摩擦的动作，重心由右脚向左脚移动，球拍继续向前挥，重心落至左脚，然后跳步还原站位。击球点要低以降低弧线，尽量使第一落点靠近本方球台的底线处，以便发出长球。击球后，注意动作和站位的还原，因发球速度较快，对方回接球也会较快，因此要特别注意下一板的衔接，原则上应在前台封死对方来球，回击时大角度调动对方，为得分创造条件。

(3) 运用方法

落点：当对手较多地选择侧身位进攻时，或对手的正手技术较强，频频采用侧身抢攻的战术时，正手直线奔球会有效地抑制对方侧身进攻的意识和次数，促使对手使用反手接球以降低本方被攻的机率。同时，正手奔球发出的反手位底线大角度球也会使对方即使侧身，也无法进行较有威胁的进攻，因此在落点选择上要根据对手的打法和习惯直斜线兼顾。

旋转：奔球发球时既要有力地弹击球，又要摩擦产生急上旋，这样可以增加发球的速度和落台后的前冲力，同时降低了发球的弧线，以突出速度效果，达到出其不意的目的，此外还可以适当地加上侧旋或下旋，多种旋转更易造成对方判断失误，增加本方得分的机会。

速度：是奔球的基础，没有速度的保证，奔球极易被攻，造成本方战术实施的被动，为了保证速度，在发球时出手要快，手腕发力要短促有力，近乎是用球拍做弹击的动作。

同时要注意动作的隐蔽性和相似性，即可以用几乎相同的动作发出侧上（下）旋和奔球，使对方既为了保护正手而不敢轻易侧身进攻，而侧身时又可能因判断错误被偷袭正手，造成失分。

6. 反手奔球发球战术

(1) 战术思维

反手奔球的运用也主要是“偷袭”战术，通过出其不意的大角度调动使对方不能轻易侧身接发球抢攻，牵制对方的注意力，迫使对方减少侧身次数。如果对方正手位进攻能力比较弱、引拍比较慢，在落点上主要考虑发奔球到对方正手位，利用奔球的速度制胜。同时，也可以根据对方的站位发出底线长球，使第二落点在对方正反手的交汇点，“顶”住对手使其只能被动应付而无法发力进攻，从而创造局面上的相对优势。

(2) 技术要领

站位取反手位靠近球台处，动作应与反手发下旋或侧旋时基本一致，站位左脚稍后，右脚稍前，或两脚基本平行。抛球时将球拍向后方引出，腰自然向左侧转动，拍面呈现发下旋球的后仰以迷惑对手，手腕适当放松，身体重心落于右脚，根据对方站位确定发球线路。挥拍击球时球拍向前迅速挥动并加速，触球瞬间球拍调整至前倾角度，充分运用前臂的转动和手腕的弹击力量。击球点要低，以降低弧线。第一落点要尽量靠近本方球台的底线处，以便发出长球。挥拍后调整身体的重心和姿势，顺势还原，以较好的衔接下一板来球。

(3) 运用方法

落点：主要使用反手奔球发到对方反手位大角度（B点），或根据对手侧身进攻的习惯和频率适时偷袭对方直线正手位（A点），此外也可以适当的发出正反手交汇点的长球，即对手腋下的位置（C点），造成对方回球质量不高。（图6–5）

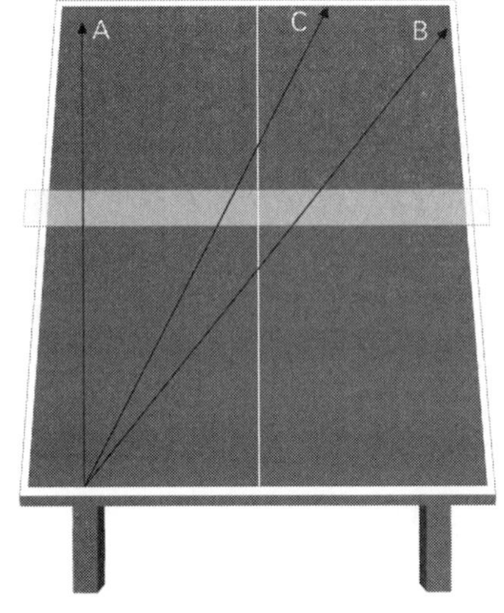

图6–5 正反手奔球发球主要落点分布

旋转：发球时通过向上的发力摩擦使球产生急上旋，可以增加球的速度和落台后的前冲力，同时有效地降低发球的弧线，从而突出旋转和速度的叠加效果，达到出其不意的战术目的。

速度：奔球的核心要素就是体现出速度的优势，作为速度的保证，在发球时动作要隐蔽，增加突然性，发球出手要快，手腕发力要短促有力，加强球拍的弹击动作效果。

（二）发抢战术

发抢战术属于前三板的战术组织和实施，主要是根据对手的技战术特点和打法特征，通过合理的战术指导思想，积极利用本方发球的优势，抑制对方技战术的实施，从而形成发球后自己抢先上手进攻的技战术方法。一般来讲，首先要使发球在旋转、落点或速度上超乎对手的预判而使之陷入接发球被动，或者对方在某方面的接发球能力欠佳，发球后即可采用正手进攻和反手进攻的战术。此战术在应用上，分为台内球的战术处理和出台球的战术处理。

1. 正手高抛发球后接正手台内挑打

(1) 战术思维

针对对手的接发球特点，发球时在落点、速度等方面采用积极的变化迫使对手回球质量不高，然后快速上手抢攻。正手的台内挑打有时也是针对对方回接发球时摆短控制不好，回接球近网且落点偏于右半台，弧线稍高、旋转较弱的质量不高的球。挑打时动作幅度小突然性强，落点变化大，角度调动大，是对付近网下旋不强或不转球的一项进攻技术，在战术上突出的是攻击性和突然性，即速度优势，运用得好可以一板得分。通过挑打落点，调动对方大角度地跑位，在战术上打乱对方的安排，造成对方失去合理的站位，以此来破坏对方的进攻能力，形成自己的优势局面。另外，侧身位挑打直线突出隐蔽快速，突然发力，使对方猝不及防，挑打斜线一定要大角度，出手迅疾，使对方无力进攻，疲于应付，同时侧身位的挑打可以有效地制约对手的侧身进攻，对手往往为保护正手直线不被挑打，而不敢轻易侧身，变得无所适从，战术实施受到极大压制。

(2) 技术要领

正手高抛发球后衔接进攻的战术是运动员在比赛中最常用的，使用正手高抛发球在落点、速度和旋转方面较为多变，因此要充分利用好发球的优势，做好下一板技战术的衔接，积极为抢攻创造条件。关于发球的技术动作要领见前“正手侧上旋、侧下旋发球”，这里不再赘述，主要对台内挑打技术要领做出说明。

正手位挑打通常使用单步和跨步，迈出右脚使身体向右前靠近球台，步法移动时要注意不要跳起向前，而要保持身体重心的低平前移，步法移动的同时持拍手快速向前伸出，插向击球点后方，在高点期根据来球旋转击球的中后部，击球时手腕发力，快速迎前收小臂，右脚要顶住身体重心不能过分前移，以免影响下一板还原。侧身位挑打通常使用侧身步，使身体向球台的左侧移动，迈出左脚使身体向左前靠近球台。拍面略向外撇并略微引拍，拍形立起。利用身体的前迎增加挥拍速度。在来球的高点期击球，触球时手腕发力挑打球的中部。由于身体过于贴近球台，在挥拍击球后要注意身体快速还原，以有效地进行技战术的合理衔接。

(3) 运用方法

对方摆短到自己正手位近网的球，在击球的瞬间要注意观察对方的站位，如对方站位靠近反手位，那么挑打对方的正手位大角度斜线最有威胁（A 点），而且斜线的线路比较长，容易控制，挑打成功的可能性比较高。如果对方站位比较居中，可以打对手的反手小斜线（B 点）或中路正反手交汇点（C 点），可以适当减少一些力量，以保证技术的稳定性。同时要充分发挥挑打的速度优势，判断清楚对方搓球的旋转，决定上手挑打时，出手要果断。手腕在击球瞬间的变向，使对方不易看清楚是打哪条线路。（图 6-6）

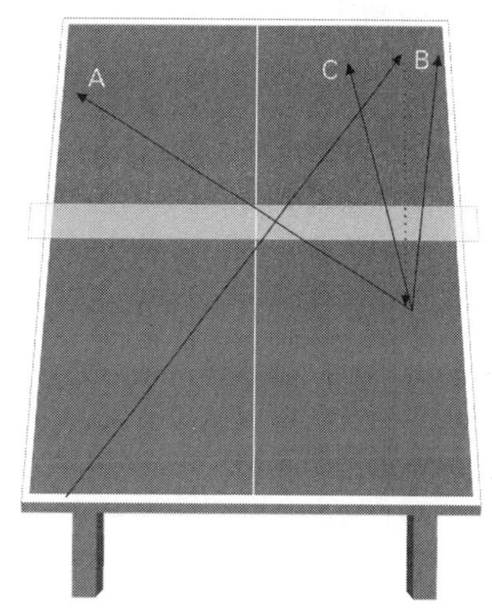

图 6-6 正手台内挑打主要线路分布

2. 正手逆旋转发球接正手位抢攻（拉）

(1) 战术思维

正手位发动的抢攻较为凶狠，运用时把握性也较高，击球点选择的范围较大，回球和调整的空间也较大，因此在战术实施上要首先保证成功率。发球时以发逆时针旋转的侧下短球为主（A 点），多选择正手位的逆旋转发球和反手位的侧下旋发球，其原因就是此种旋转的发球在对方拍面产生的旋转作用使回球指向本方的正手位（B 点），对方一旦因判断不准，回接球就会形成在本方正手位的机会球，造成被动被攻，即运用强侧下旋迫使对方回接正手位，然后实施正手抢攻（拉）。结合侧上旋及长球的迷惑性发球的同时，注重后续进攻战术的有效实施，爆冲正反手两个大角（D、C 点），往往会收到较好的战术效果。（图 6-7）

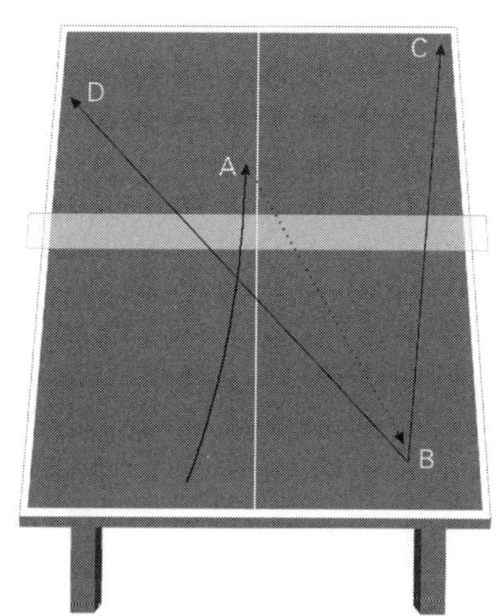

图 6-7 正手逆旋转发球接正手位抢攻（拉）落点分布

(2) 技术要领

站位在左半台，当本方用正手发出逆侧旋球后，而对方回接球到正手位时，移动方向的异侧脚蹬地，运用跨步或并步迅速移动到击球点，同时在步法移动过程中积极引拍，双脚落地后挥拍击球，球拍摩擦球的中上部，蹬地转腰，身体带动手臂发力。重心由右脚快速转移到左脚，触球瞬间加速收前臂，击球后迅速还原重心，保持良好站位。

（3）运用方法

比赛中要及时了解对手接发球在落点、线路和速度上常用的回接方式，对回球位置的判断要及时准确，减少判断的盲目性。发球技术动作要与抢攻前的准备动作结合起来，特别是通过线路判断对手回接到我方正手位出台球时，要迅速做步法调整，切实避免在步法移动时重心的上下起伏，影响动作、出手速度和质量，要争取迅速移动到位，以便进行正手抢攻（拉），出手时还要特别注意落点的选择和变化，预防对手提前封堵线路进行反击。

正是因为发球后正手位抢攻的动作快、稳定性高，运用速度和旋转压迫对手，因此一旦对方接发球出台，落点在右半台时就要做好正手位抢攻的意识准备，切忌正手回搓出台球，丧失正手位进攻的大好机会，最后造成自己被动被攻。

3. 正（反）手发侧下旋接反手台内挑打

（1）战术思维

当对方回接球在近网、下旋不强或不转时，或回接的近网球质量不高，弧线略高，落点为中路偏左半台时，经常采用该进攻技术。由于动作幅度小突然性强，落点变化大，往往可以出其不意，直接得分。反手台内挑打主动进攻，不仅可以打乱对方计划，有效遏制对方的进攻，通过对落点和出手速度的控制，还可以较为有效地形成局面优势，为本方得分制胜创造有利的战术局面。

（2）技术要领

当使用正反手发出侧下旋的球，对方回接质量不高时，可快速上步运用台内挑打的技术发起进攻。挑打时站位靠左半台，右脚或左脚单步向前，具体情况要视来球的位置而定，来球偏向自己反手的位置则上左脚，反之上右脚，同时身体靠近球台，对准击球位置。球拍前插向台内伸去，拍面稍立几乎垂直台面，手腕稍下垂，肘关节略前顶。利用身体前迎的力量挥拍，击球时以肘关节为轴转动前臂，在来球的高点期，根据来球的旋转情况击球的中部或中上部。击球时前臂带动手腕，向前发力为主，动作迅速有力，击球后左脚或右脚蹬地回撤，迅速还原。

（3）运用方法

在落点上挑打对方的斜线反手位底线最有威胁（A 点），而且斜线的线路比较长，容易控制，挑打成功的可能性比较高。如果对方回摆到我方中路近网时，挑打正手直线或中路（B、C 点），挑打直线线路短可以适当减少一点力量，且反手挑打的动作要干脆简洁，以保证技术的稳定性。同时要充分发挥挑打的速度优势，判断清楚对方回球，决定上手挑打时，出手要果断。手腕在击球瞬间的变向，使对方不易看清楚是打哪条线路，从而在保证隐蔽性的同时增加了攻击效果，创造有利战局。（图 6–8）

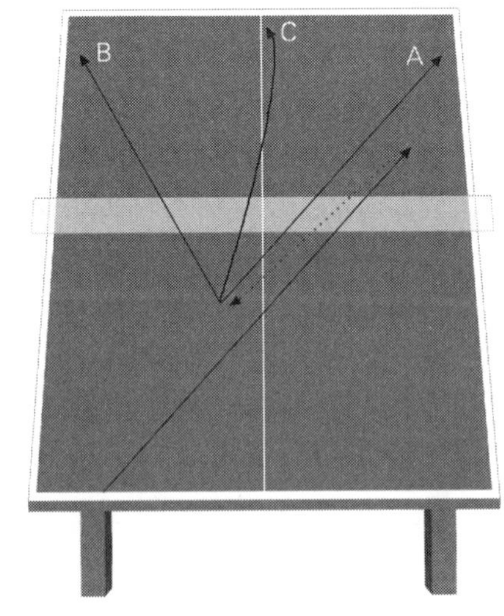

图 6–8　正（反）手发侧下旋接反手台内挑打落点变化

4. 正手发逆侧下旋后接反手台内拧拉

(1) 战术思维

发球后对手回接球到中路近网，弧线低，旋转强时，可以采用反手拧拉技术将球拧拉为上旋或侧上旋球的方式回接过去，迅速形成连续进攻，减少了近网球的缠斗，减小了由于近台小球技术欠佳，或持拍方法的劣势（如横板由于握法的原因在近台球处理方面不如直板灵活）带来的不利局面，而且迅速拧拉成上旋球后横板运动员可以更好地发挥两面拉攻优势。无形中提高了抢攻能力，扩大抢攻范围，增强抢攻质量，这是评价运动员技战术水平的重要标准。过去传统的拧拉高质量台内球的方法是在球的高点期接触球，而现在的台内拧拉是在球的上升期接触球。它往往出乎对方意料，令其准备不足，也具备相当的杀伤力，给对方的心理造成一定压力，在战术上较早地确立主动进攻的优势。

(2) 技术要领

台内的拧拉一般是在发球到对方中路或正手位近网，利用旋转和落点压制对方使其无法起板，当对方回球到本方正手位近网时，积极移动步法到正手位使用的战术。拧拉时要准确判断落点，迅速移动重心，左脚蹬地，右脚跨步或单步向右前方，移动时身体向左侧转腰并积极引拍，提肘且前臂和手腕伸向台内并做充分的内收内展，当球跳至上升期或最高点时，以肘关节为轴前臂转动发力，带动手腕外展的同时用力摩擦击球，腰腿右转，前臂和手腕向前向外发力。内旋和外展的幅度越大越容易击出对方反手位大角度球，较小的内旋和外展可以回击到对方正手位或中路，可根据对方站位习惯和打法风格确定回球落点。

(3) 运用方法

首先要准确判断来球的旋转、弧线、落点，把握好时机，调整好拍形，掌握好击球的节奏果断出手。同时脚下步法移动的节奏必须合拍，否则击球的力度不够，失误偏多。另外注意反手拧拉回球的速度、落点、弧线。一般拧拉时弧线低、速度快、落点角度大。回过去的球视对方的不同站位而定，基本上在对方的腋下（A 点）或是两个边角的落点（B、C 点），这样可以很好抑制对方的进攻。

同时反手拧拉后不用再侧身或大范围移动，直接退右脚还原成基本站位，左脚略微在前，立于球台中间偏左中近台的位置，两面控制住球台范围，准备进行两面连续进攻，迅速形成有利局面。（图 6–9）

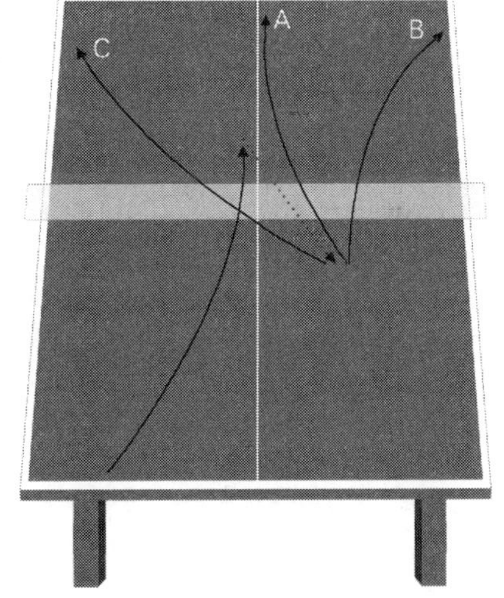

图 6–9 正手发逆侧下旋后接反手台内侧拧落点线路

5. 正手发侧下旋底线球后接反手位拉攻

(1) 战术思维

使用正手侧下旋长球压制对方的上手抢攻后，当对方回球在左半台时及时地使用反手拉攻战术较为奏效，但要注意根据来球的不同特点进行相应的技战术处理。当本方发侧下旋长球后，对方回搓球速较快的长球，没有时间侧身抢攻，可用反手快拉；当发侧下旋球后对方主动劈长，来球较转可用反手拉小高吊应对；如果对方接球后拉起到反手位但质量不高，可用反手反拉。动作要求要快，突然性强，以速度、旋转取胜。反手位拉攻要充分利用反手上手快的战术特点，实施先发制人的策略。上手快拉抢拉困难时，就要以旋转为主，在保证回球稳定性的同时增加对方击球难度。

(2) 技术要领

左半台侧身站位运用正手发出侧下旋底线长球，“顶”住对方使其无法发力进攻，对方回接球到反手位时，使用拉攻战术进行衔接。拉攻时身体左转，收腹并降低重心，快速移动到适当的击球位置。在步法移动过程持拍手根据来球的高度和旋转向下引拍，抢攻时击球点在高点期，拉球时击球点在下降期，摩擦球的中上部，通过蹬腿转腰转肩的力量带动手臂和手腕发力。击球后手臂要及时还原，保持身体平衡，迅速回转重心，击球时要注意观察对方站位，选择拉直线或斜线进行进攻。

(3) 运用方法

反手抢攻抢拉要注意对方来球的性质是推拨、挑打、回搓还是拉接，是底线球还是半出台球。这些因素决定了反手拉攻时的站位、引拍、挥拍方向、拍面角度、身体用力方法等环节的变化。一般讲推拨和挑打都是出台球，但推拨或挑打的球速比较快，在回接上有突然性特点，而反手拉攻的难点就在对付速度上，为了抓住较好的击球点，反手攻拉时引拍一定要及时。对方搓接时有短球也有长球，有加转球，也有不转球，这些对于反手攻拉的运用而言，难点在于区别球的长短并适时做出抢攻拉动作，因此要反应迅速，提早做出预判，出手时要坚决果断，不能犹豫不决。

6. 正手侧身位发球后接侧身抢攻（拉）

(1) 战术思维

通过正手位发出较转的下旋或侧下旋球使对方回接反手位，然后实施侧身抢攻（拉）。另外在对方反手进攻能力不强，控球不到位或战术需要时，可以通过积极主动加强侧身进攻，来抑制对方的战术策略。该战术实施时要及时发现和抓住对方在接发球技术和战术方面的弱点，以及由此引起的心理变化。在关键分上，积极实施发球侧身抢攻战术，是获得胜利的有力保障。特别是对方接发球劈长到反手位时选择回搓或者被动的采取反手拉球，不如积极主动使用发球后侧身抢攻战术以取得比赛的胜利。站位时一般侧身站位，以发正手下旋球为主，抢攻动作要快，突然性强，积极主动，注意攻球落点的选择和变化，角度一定要大，以速度和旋转取胜，特别注意下一板战术的衔接。

(2) 技术要领

侧身抢攻战术的核心就是要保证高质量的侧身进攻，尽量追求一板制胜，最少也要对对方形成较大威胁，否则一旦被对手压制，就会因失位或步法跑动不及而造成极大被动。一般来讲当对方回接到反手位时，运用跳步侧身快速让开击球位置。及时判断来球的落点、弧线和旋转的性质，在身体移动的同时，右肩随转腰略下沉，根据来球性质决定引拍的位置，持拍手高度要和来球相匹配，即来球较高时手也要高，来球低转时手要略低。拍形前倾，下降前期撞击球的中上部，在接触球的一瞬间迅速向前上方挥拍。身体重心由右脚移至左脚。侧身抢攻（拉）后迅速还原至合理站位，积极准备下一板的快速衔接。

(3) 运用方法

对于进攻技术较好，脚下步法能够保证战术实施的队员，要积极发挥侧身攻的技术优势，在站位上可以稍偏左半台一些，以利于快速侧身。侧身时不能盲目，切记不可对方尚未击球而自己已经做出侧身动作，这样极易被对手察觉后搓短或劈长到己方正手位直线造成被动。因此一定要积极合理地利用发球优势，争取逼迫对方回接到己方左半台反手位（A 点），因为这个范围基本上因为己方高质量发球而被限定。

另外就是在侧身前，眼睛盯住对方球拍触球瞬间的拍型变化，一旦碰球后，便可决定是否侧身，而不要等到球已过网时再做决定，即侧身前要注意看对方拍型，一旦对方回搓反手位，要迅速大胆地侧身进行抢攻（拉），角度上要有较大反差，即正反手大角度（C、D 点）和中路（B 点）的落点要相互结合，保证进攻的有效性，为得分打下基础。（图 6–10）

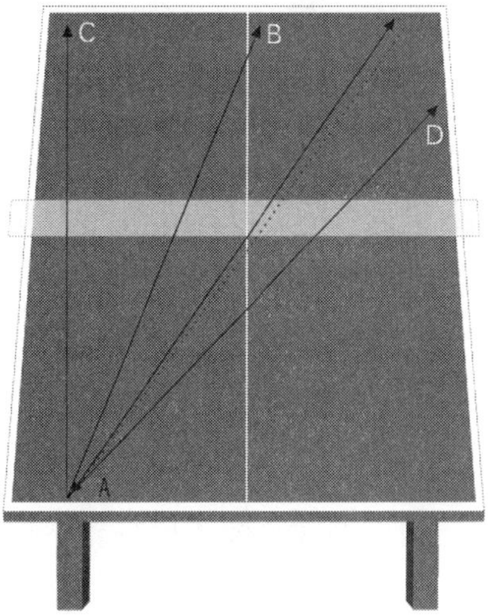

图 6–10 侧身位发球后抢攻落点线路变化

（三）发控战术

发控战术指本方发球后由于对方回球质量较高，或回球方式、落点、速度和旋转等方面超出自己的预判，没有机会实施发球抢攻战术，只能以控制性的技术如慢搓等方式回接来球，目的是要过渡或尽量控制住对方，争取不让对方实施进攻的战术。

1. 慢　搓

（1）战术思维

发球后对方回接下旋球质量高，自己直接发球抢攻的难度较大，进攻优势不明显或成功率不高时，可以采用慢搓战术进行回接，控制好回接球的旋转和落点，为以后寻找进攻机会做准备。慢搓是在下降期击球，因此有比较充裕的时间判断来球性质（旋转、落点等）。由于动作比较大，速度比较慢，故技术的稳定性比较好。容易加转摩擦，制造出的下旋比较强。

（2）技术要领

球拍向后上方稍引，拍面稍后仰。球拍向前下方挥动，用球拍的下半部摩擦球的中下部。触球时前臂手腕适当加力。慢搓引拍距离长，击球的下降期。

（3）运用方法

当对方回接加转下旋球时，为了避免搓球下网，慢搓时球拍可稍后仰向前下方搓出。拍触球时，注意手腕有个小的加力摩擦动作。对方回搓不转球时，为了避免搓球出界，慢搓时球拍稍立起一些，动作向前下方挥动多一些，便于控制球。慢搓时尽量不要试图搓短球，因为球速慢，击球点较低，弧线较高，对对手的威胁不大，且一旦回球高就会造成被攻。在旋转变化方面，因为有足够的时间来进行加力摩擦，所以在搓球时可以考虑通过搓加转与不转球控制对方，造成对手因旋转判断不准而回球质量不高，形成本方进攻的有利局面。另外在慢搓对方发来的侧下旋球时，要根据来球的旋转及时调整拍面，一般来讲，从己方角度看当来球为顺时针旋转时拍面要摩擦来球的右侧下方，来球为逆时针旋转时要摩擦来球的左侧下方，以抵消来球的侧旋。

2. 快　搓

(1) 战术思维

快搓相对慢搓在击球时间上更早，是以较小的动作幅度击球的上升期，出手快，回球速度也快，即通过节奏、速度和旋转的变化有效控制对方的抢攻，抑制对方抢攻的质量和成功率。要根据对手的技战术特点，把快搓的速度与旋转、线路和落点的变化结合起来，增加快搓战术使用中的突然性和变化性。在战术意义上要特别突出速度的利用，同时加强落点和旋转的变化，往往会产生出其不意的战术效果，为自己的后续进攻创造机会。

(2) 技术要领

站位靠近球台，双脚自然分开并保持较低的重心，注意含胸弯腰，引拍时持拍手前臂自然弯曲并稍向左肩下方后收，击球时前臂和手腕向前下方用力，击球的中下部，拍面根据来球适当后仰或前倾，以避免下网或回球过高。击球时间应选择击球的上升期，动作幅度要小，出手速度要快，保持较快的球速和较低的弧线。

(3) 运用方法

站位一般在近台左侧，在赛前或比赛的开始阶段要对对手的发球能力和特点有基本的判断。当对方发侧下旋或下旋球时，可以使用快搓迅速回球到对方的两个大角，以快来制约对方的抢攻意识，打乱对手战术意图，同时要积极侧身或准备上手进攻，做好下一板的衔接。一般快搓后对方往往由于节奏的突然加快而处理不及时，造成回球质量不高而出现机会球被攻，因此在取得快搓暂时性的优势局面后要有意识地提前为后续的战术衔接做好准备，及时抓住得分机会。另外在处理球的侧旋转上，要注意球拍拍面方向随不同侧旋来球进行适当的调整，即当来球为顺时针旋转时拍面要摩擦来球的右侧下方，来球为逆时针旋转时要摩擦来球的左侧下方，以抵消来球的侧旋。

(四) 发防战术

是指当本方发球后，由于发球在旋转、落点、速度和弧线等方面运用不当，或被对方正确预判了本方的发球意图，而被对方抢先上手进攻，造成自己第三板的被动防御所采用的技战术方法，一般来讲在防御中主动变化性较低，但也并不意味着只能消极应对，因此在被攻时更要迅速反应，及时调整好站位，在最短的时间内做出合理还击，争取打出守中带攻的技术，为后续的战术运用与实施打下良好的基础。

1. 发底线球接反手防弧圈战术

(1) 战术思维

发球质量不高，被对手接发球抢攻，或发球后对方进攻己方来不及进行反拉时，可使用防弧圈的战术应对，可以用靠、贴、侧推的方法来防守。如果来球质量不高，也可以采用反带的技术进行回击。回球时一定要尽量通过落点的变化来调动对手的跑位，如对

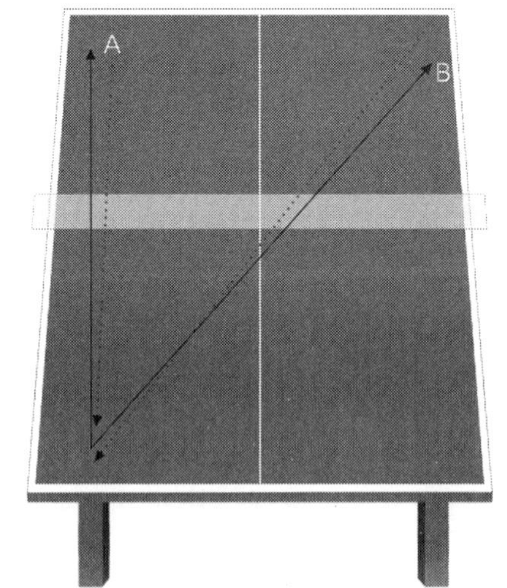

图 6-11　反手防弧圈回球落点线路的变化

方是侧身攻，则尽量将来球回击直线防守到对方正手（A 点），如对方为正手位拉攻，则尽量回球到对方反手位（B 点）以避免对方在同一点上连续进攻，造成自己持续被攻而无法缓解的局面。（图 6–11）

（2）技术要领

当本方发球被对方抢先上手拉攻到反手时，要快速移动到击球点位置，迅速将球拍置于反手推拨球位置，调整好拍型应对，拍面稍前倾，手腕微调板型后尽量固定，前臂稍发力向前。如是对方侧身攻的回球，来球力量大速度快，要迅速保持拍面前倾，对准回球落点，压住拍头减力回击，即要“靠”住来球，回击球的高点或下降前期，手要紧但不能僵，身体和前臂大臂适当放松，以减小来球的冲击力，回球时注意落点选择以调动对手。

（3）运用方法

当发球后被对方拉反手位或中路时，步法要及时调整到位，击球时保持好身体重心的高度，身体稍前倾，手臂稍前伸以形成较好的动作减力结构并有利于控制来球，提高命中率为下一板的转化做好准备。当对方来球力量大旋转强时，可适当减力或让球直接撞向球板，调整好拍型角度、高度，当来球力量较小旋转不强时，可适当向前加力，反带来球，增加回球质量使对手被动。

2. 发直线球后接正手快带防弧圈战术

（1）战术思维

比赛中当本方使用侧上旋或侧下旋发球到对方直线，意图偷袭或调动对手时，如对方准备较为充分，往往会上手抢拉到本方正手位，此时可用正手快带应对来球。由于对手抢先上手，自己处于被动地位，因此快带时要迅速到位，积极变线应对不利局面，如判断对方抢拉质量不高，在快带时要适当加力，使回球“顶”住对方使其不能连续发力，如对方回球质量较好，要及时变线到对方不易发力的落点，如反手（A 点）或追身（B 点）的位置，控制对方连续进攻的战术实施，以尽快扭转不利局面。此外，对方如果拉下旋球频频上手但又质量不高时，可以主动发下旋球让其拉起，然后积极利用正手的加力快带变线，做到“守中有攻”从而赢得主动。（图 6–12）

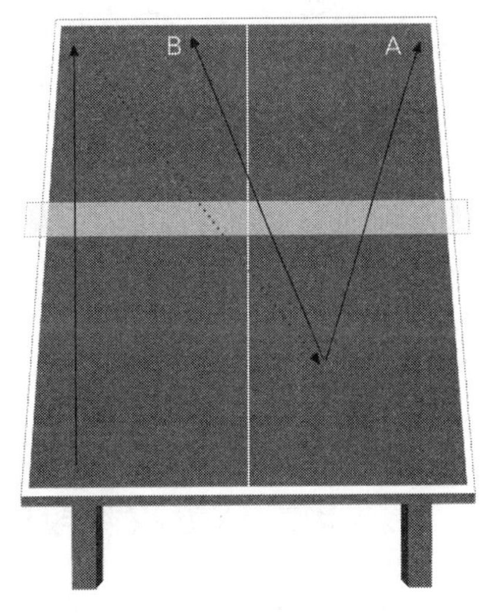

图 6–12 正手快带防弧圈落点线路的变化

（2）技术要领

发球后身体要迅速还原，当判断对方抢拉到正手位时，左腿迅速向右蹬地，右腿横跨至击球点，同时持拍手向身体侧前方引出，身体稍前倾，在脚落地的同时，大臂向前且前臂和手腕内旋，根据来球的旋转和力量调整拍型适度前倾，击球时积极向前收小臂，拍面下压击球，注意动作幅度短促有力，幅度较小，击球后持拍手迅速收回，右腿蹬地还原，保持合理站位。

（3）运用方法

当发球被对方较为准确地预判而抢先上手时，在被动中使用正手快带来进行防守，同时如对方拉球质量不高，也可以主动地发下旋球到对方正手，让对方首先拉起后再运用该战术进行反攻。运用时注意步法移动迅速，动作快速有力，注意回球落点的变化以调动对手，摆脱被动局面并赢得主动进攻的机会。

3. 发球被攻后接削球战术

（1）战术思维

发球后对方采用接发球抢拉战术时，根据对方回接球的旋转和落点，可以采用削球进行回接。通过削出不同旋转（转与不转）的球牵制、干扰对方的判断，造成对方进攻失误，或为自己的反拉进攻创造机会。削球控制回接的范围比较大，在防守中可以通过主动变化寻求机会，可以以防代攻。削球要在被动中削好弧圈球和顶住大板，弧线要低，尽量减少对方发力进攻的机会。同时要通过旋转、落点结合节奏的变化，为主动进攻制造机会，扰乱对手的战术实施。在战术使用上应当具有积极主动的意识，即主动施变造成对方的失误。比赛中要根据对方技术上和战术上的强弱，主动调整自己的战术，以保证取得胜利，即要在变化中寻求机会，不能只是一味防守抵御，削攻结合才是取胜的关键。

（2）技术要领

当发球后判断对方上手抢拉，要迅速后退到中远台正反手削球位置，身体前倾，重心位置较低，根据来球的方向和位置运用并步或跨步进行左右的步法移动，引拍时手的位置较高，球拍略立起。挥拍向前下方，摩擦球的中部略偏下，在球的下降中后期击球，运用身体的左右转动配合手臂和手腕发力，要控制好球的落点和弧线，并通过削出不同旋转的回球造成对手失误。击球后，要保持身体的平衡，迅速还原至球台中线延长线位置，及时保护左右大角并注意随时上步预防对方调短球。

（3）运用方法

在削对方拉过来的球时，站位不要过于远离球台，削球时击球点选择要相对较高，而削出的弧线要低，以使回球的落点和速度结合起来，逼对方大角迫使对方在跑动中拉球，降低对方进攻的威力，或通过旋转变化导致对方直接拉球失误，或回球质量不高，为自己主动反拉创造机会。

二、接发球抢攻阶段的主要战术

比赛中接发球抢攻阶段的主要战术是指接发球战术、接球后和第四板结合所采用的战术，在战术运用特点上主要包括接发球战术、接抢战术、接控战术和接防战术等。

（一）接发球战术

比赛中接发球的作用极为重要，良好的接发球能有效地控制对方的抢先上手，甚至变接发球的被动为主动进攻。一般接球时要及时根据对方发球的特点选择适当的技战术。在战术风格上要充分体现出积极主动、抢先上手的特点，同时要具备多种接发球的技战术能力，根据比赛实际情况选择最合适的技战术来接球。只有较好的掌握了接发球的技战术，才能在比赛过程中取得先机、赢得胜利。

1. 摆　短

(1) 战术思维

通过对落点的控制，进行线路等方面的变化，使球的第二跳不出台，以此来限制对方上手冲拉弧圈球。同时积极并敢于运用向右下方摩擦回接的侧下旋短球，造成对方回接出近网高球为本方进攻创造机会。在摆短限制对方上手进攻的同时，要为自己进攻创造条件。该动作要求幅度小，出手快，回球短，因而有效地控制对手高质量的上手进攻，为自己的进攻创造条件。

(2) 技术要领

一般是回摆对方发出的近网下旋球。站位时身体靠近球台，判断来球在近网时，右脚快速向前跨步，积极上手向前引拍，球拍稍后仰。拍面向前下方挥动，在来球的上升前期，摩擦球的中下部。触球时用手腕适当发力，并控制好球，使球回接到对方近网处。击球后，退步还原要快。此外，在击球瞬间也可以向右下方摩擦，以此控制回球的长度，且回球具有一定的侧下旋，在更接近球网的同时，侧下旋会使对手难以控制，极易出现近网高球，造成被攻。

(3) 运用方法

对对方发出或回接的近网短球，尤其下旋球，上步快速是关键，回摆的时候，迅速清晰的摩擦球，要尽可能地使摆出的球短且具有较强的下旋，增加对手回接球难度，摆短时发力向右下摩擦越多，形成的侧下旋回球质量越高，使对手无所适从，极大的增加了出现机会球的可能性。

2. 晃挑与暴挑

(1) 战术思维

用晃挑回接对方发出的近网短球时，基于来球的落点有两种情况的考虑。第一种情况是当来球落点在正手位时，上步的同时拍面后仰运用搓球的假动作迷惑对方，以吸引对手上台欲接我近网摆短，但击球的瞬间身体适度左转做出晃动，使对方误判回球要到正手位的同时迅速将球击向对手反手位，出其不意，并且对手由于位置过于近台而无法及时退防，造成被攻。第二种情况，当判断对手发出的球为近台反手位短球时，本方可以积极侧身，或当侧身后发现来球较短无法发力抢攻时可以进行晃挑，即在侧身做出正手搓球的假动作后，在击球的瞬间向左晃动身体将球击向对手反手大斜角，而不是挑直线正手位。此战术一方面利用身体的晃动干扰了对方动作的节奏和对来球线路的判断，另一方面也较好地调动了对方的重心，造成回球困难，在对手为左手持拍时运用效果较好。而暴挑主要是缘于对方发出的正手位近台球过高，本方急速跨步向前，利用小臂和手腕的爆发力迅猛击球，使对方无法防御。

(2) 技术要领

当判断对方发球为正手位短球，选择晃挑回接时，身体重心迅速向右前方移动，上步插手，拍面后仰用正手搓球的假动作迷惑干扰对方，在击球的刹那，前臂快速内旋，手腕外撇，身体左转进行晃动，击球时前臂向前迎球稍收起，和手腕一起发力将球直线击出。但对方发短球到本方反手位近台时，两脚迅速跳步侧身让位，注意离球台的距离要符合挑打台内球对发力的要求，持拍手前伸做出搓球假动作后，在击球的瞬间前臂迅速内旋，手腕外展，两肩左转晃动对方，前臂和手腕向右前方短促迅速的发力，将球击向对方反手大角度。暴挑时技术动作和台内正手挑打短球基本一致，但要突出上步的快速和击球时手腕和前臂爆发力的合理运用。

(3) 运用方法

当对方发出的近台短球质量不是很高时，直接上手进行挑打容易被对方提前判断而加强防守意识，并且由于挑打时重心回位一旦不及时对下一板的衔接造成困难，因此在使用时一定要注意使用假动作干扰和迷惑对手，“骗过”对方的预判和身体重心，出其不意将球回击到对方大角度，为自己后续的战术实施打下良好基础，暴挑时要突出动作运用的速度，达到攻其不备的目的。

3. 晃 撇

(1) 战术思维

晃撇是将对方的近网发球，用正手或侧身正手搓加假动作的方法回接过去的一种技术。晃撇由于对球加上了侧向的摩擦，改变了球的下旋性质，以侧旋性质为主，回到对方的反手，由于具有隐蔽性，球速又快，迫使对方不能进行高质量的进攻，从而形成下一板上手或主动打相持球的局面，同时通过侧身动作的晃动干扰对方的战术实施，迫使对方做出防守选择，以此限制对方试图侧身进攻造成威胁。在利用侧身做出晃撇动作时，要迅速准确地判断来球的落点和旋转，在对近台球积极上手进行晃撇外，还要对出台球做好随时进行抢位的准备，只有这样才能应对对方不同落点的发球。

(2) 技术要领

运动员站位近台，以便更好地回接和控制对方发出的近网下旋球，根据对方来球落点的不同考虑使用正手或侧身位进行晃撇，引拍时积极上步，手臂自然弯曲，持拍手迅速前插，选择来球的最高点击球，击球时手腕稍外展，前臂和手腕向前下及左侧方摩擦球，击球的后中下部；当对方发球到反手短球时可采用侧身进行晃撇，侧身要迅速到位，击球后要积极主动还原，为下一板的连接做好准备。

(3) 运用方法

首先要对对方来球的旋转有较为清晰的判断，和接其他发球一样，当对方的来球较转时，拍面要适当后仰，加大向前的用力，动作接近搓球更多一些，当来球不转时拍面要适当垂直些，向左侧下的方向多走一点，要加力摩擦以便使回球旋转增加，增大对手处理难度。同时在线路落点方面多注意变化，在回接到对方反手位时，可以撇长到对方底线来限制对方进攻。另外要将晃撇和劈长、摆短等技术综合起来灵活运用，在保持引拍阶段动作相似性的同时，注重接发球技术的多变性和突然性，这样才能给对方施加更大的回球压力，为自己更快地形成进攻的有利局面。

4. 反手推拨战术

(1) 战术思维

当判断对方发出反手位的上旋或不转球时，要迅速及时地使用反手推拨进行有效的反击，根据对方的站位或技战术交锋过程中暴露出的缺点，充分发挥推拨的速度和落点优势，明确回球的线路，以此调动对手，并尽量将球回击到对手的薄弱位置，破坏干扰对方的战术实施，阻断对方的进攻组织，争取直接得分。使用这一战术时要及时准确地判断对方的来球旋转，决定上手时要坚决果断，要突出速度和线路变化的叠加效果，增加突然性和后续战术的衔接，争取形成积极主动的优势局面。

(2) 技术要领

在站位上要及时根据对方发球的特点来选择站位，一般选择中线稍左位置，身体重心保持在两腿之间，引拍时右肩稍下沉，前臂向后下方引出，肘关节稍内收前顶，拍面前倾压住来球，手腕内收并以肘关节为轴，在来球的最高点，前臂外展大臂向前击球的中上部，击球后迅速收手还原，保持合理站位。推球时弯腰含胸，持拍手后引至腹前，食指用力勾住球拍，拇指放松压住球拍，拍面稍前倾，根据来球高度调整好拍头高度，大臂发力小臂向前将球推出。

(3) 运用方法

判断来球的旋转性质是最重要的，率先使用反手的推拨形成暂时的优势局面不仅在战术上赢得了先机，而且对对方的心理也会产生一定的压力。由于推拨过去的球为上旋，因此在运用中要特别注意对方两面摆速实力的高低，要有重点的选择对方的弱势点回球，如果对方正手较好，那么我们选择推斜线大角，压制反手；如果对方反手较好，正手较弱，那么我们就选择推直线。如果对方没有明显的技术漏洞，两面摆速或拉攻较为均衡，那就要增大回球角度，在调动对方中寻找机会。同时要注意接发球时技术运用要精细，一般来讲对方发出的上旋或不转球，都带有侧旋的性质，而且速度较快，因此在接发球时要集中注意力，出手瞬间快速调整好拍型，敢于加力推拨到对方的大角度。

5. 正手侧身位拉攻战术

(1) 战术思维

比赛中对对手的发球习惯和特点有了初步了解，对对手发球的旋转、线路和落点预判成功率较高时，当对方发出反手位出台长球，或发球弧线较高、球速较慢且旋转不太强的时候，可以积极上手运用正手侧身抢攻战术发起主动进攻形成有利局面。一般来讲侧身正手进攻威胁大，容易发挥速度和力量的优势，调动对手角度大、效果好，攻击点较多，还可以充分利用弧圈球技术对各种旋转的适用性，减少了由于对旋转的调节不够精细而失误的可能性，并且在侧身使用正手拉攻战术效果较好、对方被迫变线到正手位再次受制时，会对对方的信心造成一定打击，在整个比赛局面上形成较大的优势。

(2) 技术要领

积极准确判断来球在线路、落点和旋转方面的强度和性质，当决定使用侧身正手攻球时，迅速调整步法形成侧身站位，在身体移动的同时，根据来球的高低决定引拍位置的高低，右肩随腰后转，拍面前倾向前上方挥击，击球的中上部，身体重心迅速由右脚交换至左脚。当来球具有一定的旋转进行拉球进攻时，身体移动的同时，右肩随腰下沉，持拍手下沉至右腿膝盖上方，拍面前倾，向前上方加力摩擦挥击，在高点期或高点后期拉球的中部稍上，身体重心由右脚移至左脚，然后迅速收臂，移动步伐快速还原站位。

(3) 运用方法

首先要能够较为准确的把握侧身正手拉攻战术使用的时机，即对对手发球的直斜线、是否出台等特点有清晰的把握，节奏拿捏较好。同时在站位选择上还是以来球的情况而定，基本上还是选择近台为主，如果正手拉攻较好，在站位上可以稍偏左台角一些，以利于快速侧身，同时在步法移动中，对来球的角度要有判断，做到侧身位置适度。

侧身前要注意看对方拍型，一旦对方回搓反手位，要迅速大胆地侧身进行抢攻（拉），角度上要有较大反差，即正反手大角度（A、B 点）和中路（C 点）的落点要相互结合，保证进攻的有效性，为得分打下基础。（图 6–13）

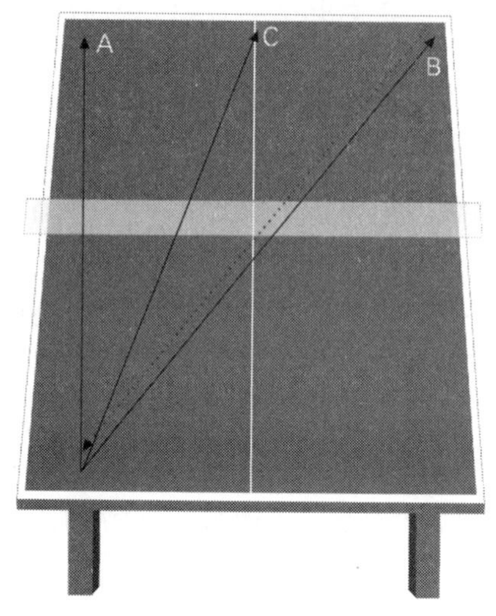

图 6–13 正手侧身位拉攻落点线路的变化

（二）接球后抢攻战术

通过接发球时的摆短、劈长或落点和线路的调动使对方发球后不仅无法上手抢攻，且回球质量不高，此时要抓住机会进行有效的进攻以形成暂时的优势局面，压制对手争取得分。

1. 反手搓（摆）后接反手攻拉战术

（1）战术思维

接对方发球时采用加转搓或摆短的技术控制对方的抢攻，迫使对方搓摆回接。一旦回接球出台或弧线过高，则迅速判断来球的线路、落点和旋转特性，采用攻球或拉球的战术抢先用反手发起进攻占得先机，初步形成积极主动的进攻态势，给对方造成较大的战术压力。

（2）技术要领

首先要及时判断来球的旋转变化，当球旋转较强时，采用拉球技术。即站位靠近球台，身体重心下降，含胸收腹右肩下沉，球拍向后下方引至大腿内侧或身体外侧。拍形适当前倾，肘关节稍向前顶出，持拍手要适当放松，手腕下垂内收充分。击球时左腿蹬地转腰，球拍向前上方挥动，击球点在腹前，前臂以肘关节为轴，快速挥动带动手腕向前发力，发力瞬间持拍手紧握球拍有利于“吃”住球，增强对球的摩擦。当来球旋转不强时采用攻球技术应对，即球拍向后方引，含胸的同时腹部侧转并内收，手腕内收，肘关节前顶，球拍稍前倾，击球点在体前偏侧方，挥拍向前上方击球，以前臂发力为主，击球的中上部，注意发力要迅速。

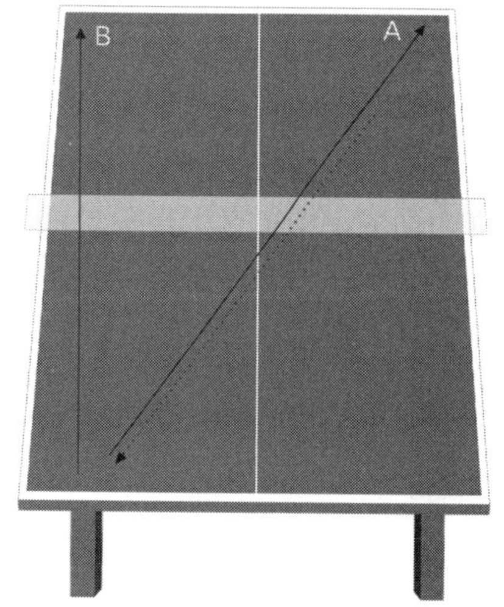

图 6–14 反手搓（摆）后接反手攻拉落点线路变化

（3）运用方法

此战术是对来球的旋转和落点等信息进行了较为准确的判断后积极采用的进攻性战术，尤其对于旋转不是很强的出台球、弧线稍高的台内球等较易上手的来球，但是要注意前一板的搓摆也极为重要，假如没有前一板控制较好的搓摆作为基础抑制住对方的抢攻，此战术的实施就无从谈起。运用时注意发挥出反手进攻的速度和力量优势，也要注意保障成功率，即要成功的调动对方使对方先处于被动挨打的地位，本方先得势，然后选择对方弱点一击致胜，再得分。

另外，进攻时要注意落点和线路的变化，如果对方正手较好，那么我们选择斜线，压制反手（A 点）；如果对方反手较好，正手较弱，那么我们就选择进攻直线（B 点）。其核心就是要保证首攻的成功率，通过调动对方得分，切忌盲目发狠，自己浪费机会。（图 6–14）

2. 正手劈长后接正手弧圈球进攻

（1）战术思维

当对方发球到正手位近网时，根据来球旋转不同可以做出不同的回接战术选择，既可以挑打不转球，也可以回摆近网短球，更可以出其不意迅速将球劈长到对方反手位，由于假动作的干扰对方往往会上步准备接近网球，突然的劈长会造成对方被动将球回接到正手，本方则抓住机会利用正手拉球抢先上手，形成优势局面，为下一步的战术实施创造条件。

（2）技术要领

根据来球的位置迅速移动步法，选择站位，身体重心适当降低，判断来球旋转强弱，找好拉球时机和部位。引拍向后下方，弯腰含胸，躯干向右后方转动，重心移至右脚，以便于充分利用两腿蹬地的力量。击球时持拍手向前上方挥拍，摩擦球的中上部，加大摩擦力。身体重心向左蹬转迅速移动，身体稍向上抬起，大臂向前，小臂内收，右肩前顶，拉球的高点后期，注意蹬转和转肩收臂的一致性，保证良好的击球效果。

（3）运用方法

正手拉弧圈球较好地利用了弧圈球的普适性特点，同时具有较高的杀伤力和得分率。该战术的运用首先要做好接发球时动作变化的突然性，才能达到干扰对方战术，造成对方被动回接的效果。在劈长到对方反手位（A 点）后要积极还原步法和动作，为下一板弧圈球进攻做好准备，一般来讲对方的回球速度和旋转不会太理想，若对方回接到正手位，本方在抢先拉球上手时不要犹豫，而且拉球要选择好攻击落点，紧抓对方弱点，选择拉至对方正反手两个大角（B、C 点）或中路追身位（D 点），步步紧逼直到得势得分。（图 6–15）

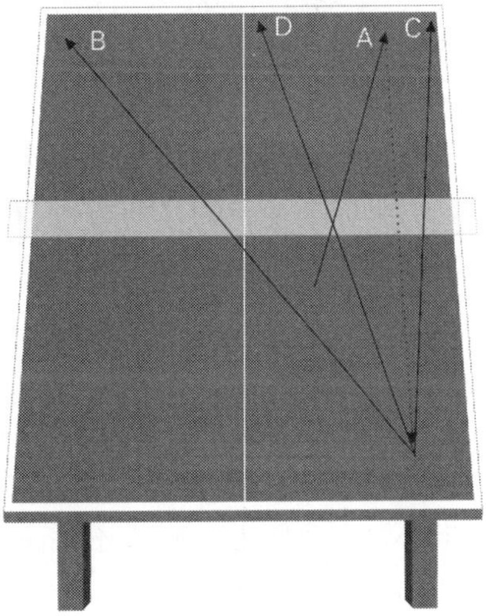

图 6–15　正手劈长后接正手弧圈球落点线路变化

3. 正反手搓后进行抢攻

（1）战术思维

正反手搓后进行的抢攻能否完成，或者完成的质量好坏很大程度上取决于第一板搓球的质量和对对方的调动程度，只有搓球质量较高才能给对方造成回球的压力和困难，只有在搓球过程中完成了对对方的跑位调动，才能创造出积极主动的上手机会。同时积极上手抢攻，实施主动进攻是解决战斗的主要武器。抢攻质量的提高，可以弥补搓球质量的不足，反之，搓球质量高也可以弥补抢攻能力上的不足。要“抢”字当头，建立尽快上手的战术意识。

（2）技术要领

站位一般选择近台，如果正手较好可稍向左侧以留出更大的空间进行正手进攻。搓球时以控制对方为主，尽量不出台，迫使对方进行回搓，同时根据对方回接球的控制能力，决定搓球的性质，以制造进攻机会。搓球后及时判断来球的方向，根据来球移动步法，选好击球位置。一般情况下，引拍的距离是根据旋转程度和回击力量决定：来球下旋强，需要加大击球的力量，引拍距离就长；反之亦然。在球的高点期或高点后期，挥拍拉球的中上部，用腿的蹬伸力量带动手臂和手腕发力，击球瞬间注意蹬转加速的利用以增大击球速度和保证击球效果。

(3) 运用方法

该战术在运用过程中要注意回球质量，其中前一板的搓球以摆短控制为主，结合劈长，和下一板的抢攻技术构成整体。另外要特别注意旋转、落点的控制和变化，因为这些是为下一板的抢拉做铺垫，是搓球中抢攻战术实施的前提，也是成功的关键。

（三）接球后控制战术

当对方发球比较严密，并且发球抢攻能力比较突出时，就要特别注意在处理球时的控制意识，因为只有良好的控球才能调动对方，抑制对方上手进攻，避免自己处于被攻被动的处境。在控制手法上主要是控制回球的长短、弧线，并且要积极增加回球的内容如加转等来破坏对手的直接抢攻，即在接发球后要及时地使用控制技术从战术上化解对方，避免被动。

1. 连续摆短的战术运用

(1) 战术思维

当对方发出旋转较强或自己不易抢先上手的近台短球时，可以适时利用摆短战术先控制对方，避免对方直接起板造成被动被攻。在摆的过程中一方面要保持回球的低弧线、近落点，另外还要通过积极的落点和旋转变化，如将回球摆到对方正反手结合的近网处，造成对方回球的质量下降，出现“机会球”而抢先上手进攻。可以说，摆短不是目的，在摆的过程中通过变化创造机会才是目的。

(2) 技术要领

摆短的技术要领在前面已经讲过，这里不再赘述。但在连续摆短的过程中要特别注意脚步和重心跟球，因为对方也会在摆的过程中通过落点调动限制你的上手，因此在摆短的过程中步法一定要跟上，同时还要注意及时的退步防守。

(3) 运用方法

在对方发出近台下旋或侧下旋短球时可使用连续摆短，在运用时首先要注意对方发短球的旋转和弧线，本方回球要有一定的旋转，只有“短”而没有“转”极易造成被挑。在将回接球积极加转的同时选择近台正反手交点位、正反手近网位来调动对手，从而创造机会抢先上手形成优势局面。

2. 接发球后正手侧身晃撇的战术运用

(1) 战术思维

当对方发出较强半出台或不出台下旋球时，可以在搓接球后积极地利用正手侧身的晃撇来干扰对方的战术实施。尤其在搓接后察觉对方有意上手，如对方准备侧身抢拉，或自己在抢拉时球不出台而对方已经准备侧身进攻时，可以迅速地将球撇搓到对方反手大角度牵制对方的进攻，使回球“挤住”对方而使其无法发力，造成对方进攻质量较低，而自己可以迅速还原站位，用正手反带对方来球到其正手大角度造成对手被攻。

(2) 技术要领

晃撇的单一技术在前面已经讲过，不再复述。在搓球后利用正手侧身位晃撇时要注意及时地观察对方的步伐移动和站位，脚步移动要快，身体重心要跟球，当观察到对方有意侧身进攻时撇搓角度一定要大，同时下一板衔接时步法还原要快，反带时动作不宜过大，拍面压住球的同时注意快速迎前收小臂，反带回球角度要大，以充分调动对方跑位。

(3) 运用方法

搓接对方发球后对对方第三板的击球意图的判断是成功运用这一战术的关键，搓接过程中为防止对方侧身抢攻应该在回球时使球的落点尽量靠近对方反手大角度，同时如果对方过早暴露侧身意图，晃撇出的大角度可以有效遏制对方进攻的质量，此外在本方侧身准备抢攻而来球过短时，运用晃撇对方反手大角度来控制对方的进攻，可以为下一板的回球创造机会。

3. 正反手搓球后转削球的战术运用

(1) 战术思维

削球选手在搓接对方发球时由于回球质量不高，即出台、弧线过高或回球的旋转不强时，对方往往会抢先上手进攻，在这种情况下要及时防守，利用对手发力进攻球速较快的特点，在基本判断出来球的线路、速度和旋转后，迅速后撤退防，用正手或反手的“砍削”回击来球到对方大角，一方面可以遏制对方连续进攻的势头，另外还会使对方由于该球旋转极强，处理不当而出现失误。

(2) 技术要领

搓接回球时站位近台，弯腰含胸，利用正手或反手的搓球动作回击来球到对方大角度以遏制对方进攻的凶狠度，当判断出对方准备起板进攻时，迅速撤步到正手或反手削球位置，击球时保持低重心位，跨步迈向击球点，同时击球手引拍至肩膀高度，拍面几乎垂直对准来球，快速向下方砍削出去，然后收臂还原身体重心落至两脚之间，为下一板做准备。

(3) 运用方法

当削球手搓接回球质量不高被攻时，为避免对方连续上手冲抢冲拉，在回击第一板拉球时就要积极的运用“砍削”来增加回球的旋转，使对方无法连续拉冲。运用中强调的是要保证“砍削”造成回球的强烈旋转，难点则在于及时快速的后撤退防，一旦退防不及就不能保证回球质量而造成连续被攻。

(四) 接球后的防守战术

由于发球往往是运动员实施战术意图最早且自主操控能力最强的一项技术，因此对于接发球选手来讲也是最难把握、较易失分的技术环节之一，在比赛中一旦接发球质量不高，往往会造成被攻被动的局面，因此接发球后的防守技战术也显得极为重要，运用好了有可能变被动为主动，甚至有可能直接得分。目前主要的防守技术包括正反手的推拨防守、正反手的反带、反手反撕防守等。

1. 正反手搓球后接反手防弧圈球

(1) 战术思维

当正反手的搓球出现回球质量不高时，往往会被对方侧身抢先上手进攻，此时陷于被动的局面后就要及时进行防守，尽可能地通过落点等的变化寻找机会，进行反攻。当对方拉冲反手位时要积极利用反手防弧圈技术，争取变线或变节奏来调动对方，以减缓自身的回球压力。

(2) 技术要领

正手或反手搓接来球后，当观察到对方在侧身位起板进攻时，身体重心要及时调整稍后撤，含胸收腹躯干稍立，拍面下压对准来球，当对方来球力量较大时持拍手稍后撤以减弱来球的威力，同时注意握拍不宜过紧，动作不要太紧张，在击球前应适当放松，击球时明显加力。当对方来球力量较小时可以将重心适当前移，持拍手向前顶住来球，压制斜线并结合变直线技术以调动对方。

(3) 运用方法

正反手的搓球出台或弧线较高往往造成被拉冲，在防弧圈球时横拍选手可以充分利用球拍进行侧抹，以避开弧圈球的旋转，直拍选手可以用切或侧推的方法来避开旋转。防拉球时，一般把球防到对方反手，使对方不可能有连续进攻的机会，也可以伺机变线调动对手。

2. 正手位劈长接反手防弧圈

(1) 战术思维

比赛中对方发球后的进攻路线通常会盯住反手大角，因为我们在接正手位短球时，反手的空当十分明显，并且我们的反手回球通常没有太强的攻击性，所以，对方进攻我们的反手底线机率很高。了解对方进攻的习惯线路之后，我们就会相应采取措施，包括提前移动，提前做好准备动作。因此当对方发出正手位短球时，可以快速上步瞬间突然发力将球劈长到对方正手位底线大角，对方往往会回球到本方反手位，而我们可以通过快速回撤防守，即用反手防弧圈技术选择不同的落点回击来球，争取形成优势。

(2) 技术要领

站位上的选择主要考虑对方发正手位小三角以及正手大角的长球。因此速度快、步法较好但不具备身高优势的选手站位离台稍近，对于身材高大的选手，站位可稍微后退。在回接正手位短球时，采用单跨步一步到位。上步时，左脚蹬地的力量要大，右脚跨出的步幅要大，并且右脚的脚跟先着地，使身体的整体动作显得更为轻盈。保持身体的低重心和稳定性，同时通过右脚发力蹬地，可以加快还原的速度。正手搓球时，在来球的上升期瞬间突然发力摩擦，借用来球的力量加强搓球的旋转，提高搓球的突然性。快搓时如来球旋转不强要将球拍稍稍立起，加强向下的摩擦，加强旋转，控制住弧线，否则很容易回球过高。搓球后，右脚发力蹬地，采用并步快速还原至反手位。在向反手位移动时，站位应稍后退，防止对方长球顶住自己。在反手推（拨）弧圈球时收腹引拍以增加推（拨）的力量和速度，拍头对准来球，手臂的动作不宜过大，保持重心稍高，如需提高回球的速度和突然性，可以在触球瞬间小臂小幅度向前伸展，大臂稍稍跟进，以确保整个手臂的稳定性。

(3) 运用方法

在实战中接发球的难度较大，应首先考虑命中率和突然性，因为接发球的目的是为了给对方制造困难，针对正手位的短球，对回球的落点控制以及出手的速度十分重要，因此在实战运用中劈长一定要有力量、有旋转、有速度，而且线路还要长，同时要注意快速后撤回防，以及时有效的进行防守反攻，同时注意上半身保持稍稍前倾的姿势，可以更好地迎前发力，加快回球的节奏，以利于主动防守。另外重心主要压在左腿，这是为了一旦对方回球到我们的正手位可以随时转为进攻，更易快速启动。

3. 侧身正手切搓接正手反带弧圈球的战术运用

（1）战术思维

当对方来球到中路或偏反手位时可以积极地进行侧身接球，当来球较长时可以上手拉球，当来球较短时可以晃撇到对方反手大角，或者切搓劈长到对手底线，由于自己处于侧身位，对方一般会选择拉球到你的正手空当，此时要及时回位，将来球正手反带到对方击球位的异侧，即对方在正手位拉球回球就回球到其反手位，对方用侧身位正手拉球则回球到其正手位大角，以调动对方跑动，增加对方下一板的回球难度。

（2）技术要领

接发球时的站位重心在两脚之间，跳步侧身后注意观察对方的身体移动，切搓时引拍要充分，拍面根据来球的旋转选择后倾角度，来球旋转不强时要注意拍面稍立起。击球时发力快速摩擦球的中下部，要“吃”住球、劈长球，击球后手臂及时还原，步法回位要快，当判断对方回球到正手位时右脚迅速向右跨步，重心稍低，持拍手从身体侧面出手，动作不宜过大，拍面下压盖住来球，迎球快速收小臂，在来球的上升期将球击出。

（3）运用方法

在比赛中对方发球落点大多数集中在反手位和中台时经常使用此战术，但也要特别注意提防对方发正手长球偷袭。接发球时注意观察对方的跑位，切搓时瞬间的发力劈长是关键点，要将球劈转劈长，切搓后使用小跳步快速回位，然后迅速跨步到正手位反带，如对方来球质量不高还可以使用反拉以加强回球效果。

三、相持段战术的运用

由于大球的使用造成旋转和速度的减弱使得当前比赛进入到相持段的现象越来越多，因此在相持段的战术运用是否正确往往决定了一分、一局甚至一盘球的胜负，其制胜作用愈显突出。

（一）正手中远台连续拉弧圈球的战术运用

1. 战术思维

比赛中双方运动员的发球抢攻或接发球抢攻一旦未能奏效，经常形成相持局面，运动员在相持过程中通过相互的调动往往进入到中远台的正手对拉阶段，由于正手拉球具有杀伤力大、速度快、旋转强的特点，因此就要充分利用这些特点积极的调动对手，拉球时在注重速度和力量的同时尽量加转回球，通过对线路和落点的控制尽可能使对方处于被动地位，通过拉两个大角使对方没有反拉反带的机会，或主动进攻对方反手或中路减小对方回球的攻击力，并通过变线或加力造成对方出现过渡球、挑高球甚至失误。

2. 技术要领

在拉中远台弧圈球时，由于来球上旋较为强烈，因此重心保持稍高，在使用正手拉球时为保证较强的力量和较快的球速，引拍距离要充分，加大身体躯干向右的转腰动作幅度，上体不要过分前倾，根据来球线路和落点使用跨步或交叉步快速向击球点移动，击球时右腿快速蹬转，腰腹发力，拍面对准来球，迎击来球的同时注意手腕手指的向前加力摩擦，击球后注意迅速收臂还原，为下一板还击做准备。

3. 运用方法

进入中远台正手对拉的相持往往开始于双方在前几板较量中平分秋色，当发抢和接抢都被抑制或双方攻防能力较为平衡时就会进入相持阶段，因此在运用中要特别强调拉球时对落点的变化和线路的调动，同时要加强对来球基本线路的判断，及时根据来球速度、旋转和线路情况提前跑动，保证步法的到位才能保证拉球的力量和充分的旋转，给对手施加足够的回球压力。

（二）中近台两面摆速的战术运用

1. 战术思维

由于在发抢和接抢段双方攻防能力均衡，比赛往往进入到中近台的两面摆速相持阶段(双方为女运动员会更多些)，该阶段在战术上首先显现出双方通过左中右不同落点或重复落点的回球来积极调动对手的步法跑动，造成对手失位后的被动被攻，同时在不同落点的摆速中还主动加转加上旋，使回球更顶更转造成对手对旋转的不适应而出现机会球，另外在摆速中还能通过节奏的变化，即通过一板或两板的突然加力变线加快了节奏和球速，改变了原来双方攻防的击球节奏，从而造成对方回球难度加大，充分利用了制胜因素中“快”的作用形成优势甚至直接得分。

2. 技术要领

两面摆速是建立在左推右攻技术动作基础之上的，所不同的是两面摆速的动作幅度更小，击球速度和脚步移动更快。站位时稍向反手位，收腹含胸，注意上体稍前倾，持拍手置于胸腹前，身体离球台不宜过近，击球时拍面对准来球，引拍不宜过大，腰要顶住不能放松，重心在两腿之间或偏向左腿，当回击不同落点来球时步法要迅速左右移动，左腿蹬地支撑重心，右腿积极配合右手向来球落点移动，拍面下压，发力时蹬地顶腰，身体转动幅度不宜过大，利用小臂前收加速带球，通过增加球的上旋增加对方击球难度。

3. 运用方法

当本方抢拉被防、接发球上手拉球被防或控制对方拉球后都会形成相持局面，有时在关键分加保险多了也会造成由于威胁性小而进入相持，在运用中要以该战术的“变”为核心，即通过落点调动跑位，通过回球加转、变化旋转，通过突然加力变化节奏，或者是以上几种变化集中作用在一板球上，这样的回球才会给对方造成较大的威胁，同时在运用中要充分考虑对手的能力，不要急于求成，老想一板打死，而是要通过步法的调动和节奏的变化使对方回球质量下降，当出现机会球时再突然发力得分。

（三）中远台削球的战术运用

1. 战术思维

中远台削球战术的使用主要是通过旋转和速度、落点、线路变化的结合，在防守中寻求由被动转主动的机会，造成对手的不适应而回球失误。削球时要体现转和稳、低和变，就是要通过不同旋转的球牵制对方，干扰对方的判断，造成对方进攻失误或为本方的进攻创造机会，在防守中要能及时回撤顶住大板，通过削低球遏制对方发力冲，通过削转与不转球主动变化线路和落点，及时根据对方技战术的优劣调整己方技战术，以取得理想的比赛结果。

2. 技术要领

削球技术在前面已经讲过，不再赘述。中远台削球时要注意在快速判读来球性质的同时步法迅速移动到位。由于中远台来球范围较大，对方攻球时往往会选择大角度或大空当位置，因此提前预判极为重要，要及时观察对方起板时的拍型角度，手臂发力的方向，躯干面对的角度等身体击球要素，提前移动到位后再精确定位，才能在步法上保证回击球的质量。同时要准确判断来球旋转的强弱，据此决定削球发力的方向和拍面倾斜的角度，对于不转或旋转不强的球要敢于加转，对于转球要敢于“吃”住球，使回球更转以增加对方的失误率。

3. 运用方法

在中远台削对方冲拉过来的球或形成拉削相持时，身体站位不宜退得太远，相对高的击球点会使削回的球弧线较低，逼大角的落点和速度的结合会使对方回球更难，降低对方攻击的威力。但在削对方爆冲过来的力量大、速度快的球时就要及时后退，以减缓来球的威胁，回球时要压低弧线并在相持中保持冷静和耐心，及时施变，积极创造被动中反攻的机会。

第二节　乒乓球比赛战术实战运用

比赛中双方运动员在技战术的运用上不仅体现在一球一板的较量，而且还体现在运动员对双方打法特点优劣的把握上，体现在运动员根据场上的战局和比分形势实施技战术的能力，尤其新规则实施以来，比赛中运动员的攻防转换频率加快，搏杀场面更加精彩，比赛结果的随机性加大。因此运动员在比赛中对以上几点的掌控也极为重要。

一、不同打法类型和特点的乒乓球战术运用

（一）快攻类选手与快攻或弧圈类打法的战术运用

1. 发球抢攻的战术

发球抢攻的实施大多是从通过本方发球的速度、落点和旋转的出其不意，造成对手回接球质量不高开始的，多以侧上（下）旋或转与不转的近网短球为主，配合发长球到对方的左角和中路偏左的位置，适当结合偷袭正手底线来进行抢攻，根据回球的落点、长短及旋转，要及时预判并快速移动步法，击球时动作小，抢得快，发力猛，落点活，在不失误的前提下追求击球的高质量，抢攻落点以对方空当为主，使对方无法回击造成失误。

2. 接发球抢攻的战术

能够清晰的判断对方发球的旋转、落点和速度，是接发球直接抢攻的前提，使用正手或侧身位的抢拉，或止反手的快拉、快带都会收到较好的效果，进攻一般选择对方空当，速度要快、旋转要强、落点要活，一方面争取主动得分，另一方面也为下次进攻创造机会，当接发球不能准确判断来球性质时，一般采用搓接、摆短等过渡，意在控制对方的上手抢拉，增

加对方抢攻难度，然后伺机进行突击。

3. 攻追身球战术

比赛中实施追身球战术是逼迫对方在回球时必须迅速让位，造成回击困难或被动，然后伺机进行抢攻。当双方实力差别较大，对方技术水平高、攻击力强，特别是在正反手都能拉出强烈弧圈球时，可以选择从中路突破，先摆短控制，伺机抢先突击，也可以在对对方大角度的调动中，主动回击追身球，使对方不能顺利防守，造成失误。该战术不宜在防守中过多使用，容易造成被动。

（二）弧圈类选手对付快攻类打法的战术运用

1. 发球抢攻战术

弧圈选手抢攻的前提就是以发下旋较强的短球控制对方的抢先上手进攻，一般以发下旋或侧下旋不出台短球为宜，迫使对方以搓回接，伺机拉弧圈球到对方中路或空当。

2. 接发球抢拉的战术

接发球时尽量多用摆、撇或劈的回球方法，主动扰乱对手的战术部署，打乱对方节奏，争取与对手展开对攻、对拉，形成相持局面，伺机找机会冲或连续冲杀空当。若本方对攻能力较弱，则可多用摆短控制，伺机拉弧圈争取主动。

3. 相持阶段战术

相持阶段多通过拉弧圈到对方的反手或中路遏制对手的较强进攻，伺机再突然拉、冲对方的空当，对攻中尽可能把球拉到对方的中路或左右大角，从中找机会变线拉、冲，争取主动，被迫退台时，可用放高球或拉侧旋球作为防御，再伺机进行反击。

（三）快攻类、弧圈类对付削攻结合打法的主要战术运用

1. 拉中找机会突击或扣杀的战术

在拉球中实施线路、落点的变化，结合节奏变化，如：高吊和前冲弧圈球的使用，是对付削攻选手时常用的战术。如先拉对方一点，突击或扣杀相反方向，拉球中找机会冲对方不同的空当，调动对方左右移动使其出现漏洞，伺机扣杀或抢冲得分。

2. 搓、拉、吊结合，攻两大角或中路的战术

利用拉球连续拉对方一点或不同落点，调动对方大范围、大角度的跑动后突然放短球，伺机拉冲近身或两大角。在搓球中配合拉球的旋转落点变化，使对方在不同的节奏及变化中击球，造成回球质量下降，伺机抢冲或扣杀。

3. 拉中路杀两大角的战术

拉中路杀两角，一般以连续的拉球或弧圈球至对方中路，并采用长短结合，迫使对方回击时增加移动和让位的难度，回球质量不高，伺机扣杀、冲两大角或空当。

4. 发球抢攻战术

一般以发球的旋转、落点和线路的变化，造成对方回球质量不高，然后采取突然冲拉对方空当或薄弱技术点，会收到较好的效果。发球以近网短球为主，配合转与不转，抢攻近身或空当，使对方难以退台到位，当对方回球质量不高时，再伺机扣杀或冲两大角。

(四) 削攻结合对付快攻、弧圈类的主要战术

1. 变化落点的战术

削球通过连续削一点的加转球，把对方逼调到同一位置上，当对方拉球力量减小或摆短质量不高时，伺机进攻对方空当，以削球交叉落点至不同的空当，使对方不断地移动，造成回球质量下降再伺机反攻对方空当或近身。

2. 逼左（右）压右（左）战术

以削球逼住对方左（右）角后，再突然压至对方的右（左）角，伺机进攻、抢攻。

3. 发球抢攻战术

通过以相似的动作发出不同旋转的近网球，造成对方回球过高，再配合急球扰乱对方，伺机抢攻。

4. 接发球抢攻战术

一旦准确地判断出对方发球的性质，就要积极抢先上手进攻谋求优势，这样不仅可以打乱对方的战术意图，对增强削球的主动性有良好的作用，甚至可能直接抢攻得分。

(五) 削攻结合对付削攻结合的主要战术

1. 拉、搓结合的战术

应以拉攻为主，配合搓球，使对方不断前后移动接球，然后自己进行突击或冲抢。

2. 发球抢攻与接发球抢攻战术

可采用自己的特长发球寻找机会，伺机进行抢攻。接发球时，大胆地采用突然性的接发球抢攻，以争取主动。

二、不同战局下乒乓球战术的运用

比赛中，运动员不仅要对技战术的使用精益求精，更要对场上局势的判断、战局的发展，有极为清晰的认识，比赛中双方运动员都会对对方即时采用的技战术手段和方法进行综合分析后，确定下一分的技战术使用，因此双方技战术的实施就会不断变化。这就要求我们必须善于根据战局的发展，及时采用相应的战术来转换比赛中强与弱、胜与负的关系，被动中及时控制对方的上手，相持中积极调动对方的跑动，主动中毫不手软争取得分。

运动员如果在战局转换时未能认清形势并及时改变打法，就极易导致失利。例如：比赛中对节奏的把握就极为重要，比赛打得顺手，连续得分时，可适当加快比赛节奏，争取迅速结束战斗赢得最终胜利；当比赛打得不顺手时，则应适当放慢比赛节奏，有意识地遏制一下对方上升的强盛势头，降低对方“火热”手感，争取扭转场上局势。

三、不同比分下乒乓球战术的运用

比赛中胜负显现的重要标志就是比分，它还是比赛双方较量结果的现实反映，比分直接影响运动员的心理状态，而运动员的心理状态又会直接影响其技战术的发挥。因此运动员在不同比分下的技战术使用也应有所区别。

（一）比分领先时战术的运用

场上比分的领先说明运动员在这一时段的技战术实施占有相对的优势，一般应坚持下去而不主动寻求变化，当然也可以针对对方的某个弱点，使用不同的战术方法继续进行针对性的进攻以扩大优势。而落后的一方往往会主动变化，极有可能采用搏杀、拼抢的方式，力图扭转局面，这时要及时而严密地控制住对方，加强攻势，不给对方翻盘的机会。

若比赛中对方多发不转、上旋或长球时，应大胆挑打进攻；对方侧身运用较多时，应及时变线调动对方；对方在相持中发力多时，应加强控制，增加对方发力攻的难度，并力争抢先上手，牢牢把控场上局面和比分。

（二）比分落后时战术的运用

比分落后时要及时冷静地分析场上技战术运用的不足，以“变”化解暂时的不利局面，抓住主要矛盾，果断改变战术。比赛中要处理好控制和上手的比例，不要一味凶狠，或是稍微改变一下回球落点，加强旋转的利用，就可能扭转战局。同时要充分利用发球轮的机会，大胆变化，敢于抢攻，争取重新掌握比赛的主动权，就有可能逐渐缩小比分，力争达到双方均衡的比赛局面。

（三）比分相持时战术的运用

比赛中双方处于胶着状态，比分交替上升时运动员要及时冷静地寻找对方的弱点，发现对方的意图，争取通过攻击弱点来打开局面。相持的比分说明双方运动员实力相当，技战术发挥和使用也在同等水平上，形成了相互克制的抗衡局面。因此在这一阶段，运动员在技战术思维上主要考虑对方赢在何处，通过什么手段，在回球落点、线路和旋转方面有什么特点，继而通过控制和变化的结合，扰乱对方的战术实施，同时结合使用自己的得分套路，争取尽早打破僵局，取得优势局面。

四、新规则下乒乓球战术的运用

（一）11分制下乒乓球战术的运用

2001年后11分制的实施使得比赛的时间缩短，偶然性增大，由于每局比分减少，客观上要求运动员进入状态一定要快，前4分开局以打个人特长技术为主，以自己的战术变化为主，重视技术的严密性，减少无谓失误，争取开局领先。中局时由于双方对彼此的技战术已有所了解，这时应继续实施最有效的得分战术，争取拉开比分，尽早掌控比赛局面。一般可采用以长打短、以长打长或以短打短的战术，争取扩大优势，在抓住机会的情况下，可以适当凶狠，打出高潮，在气势上压制对方，不给对方调整的机会。收官阶段应根据场上情况，领先时可以继续大胆进攻保持优势，争取最终的胜利。

另外，11分制的比赛关键球数量相对增加，因此在对关键球的处理上要冷静大胆，注意力要特别集中，在技战术的实施上要清晰果断，一方面要用落点和旋转严控对方上手，同时，要在出现机会球时敢于进攻，敢于在相持中变线变节奏。

此外 11 分制比赛中发球变为两个一轮，而且每局局分变少，客观上要求运动员要充分利用好发球轮，争取在发球轮中连续得分。因此在每一个发球轮中要特别注意发球的配套，突出变化，强调意外，在发球的真假动作、落点、线路和旋转上做足文章，再根据对手和场上的具体情况，加以灵活运用，争取发球轮较高的得分率。

（二）大球时代乒乓球战术的运用

改用大球后，由于球的半径增大使得球的旋转变弱、速度变慢，因此发球的威胁性降低而回球率提高，比赛进入相持段的现象日益增多，因此相持段的战术变化能力成为运动员能否得分的关键点。原来的小球时代，球速快，回合少，战术较为简单。当前对运动员在相持中根据对手的情况而灵活多变地调整和运用战术的能力提出了更高的要求。在旋转、速度变慢后，抢先主动发力、积极调动大角、击球线路多变，成为战术运用的主要方面。另外，由于大球的应用，比赛中单一战术或特长战术获胜的比重降低，而接发球抢攻战术、左推右攻和两面拉战术在比赛中运用增多，制胜作用更加明显。

（三）无遮挡发球下乒乓球战术的运用

1. 发球抢攻战术的运用

无遮挡发球的实施使得对方较为容易判断出发球旋转的性质，因此在接发球时会更多的采用挑打、拧拉、抢拉等进攻性技术，因此运动员要尽量控制发球时被攻的可能性。同时对于对方挑打或拧拉过来的质量不高的上旋球要敢于上手拉攻。当然，也可以根据自己发球时制造的旋转迫使对方挑打或拧拉的落点大致在某个区域，从而提前预判后，快速移动抢拉抢攻。无遮挡发球使得以前要以抢拉下旋球为主的战术改变为抢拉上旋球为主，因此发球时对旋转、落点等的控制要更加严密，只有通过积极主动、灵活多变的战术运用，才能做到真正意义上的抢先上手，争取在前三板、前五板得分或力争进入主动相持阶段。

2. 接发球抢攻战术的运用

无遮挡发球为正确地判断出对方发球的旋转提供了较大的可能，准备时间也较为充分。因此，在接发球时就要以进攻手段的多样、回球质量的提高和落点线路的多变给对方施以更大的威胁。如：在手段上要突破以摆短为主的被动接发球模式，改为以挑打、侧拧、抢拉等进攻型手段为主，结合主动劈长、适时摆短的新模式，争取直接得分。由于接发球技术变得越来越重要，一旦回接不好，极易造成被攻被动，因此在接发球时与下一板的衔接要形成技战术上的一体化、合理化，即接发球时的处理就要包含下一板衔接的战术意图，只有这样才能使得接发球抢攻更具攻击性，更能增加对方回球难度导致其最后失分。

思考题

1. 什么是乒乓球比赛战术？战术在比赛中是如何体现并实现的？

2. 乒乓球比赛中发球抢攻阶段主要的战术有哪些？请举例并简要分析其运用要点。

3. 接发球抢攻过程中可以使用的主要战术有哪些？在运用中体现出什么特点？

4. 削球选手在比赛中的战术运用主要有哪些？举例说明。

5. 快攻类和弧圈类选手在比赛中的战术运用各有特点，请结合自身打法说明如何通过正确的战术赢得比赛？

6. 大球规则实施后对战术使用的影响主要有哪些？举例说明。

7. 无遮挡发球对发球战术的不利影响有哪些？你是如何克服的？

8. 不同战局和不同比分时战术运用有什么要求？结合近年世界大赛中的经典战例分析说明。

9. 根据对乒乓球战术类型和运用特点的理解，试述自己对不同打法类型的选手在比赛中战术使用的要点。

推荐阅读文献

1. 唐建军. 乒乓球运动教程[M]. 北京：北京体育大学出版社，2005.

2. 苏丕仁. 乒乓球运动教程[M]. 北京：高等教育出版社，2004.

3. 乒乓世界杂志编辑部. 技战术应用实例分析[J]. 乒乓世界，2011（05）.

4. 吴焕群. 乒乓长盛的训练学探索[M]. 北京：北京体育大学出版社，2002.

5. 张晓蓬. 中国乒乓球队战术训练水平定量诊断方法及实践效用[D]. 北京体育大学，2004.

第七章
乒乓球裁判与竞赛组织

教学提示

1. 学习重点为乒乓球竞赛规则的主要内容。
2. 学习难点为裁判的临场操作程序以及乒乓球竞赛的组织方法。
3. 建议广大学生在学习的同时结合比赛进行实践。

竞赛规则是伴随着乒乓球运动的兴起而产生的，并随着乒乓球运动的发展而不断地完善，在整个运动的发展过程中以其特有的方式规定和影响着乒乓球运动的发展方向。近年来为了提高乒乓球运动的观赏性，适应网络时代的要求，国际乒联对乒乓球运动进行了一系列的改革，并通过竞赛规则反映出来，包括38毫米乒乓球改为40毫米乒乓球、21分改为11分、无遮挡发球、禁用有机胶水等等重大举措，这在某种程度上影响着一些球员的运动生命，同时也说明竞赛规则在运动项目发展中的重要性。通过本章的学习了解乒乓球竞赛规则的主要内容、单打裁判和双打裁判的临场操作程序以及乒乓球竞赛的组织方法，掌握乒乓球的比赛规则和竞赛组织方法。

第一节　比赛规则

一、乒乓球比赛的物质条件

（一）球　台

球台的上层表面，叫比赛台面。比赛台面应为与水平面平行的长方形，包括球台上面的边缘，不包括上面边缘以下的侧面。长 2.74 米，宽 1.525 米，离地高 76 厘米，沿每个 2.74 米的比赛台面边缘各有一条 2 厘米宽的白线，叫边线。沿每个 1.525 米的比赛台面边缘各有一条 2 厘米宽的白线，叫端线。一条与边线平行将球台划分为两个相等“半区”的 3 毫米宽的白线，叫中线。（图 7–1）

比赛台面由一个与端线平行的、与比赛台面垂直的球网将比赛台面划分为两个相等的台区，各台区的整个面积应是一个整体。

双打时，各台区应由一条 3 毫米宽的白色中线，划分为两个相等的“半区”。中线与边线平行，并应视为右半区的一部分。

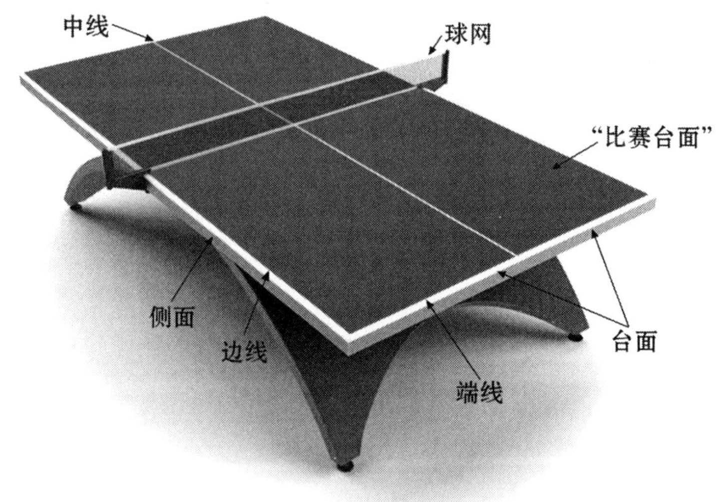

图 7–1　乒乓球台

（二）球网装置

包括球网、悬网绳、网柱及将其固定在球台上的夹钳部分。整个球网的顶端距离比赛台面 15.25 厘米。整个球网的底边应尽量靠近比赛台面，其两端应尽量贴近网柱。（图 7–2）

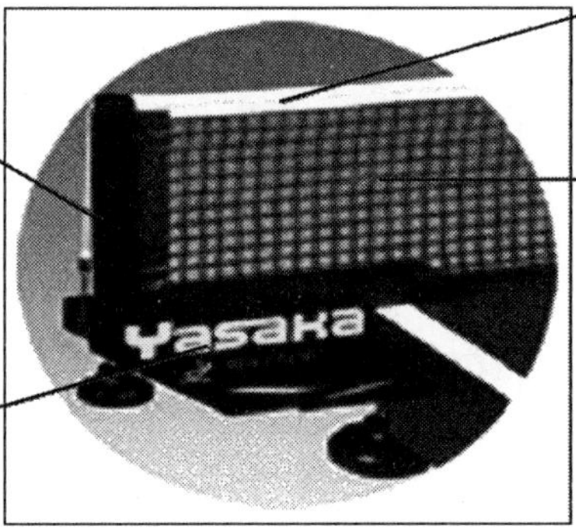

悬网绳
网柱
球网
夹钳

图 7-2 球网装置

（三）球

应用赛璐珞或类似的塑料制成，呈白色或橙色，且无光泽。球应为圆球体，直径为 40 毫米，重量为 2.7 克。

（四）球 拍

球拍的大小、形状和重量不限，但底板应平整、坚硬，用来击球的拍面或用一层颗粒向外的普通颗粒胶覆盖，连同粘合剂，厚度不超过 2 毫米；或用颗粒向内或向外的海绵胶覆盖，连同粘合剂，厚度不超过 4 毫米。海绵胶是指一层泡沫橡胶上覆盖一层普通颗粒胶，普通颗粒胶的厚度不超过 2 毫米。

球拍两面不论是否有覆盖物，必须无光泽，且一面为鲜红色，另一面为黑色，拍身边缘上的包边应无光泽，不得呈白色。比赛开始时及比赛过程中运动员需要更换球拍时，必须向对方和裁判员展示他将要使用的球拍，并允许他们检查。由于意外的损坏、磨损或退色，造成拍面的整体性和颜色的一致性出现轻微的差异，只要未明显改变拍面的性能，可以允许使用。

（五）比赛的条件

1. 赛区空间应不少于 14 米长、7 米宽、5 米高；赛区应由 75 厘米高的颜色相同的深色挡板围起，并与相邻的赛区及观众隔开；残疾人轮椅组的比赛场地不得小于 8 米长、6 米宽、5 米高。

2. 在世界锦标赛和奥林匹克比赛中，从比赛台区高度测得的照明度不得低于 1000 勒克斯，且整个比赛台区照明度均匀，赛区其他地方的照明度不得低于 500 勒克斯；其他比赛中，比赛台区的照明度不得低于 600 勒克斯，且整个比赛照明度均匀，赛区其他地方的照明度不得低于 400 勒克斯。

3. 使用多张球台时照明水平应是一致的，比赛大厅的背景照明不得高于比赛区域的最低照明度；光源距离地面不得少于 5 米。

4. 场地四周一般应为暗色，不应有明亮光源，或从未加掩盖的窗户等透过的日光；地板不能颜色太浅或反光强烈或打滑，而且表面不得为砖、水泥或石头；在世界锦标赛和奥林匹克比赛中，地板应为木质或国际乒联批准的某品牌和种类的可移动塑料地板。

5. 比赛条件的可接受性应由裁判长最后决定，但通常是裁判员首先意识到可能存在的缺陷，尤其是那些开赛后才出现的缺陷，因此裁判员必须熟悉有关规则、规程，以便能及时向裁判长报告他无权纠正的任何缺陷。

二、乒乓球比赛规则中的基本概念

(一) 定　义

1. 回合：球处于比赛状态的一段时间。

2. 比赛状态：从球被抛起前静止状态的最后一瞬间起，球即处于比赛状态，直到这个回合被判为重发球或得 1 分。

3. 重发球：不予判分的回合。

4. 1 分：判分的回合。

5. 执拍手：正握着球拍的手。

6. 不执拍手：未握着球拍的手。

7. 击球：用握在手中的球拍或执拍手手腕以下部分触球。

8. 阻挡：对方击球后，在比赛台面上方或向比赛台面方向运动的球，在没有触及本方台区、也未越过端线之前即触及本方运动员或其穿戴（带）的任何物品。

9. 发球员：在一个回合中，首先击球的运动员。

10. 接发球员：在一个回合中，第二个击球的运动员。

11. 裁判员：被指定管理一场比赛的人。

12. 副裁判员：被指定在某些方面协助裁判员工作的人。

13. 运动员“穿或戴（带）”的任何物品：包括他在一个回合开始时穿或戴（带）的任何物品，但不包括比赛用球。

14. “越过或绕过”球网装置：除球从球网和比赛台面之间通过以及从球网和网架之间通过的情况外，球均应视作已“越过或绕过”球网装置。（图 7–3）

图 7–3　越过绕过球网装置

15. 球台的“端线”：包括端线两端的无限延长线。

(二) 合法发球

1. 发球开始时，球自然地置于不执拍手的手掌上，手掌张开，保持静止。（图 7–4、图 7–5）

2. 发球员须用手把球几乎垂直地向上抛起，不得使球旋转，并使球在离开不执拍手的手掌之后上升不少于 16 厘米，球下降到被击出前不能碰到任何物体。（图 7–6）

3. 当球从抛起的最高点下降时，发球员方可击球，使球首先触及本方台区，然后越过或绕过球网装置，再触及接发球员的台区。在双打中，球应先后触及发球员和接发球员的右半区。（图 7–7）

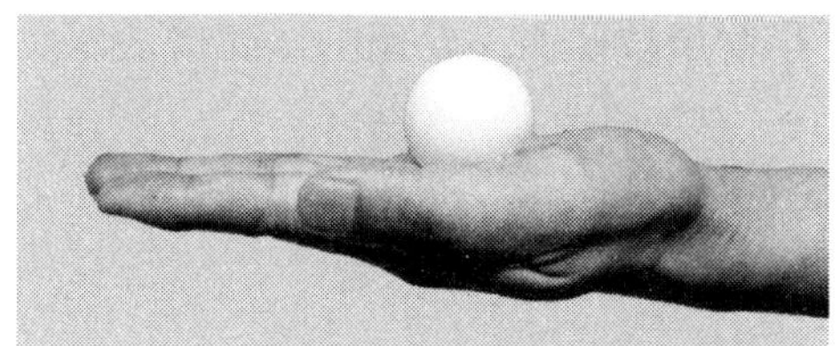

图 7-4　合法发球

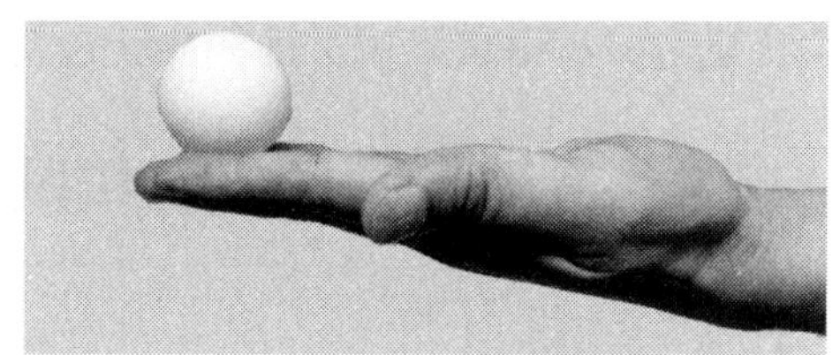

图 7-5　发球犯规

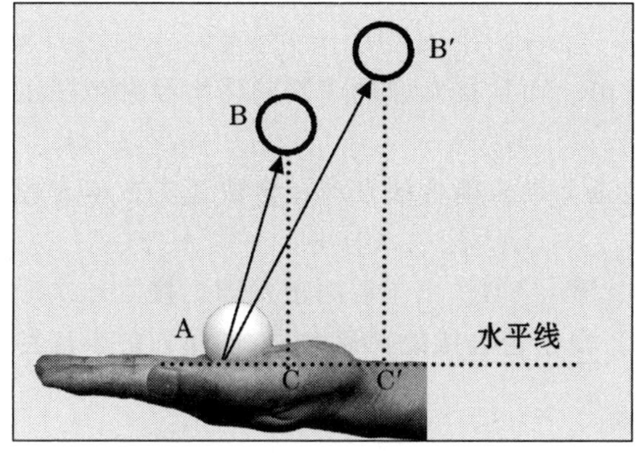

图 7-6　抛球高度及垂直度

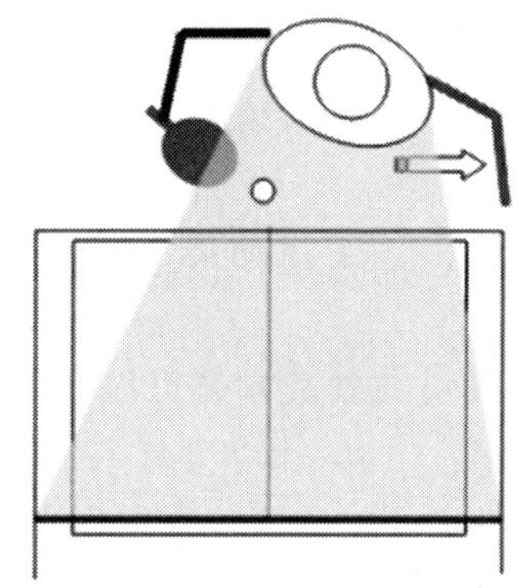

图 7-7　三角区域示意图

4. 从发球开始，到球被击出，球要始终在比赛台面的水平面以上和发球员的端线以外；而且不能被发球员或其双打同伴的身体或他们所穿戴（带）的任何物品挡住。

5. 运动员发球时，应让裁判员或助理裁判员看清他是否按照合法发球的规定发球。

（1）裁判员或副裁判员对运动员发球是否合法有怀疑，在一场比赛中第一次出现时将进行警告，判重发球不罚分。

（2）在同一场比赛中，如果该运动员或其双打同伴发球动作的合法性再次受到怀疑，不论是否出于同样的原因，均判接发球方得 1 分。

（3）无论是否是第一次或任何时候，只要发球员明显没有按照合法发球的规定发球，接发球方将被判得 1 分，无须警告。

6. 运动员因身体原因而不能严格遵守合法发球的某些规定时，可由裁判员做出决定免于执行。

（三）合法还击

对方发球或还击后，本方运动员必须击球，使球直接越过或绕过球网装置，或触及球网装置后，再触及对方台区。

（四）比赛次序

1. 在单打比赛中，首先由发球员合法发球，再由接发球员合法还击，然后两者交替合法还击。

2. 在双打比赛中，首先由发球员合法发球，再由接发球员合法还击，然后由发球员的同伴合法还击，再由接发球员的同伴合法还击，此后，运动员按此次序轮流合法还击。

三、乒乓球比赛的胜负机制

（一）重发球

回合出现下列情况应判重发球：

1. 如果发球员发出的球，在越过或绕过球网装置时，触及球网装置，此后成为合法发球或被接发球员或其同伴阻挡。

2. 如果接发球员或同伴未准备好时，球已发出，而且接发球员或其同伴均没有企图击球。

3. 由于发生了运动员无法控制的干扰，而使运动员未能合法发球、合法还击或遵守规则。

4. 裁判员或副裁判员可以在下列情况下暂停比赛：（1）由于要纠正发球、接发球次序或方位错误；（2）由于要实行轮换发球法；（3）由于警告或处罚运动员；（4）由于比赛环境受到干扰，以致该回合结果有可能受到影响。

5. 双打比赛中，运动员错发或错接。

（二）得 1 分

除被判重发球的回合，下列情况运动员得 1 分：

1. 对方运动员未能合法发球；
2. 对方运动员未能合法击球；
3. 合法发球或合法还击后，对方运动员在击球前，球触及了除球网装置以外的任何物体；
4. 对方运动员击出的球已越过本方端线或比赛台面，且始终没有触及本方台区；
5. 对方阻挡；
6. 对方故意连击；
7. 对方运动员用不符合规定的拍面击球；
8. 对方运动员或其穿戴（带）的任何物品使球台移动；
9. 对方运动员或其穿戴（带）的任何物品触及球网装置；
10. 对方运动员不执拍手触及比赛台面；
11. 双打比赛中，对方运动员击球次序错误；
12. 实行轮换发球法时，接发球方连续十三次合法还击，包括接发球。

（三）一局比赛

在一局比赛中，先得 11 分的一方为胜方。10 平后，先多得 2 分的一方为胜方。

（四）一场比赛

一场比赛应由奇数局组成。

四、乒乓球比赛中机会均等原则的体现

（一）发球（或接发球）和方位

1. 赛前由抽签决定选择发球（或接发球）和方位的权力，中签者可以选择先发球（或先接发球），或选择先站在某一边比赛。当一方运动员选择了先发球（或先接发球），或选择了先站在某一边比赛后，另一方运动员应进行另一种选择。

2. 在获得每 2 分之后，接发球方即成为发球方，依此类推，直至该局比赛结束，或者直至双方比分都达到 10 分或实行轮换发球法，这时，发球和接发球次序仍然不变，但每人只轮发 1 分球。

3. 在双打的第一局比赛中，先发球方确定第一发球员，再由先接发球方确定第一接发球员。在以后的各局比赛中，第一发球员确定后，第一接发球员应是前一局发球给他的运动员；此后，每次换发球时，前面的接发球员应成为发球员，前面的发球员的同伴应成为接发球员。

4. 一局中首先发球的一方，在该场下一局应首先接发球。在双打决胜局中，当一方先得 5 分时，接发球方应交换接发球次序。

5. 一局中在某一方位比赛的一方，在该场下一局应换到另一方位。在决胜局中，一方先得 5 分时，双方应交换方位。

（二）纠正错误

1. 裁判员一旦发现发球、接发球次序错误，应立即暂停比赛，并按该场比赛开始时确定的次序，按场上比分由该发球或接发球的运动员发球或接发球；双打比赛中，则按发现错误时那一局中首先有发球权的一方所确立的次序进行纠正，继续比赛。

例如：某次单打比赛双方运动员打到 1:5 时，运动员没有交换发球，当比赛打到 2:6，再次交换发球时，裁判员发现发球、接发球次序出现错误。此时裁判员不应慌张，应马上查看选择发球、接发球次序的记录，根据抽签时确定的发球、接发球次序，本局比赛开始时是由 A 运动员发球，目前比分为 2:6，2+6=8（两人的比分相加），8/2=4（双方运动员每人发 2 个球），第 9 个球应由 A 运动员发球，虽然比赛进行到 1:5 时，应由 B 发球，但由于没有交换发球，A 运动员已经连续发了 4 个球，然而根据比赛规则此时还必须由 A 发球。裁判员千万不能认为 A 发了 4 个球，B 也必须发 4 个球，因为这是不符合比赛规则的。如果比赛中双方运动员都得到了 10 分之后，由于到 10:10 时每人都发了 10 个球，而 10:10 之后虽然发球秩序不变，但每人只轮发一球，因此，此时在计算正确的发球、接发球秩序时，应不考虑 10:10 之前的比分，由此之后开始计算比分，下一个发出的球是单数，即为本局比赛开始时的发球员发球，否则应为本局比赛开始时的接发球员发球。例如：双方运动员打到 12:13 时，裁判员发现发球、接发球秩序错误，双方均去掉 10:10，2+3=5，下一个发出的是第 6 个球，双数即应为本局比赛开始时的接发球方发球。更简单的办法是，10 平之后双方平局无论比分是多少，都应是本局比赛开始时的发球员发球，否则应为本局比赛开始时的接发球员发球。

2. 裁判员一旦发现运动员应交换方位而未交换时，应立即暂停比赛，并按该场比赛开始时确定的次序，按场上比分运动员应站的正确方位进行纠正，再继续比赛。例如：第3局比赛打到3:4时，裁判员发现运动员的方位错了，查看比赛记录发现：选择方位时A运动员选择了先站在裁判员的左面，此时是第3局，正确的站位A运动员应站在裁判员的左面，与第1局相同，目前A运动员站在裁判员的右面，双方运动员必须马上交换方位。但运动员提出：上一局即第2局A运动员就站在裁判员的左面，这一局应该站在裁判员的右面。虽然错误发生在第1局结束时没有交换方位，但根据规则，此时也必须由A运动员站在裁判员的左面。

3. 任何情况下，发现错误之前的所有得分均有效。由于在比赛中裁判员并不能准确的知道是在什么时候发生的错误，因此不可能重新计算比分。

4. 在回合进行过程中，如运动员或裁判员发现错误，裁判员应立即中断比赛，宣布该回合为重发球，而不必等到球处于非比赛状态再处理问题，特别是发现发球、接发球次序错误时，裁判员一定要一发现错误立即中断比赛。因为此类错误多数在发球员或接发球员第一次击球时被裁判员发现，及时的纠正错误既可以反映裁判员的水平，又可以减少纠纷。

5. 通常可根据场上比分来确定下一个回合该哪位运动员发球、哪位运动员接发球。但在双打比赛中，没有唯一“正确”的发球员和接发球员，假如一局比赛应该首先发球的一方没有先发球，裁判员就无法弄清接发球方哪位运动员为第一发球员。如果这样的事情发生了，裁判员应该立即要求在发生错误一局首先有权力发球的一方运动员确定出他们之中哪位运动员是第一发球员，然后按照这个顺序按照场上比分计算出下一个回合哪位运动员是发球员、哪位运动员是接发球员，最后按照正确的次序恢复比赛。

五、轮换发球法

1. 如果一局比赛进行了10分钟仍未结束（双方比分总和达到18分除外），或者在此之前任何时间应双方运动员要求，应实行轮换发球法。轮换发球法一经实行，该场比赛的剩余部分必须继续实行，直至该场比赛结束。

2. 时限到时，球处于比赛状态，裁判员应暂停比赛，由被暂停回合的发球员发球，继续比赛；球未处于比赛状态，应由前一回合的接发球员发球继续比赛。此后，每个运动员都轮发1分球，直至该局结束。如果接发球方进行了13次合法还击（包括接发球），则判发球方失1分。

3. 轮换发球法一经实行，一直使用到该场比赛结束。

六、比赛官员

（一）裁判长

每次竞赛应指派一名裁判长，其身份和工作地点应告知所有参赛者及队长，裁判长应对下列事项负责：

1. 主持抽签；

2. 编排比赛日程；
3. 指派裁判人员；
4. 主持裁判人员的赛前短会；
5. 审查运动员的参赛资格；
6. 决定在紧急时刻是否中断比赛；
7. 决定在一场比赛中运动员是否可以离开赛区；
8. 决定是否可以延长法定练习时间；
9. 决定在一场比赛中运动员能否穿长运动服；
10. 对解释规则和规程的任何问题做出决定，包括服装、比赛器材和比赛条件的可接受性；
11. 决定在比赛紧急中断时，运动员能否练习，以及练习地点；
12. 对于不良行为或其他违反规程的行为采取纪律行动。

裁判长或在其缺席时负责代理的副裁判长，在比赛过程中自始至终应亲临比赛场地。如果裁判长认为必要，可在任何时间更换裁判人员，但不得更改被更换者在其职权范围内就事实问题做出的判定。

运动员从抵达比赛场地开始至离开场地，应处于裁判长的管辖之下。

（二）裁判员

每场比赛均应指派 1 名裁判员和 1 名副裁判员。裁判员应坐或站在球台的一侧，与球网成一直线。副裁判员应面对裁判员坐在球台另一侧。

1. 裁判员应对下列事项负责：
(1) 检查比赛器材和比赛条件的可接受性，如有问题向裁判长报告；
(2) 需要时指定比赛用球；
(3) 主持抽签，并确定发球、接发球和方位；
(4) 决定是否由于运动员身体伤病而放宽合法发球的某些规定；
(5) 控制方位和发球、接发球次序，纠正上述有关方面出现的错误；
(6) 决定每一回合得 1 分或重发球；
(7) 根据规定的程序报分；
(8) 在适当的时间执行轮换发球法；
(9) 保持比赛的连续性；
(10) 对违反场外指导或行为等规定者采取行动。

2. 副裁判员决定处于比赛状态中的球是否是触及距离他最近的比赛台面的上边缘。

3. 裁判员和副裁判员均可判决：
(1) 运动员发球动作不合法；
(2) 合法发球在球越过或绕过球网装置是否触及球网装置；
(3) 运动员阻挡；
(4) 比赛环境受到意外干扰，该回合的结果有可能受到影响；
(5) 掌握练习时间、比赛时间及间歇时间。

4. 执行轮换发球法时，副裁判员或另外指派的一名裁判人员均可当计数员，计接发球方运动员的击球板数。

5. 裁判员不得否决副裁判员或计数员在其职权范围之内所做出的决定。

6. 从抵达比赛区域开始直至离开，运动员应处于裁判员的管辖之下。

七、乒乓球比赛的管理

（一）报　分

1. 当球一结束比赛状态，裁判员应立即报分。如考虑掌声或其他嘈杂声将影响报分，应在情况允许时立即报分。

（1）报分时，裁判员应首先报下一回合即将发球一方的得分数，然后报对方的得分数。例如一场比赛中即将发球的一方得 5 分，接发球一方得 3 分，此时裁判应报 5 比 3。

（2）一局比赛开始和交换发球员时，裁判员应用手势指向下一个发球员，也可以在报完比分后，报出下一回合发球员的姓名。指向下一个发球员手势的含义是：换发球，在国内许多裁判员在运动员发球擦网时，均要报“擦网”“重发”，并用手指向发球方，但此时是重发球，并没有换发球，所以，不应做换发球的手势。

（3）一局比赛结束时，裁判员应先报胜方运动员的姓名，然后报胜方得分数，再报负方的得分数。例如：一局王皓与王励勤的比赛，王皓得 13 分，王励勤得 11 分，裁判员应宣布：王皓，13 比 11 胜。

2. 裁判员除报分外，还可以用手势表示他的判决。

（1）当判得分时，裁判员可将靠近得分方的手举至齐肩高。手势应是：大臂与身体成 90 度，小臂与大臂成 90 度，握拳，拳心朝外。（图 7–8）

图 7–8　得　分

(2) 当出于某种原因，回合应被判为重发球时，裁判员可以将手高举过头，表示该回合结束。手势应是：手臂伸直上举，五指并拢，掌心朝外。(图 7–9)

图 7–9　重发球

(3) 当需要换发球时，裁判员应将手指向下一个发球员。手势应是：靠近下一个发球员的手臂伸直侧平举，掌心朝前，手指向下一个发球员一边，但并不要求指向下一个发球员所站的位置。(图 7–10)

图 7–10　换发球

3. 建议发球员在双方运动员未准确得知比分之前，不要发球；如裁判员认为发球员经常发球过早，对对方有不利影响，应警告发球员推迟发球，如有必要应提醒接发球员举手表明自己未准备好。目前规则规定：在球一脱离比赛状态时，只要情况允许，裁判员应立即报分，而不应该等到双方运动员开始准备比赛时，这虽然可以让运动员、教练员和现场的观众能够尽早的知道比分，但却不好控制运动员发球的时间。虽然大多数运动员并不急于发球，但有时也会因为对方发球过早而引起纠纷，如果发球方已将球发出，但接发球的运动员及其同伴没有接发球的动作，这一个回合应判“重发球”，如果有接发球的动作，在裁判员认为发球员发球过早，对对方产生了不利的影响时，应及时警告发球方运动员，同时要求接发球运动员在未准备好时举手示意。但同时裁判员也应排除接发球运动员因为接不好对方运动员的某个发球而故意不接。

4. 报分以及在实行轮换发球法时的报数，裁判员应使用英语，或用双方运动员及裁判员均能接受的任何其他语言。在国际比赛中，因为考虑到观众等多方面因素，报分最好是用英语。但由于华语国家是目前乒乓球开展较好的国家，而许多海外兵团和许多世界乒坛的高手都曾在中国训练过，因此，在许多时候中文也能被广大运动员所接受。例如：2004 年 4 月在北京海淀体育馆举行的亚洲区奥运会预选赛上，裁判员来自中国，运动员分别来自中国香港和中华台北，观众又都是中国人，此时，裁判员可以使用中文进行报分。

5. 应使用机械或电子设备显示比分，使运动员和观众都能看清楚。

6. 裁判员报分要清晰，但应注意用语不要倾向于某方运动员，为使观众能较准确地了解比赛进程，裁判员报分应当响亮一些，如使用话筒，裁判员应该适应一下它的特性，并且能准确地掌握，否则可能会把裁判员并不想让观众听到的声音传送出去。目前在大多数比赛中因为球台较多，如果每名裁判员都配备一个话筒，裁判员就会互相干扰。因此，除非只用一张球台，多数情况下裁判员必须使用自己的声音报分，报分时至少应该让坐在场外教练席上的教练员和运动员听清比分。

7. 通常一个回合结束时，裁判员应立即报分，而不应该等到他判断运动员已经准备好可以恢复比赛时再报。如果比赛场地的喝彩声太大或一名运动员到赛场的后部拣球时，裁判员可暂缓报分，直到裁判员确信所有运动员都能听到比分时再报。

8. 虽然裁判员使用运动员的姓名是有选择性的，但他应该确信如何正确地读出运动员的姓名，裁判员应在比赛开始前向运动员核实他们姓名的正确发音。

9. 当比分相同时，可报为“4 比 4”或“4 平”，比分“0”可以用“love”或“zero”表示。在一局比赛开始时，裁判员可以宣布“0 比 0，王励勤”，但说“王励勤发球，0 比 0”更好，因为这样可以避免报分结束之前运动员发球。如果回合为重发球，裁判员应重复上一个回合结束时的比分，以表示该回合没有得分，但不必要将手指向下一个发球方，以免使观众误会为换发球。

10. 在团体比赛中，报分时可以用参加比赛协会的名称代替上场运动员的姓名，或者两者同时报，在开始比赛时可以报：“中国队王励勤发球，0 比 0”。在单局比赛中，比分可以报为：“5 比 5，中国”在某场比赛结束时，裁判员可以宣告：“11:7，中国，中国 3 比 2 胜，中国 1 比 0 领先。”

11. 除报分外，裁判员还可以用手势来表示他的判决，尤其是在嘈杂声很高，裁判员的报分难以被听清时。即使裁判员因为喝彩声或运动员拣球而延迟报分，一个及时的手势，也可以让计分员立即翻分，而不需要等到报分后。

12. 裁判员必须在换发球时，把靠近发球方的手掌心向前侧举指向发球方一边来指明下一个回合的发球方。但这是换发球的手势，如果一个回合是被判为重发球，裁判员在把手高举过头表明该回合不得分后，不能做这一手势，以免引起误会。

13. 当助理裁判员在其职权范围内做出重发球的判定时，为引起裁判员的注意，他也应把手高举过头。例如：发球擦网、发球犯规、外界球入场等。

14. 解释语

(1) 通常裁判员不必去解释做出的决定，而且应避免不必要的通告。例如：一个发球员发球明显犯规，而此球下网时，裁判员就没有必要喊“犯规”。然而，如果一个回合在没有自动结束或原因不明显的情况下，裁判员就做出判定，可用下列标准的术语进行简单的解释。（表 7–1）

表 7－1　推荐的解释语

发生的情况	标准术语
运动员身体、衣服或球拍触网	碰网
比赛台面移动	台面移动
不执拍手触及比赛台面	手触台
球被运动员阻挡	阻挡
球连续在同一台区弹跳两次	两跳
同一运动员连续两次击球	连击
双打运动员击球次序错误	错误运动员
双打比赛发球中，球跳到错误的半区	错区

(2) 必要时应该进行详细解释，尤其是当运动员的发球被判犯规，但他却不清楚自己错在哪里时。语言问题可用手势来克服，如当运动员未注意球擦边时，裁判员可用手指向擦边处。而如果裁判员不能用语言表明运动员的发球动作犯规时，可以把已判罚的发球动作表演一下等等。（图 7–11）

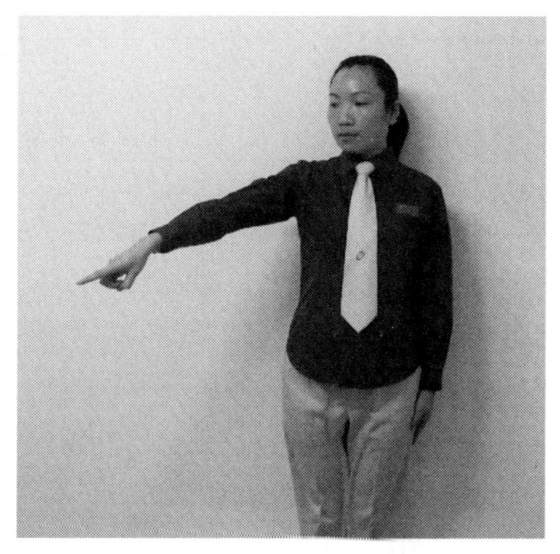
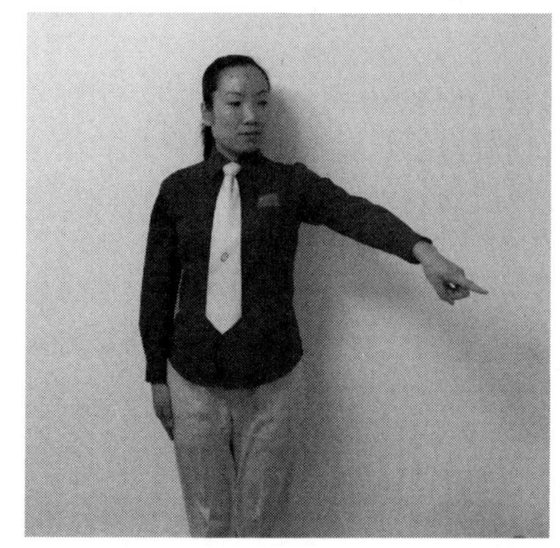

图 7–11　擦　边

表7-2　宣告及手势

比赛情况	裁判员的手势	裁判员的宣告	助理裁判员的手势	助理裁判员的宣告
比赛开始	用下一个发球员手势指向第一发球员	X 发球,0 比 0	没有	没有
换发球时	用下一个发球员手势指向下一个发球员	没有	没有	没有
中断后恢复比赛时	用下一个发球员手势指向下一个发球员	重报比分	没有	没有
得分	用靠近得分方的手做得分手势	新比分	没有	没有
发球擦网	球一接触正确的台区,重发球手势	“重发”,并重新报比分	球一接触正确的台区,重发球手势	没有
发球犯规	用靠近接发球方的手做得分手势	“犯规”,并报新比分	中断比赛的手势	“犯规”如果必要向裁判员说明
双打比赛中发球错区	用靠近接发球方的手做得分手势,如果必要用手指向中线	“犯规”,并报新比分	没有	没有
发球失误	用靠近接发球方的手做得分手势	“犯规”,并报新比分	没有	没有
怀疑发球犯规(该场比赛第一次出现)	重发球的手势	“重发”,警告发球员,并重新报比分	没有	没有
怀疑发球犯规(同一名或一对运动员一场比赛中再次出现)	用靠近接发球方的手做得分手势	“犯规”,并报新比分	没有	没有
中断比赛(外界球入场等)	重发球的手势	“重发”,并重报上一个回合的比分	重发球的手势	“停”
在球处于比赛状态时发现发球、接发球、方位错误	重发球的手势	“重发”,纠正错误,并重报上一个回合的比分	没有	没有
在球处于比赛状态时,第一次非法指导	重发球的手势	“重发”,警告指导者,并重报上一个回合的比分	没有	没有
在球处于比赛状态时,再一次非法指导	重发球的手势	“重发”,让指导者离开比赛场地,并重报上一个回合的比分	重发球的手势	“停”,并向裁判员说明
在回合之间非法指导	重发球的手势	警告指导者	重发球的手势	通知裁判员
运动员阻挡	用靠近得分方的手做得分手势	新比分	重发球的手势	“停”,并向裁判员说明

比赛情况	裁判员的手势	裁判员的宣告	助理裁判员的手势	助理裁判员的宣告
任何不能自动中断比赛的犯规	重发球的手势	“停”，并报新比分	没有	没有
靠近助理裁判员一侧边线的擦边球	没有	没有	如果必要指向擦边处	“擦边”
其他部位的擦边球	如果必要指向擦边处	新比分	没有	没有
球触及助理裁判员一侧边线的侧面	没有	新比分	重发球的手势	“侧面”
时间到（如果助理裁判员监控时间）	在助理裁判员做出手势和宣告后，重发球的手势	如果必要宣告“重发”，宣告轮换发球法开始执行，并重报前一个回合的比分	重发球的手势	“时间到”
时间到（如果裁判员监控时间）	重发球的手势	“时间到”，宣告轮换发球法开始执行，并重报前一个回合的比分	没有	没有
有人要求暂停	重发球的手势，高举白牌指向要求暂停一侧的运动员（对），直到助理裁判员将时间暂停牌放在要求暂停运动员的球台上	没有	将时间暂停牌放在要求暂停运动员（对）一侧的球台上，站在靠近助理裁判员使用的裁判桌前，直到运动员回到场地或时间到，将时间暂停牌移走	没有
暂停时间到（如果助理裁判员监控时间）	运动员返回时，用下一个发球员手势指向下一个发球员	重报前一个回合的比分	将时间暂停牌移走，并且将一张白牌放到要求暂停运动员的记分牌旁边	“时间到”（如果运动员没有返回）
暂停时间到（如果裁判员监控时间）	运动员返回时，用下一个发球员手势指向下一个发球员	“时间到”（如果运动员没有返回），重报前一个回合的比分	将时间暂停牌移走，并且将一张白牌放到要求暂停运动员的记分牌旁边	没有
行为犯规（第一次出现）	对着犯规的运动员高举黄牌（不要离开裁判椅）	“重发”如果球处于比赛状态，警告犯规运动员，并重报前一个回合的比分	将一张黄牌放在被警告运动员一侧的记分牌旁边	没有
行为犯规（第二次、第三次出现）	对着犯规的运动员高举黄牌和红牌（不要离开裁判椅）	“重发”如果球处于比赛状态，宣布判罚后的新比分	没有	没有
一局比赛结束	没有	局分，并做一局比赛结束时的宣告	没有	没有
一场比赛结束	没有	场分，并做一场比赛结束时的宣告	没有	没有

（二）器 材

1. 球

（1）运动员不得在赛区内挑选比赛用球。

（2）在进入赛区之前，运动员应有机会挑选一个或几个比赛用球，并由裁判员任意从中取一个球进行比赛。

（3）如果比赛中球损坏，应由比赛前选定的另外一个球代替；如果没有赛前选定的球，则由裁判员从一盒大会指定的比赛用球中任意取一个球代替。

2. 球 拍

（1）比赛开始前至少 20 分钟，运动员应把比赛球拍送到检录处，由裁判员进行检测或由裁判员送至球拍检测室进行检测。裁判员应对球拍的厚度、平整度以及表面的破损度等进行检查。

（2）裁判员不能在进入场地之后检测球拍。如果运动员在赛前没有送检球拍或球拍在比赛中因损坏而更换，该球拍必须进行赛后球拍检测。

（3）球拍击球拍面的覆盖物应是国际乒联现行许可的，并有国际乒联编号（如有）、供应商和商标名。在球拍上粘贴覆盖物时应使这些标志在最靠近拍柄处清晰可见。国际乒联办公室负责更新所有批准和授权的器材和材料清单，详细资料可以从国际乒联网上获得。

（4）每个运动员有责任确保用于粘贴球拍覆盖物的黏合剂不含有有毒挥发性溶剂。

没有通过赛前球拍检测的球拍不能在有球拍检测的比赛中使用。没有通过赛后球拍随机抽查的运动员将会受到处罚。

（5）应使用经过国际乒联许可的球拍覆盖物，且不得用任何物理、化学或其他方式进行处理而改变其击球性能、摩擦力、外观、颜色、结构、表面等。

（6）由于意外的损坏、磨损或褪色，造成拍面的整体性和颜色上的一致性出现轻微的差异，只要未明显改变拍面的性能，可以允许使用。

（7）在一场单项比赛中，不允许更换球拍，除非球拍严重损坏不能使用，如果运动员在比赛中损坏了球拍，应立即替换随身带来的另一块球拍，或场外递进的球拍。

（8）运动员在比赛间歇时，应将球拍留在比赛的球台上。得到裁判员的特殊许可除外。

（三）练 习

1. 在一场比赛开始前 2 分钟，运动员有权在比赛球台上练习，正常间歇不能练习。只有裁判长有权延长特殊的练习时间。

2. 在紧急中断比赛时，裁判长可允许运动员在任何球台上练习，包括比赛用的球台。

3. 运动员应有合理的机会检查和熟悉将要使用的器材，在替换破球或损坏的球拍以后，运动员可练习少数几个回合，然后继续比赛。

（四）间 歇

1. 除了任何一方运动员提出要求外，比赛应该继续进行。

（1）在局与局之间，有不超过 1 分钟的休息时间。

(2) 每局比赛中，每得 6 分后，或决胜局交换方位时，用短暂的时间擦汗。

2. 一名或一对双打运动员可在一场单项比赛中要求一次暂停，时间不超过 1 分钟。

(1) 在单项比赛中，暂停应由运动员或指定的场外指导者提出；在团体比赛中，应由运动员或队长提出。

(2) 如果一名运动员或一对运动员与其指导者或教练员对是否暂停有不同意见时，在单项比赛中决定权属于这名或这对运动员；在团体比赛中，决定权属于指导者或教练员。

(3) 请求暂停只有在球未处于比赛状态时做出，应用双手做出“T”形表示。

(4) 在得到某方合理的暂停请求后，裁判员应暂停比赛并出示白牌，然后将白牌放在提出要求暂停一方运动员的台区上。（图 7–12）

图 7–12　暂 停

(5) 当提出暂停的一方运动员准备继续比赛（以时间短的计算）或 1 分钟暂停时间已到时，白牌应被拿走并且立即恢复比赛。

(6) 如果比赛双方运动员或是他们的代表同时提出要求暂停，应在双方运动员准备恢复比赛或暂停时间满 1 分钟时继续比赛。在这场单项比赛中，双方运动员都不再有暂停的权利。

3. 运动员因意外事件而暂时丧失比赛能力时，裁判长若认为中断比赛不至于给对方带来不利，可允许中断比赛，但时间应尽量短些，在任何情况下都不得超过 10 分钟。

4. 如果失去比赛能力的状态早已存在，或在比赛开始前就有理由可以预见，或由于比赛的正常紧张状态引起，则不能允许中断比赛。如果失去比赛能力的原因在于运动员当时的身体状况或比赛进行的方式，引起抽筋或过度疲劳，这些也不能成为中断比赛的理由。只有因意外事故，如摔倒受伤而丧失比赛能力，才能允许紧急中断。

5. 如果赛区内有人受伤流血，应立即中断比赛，直到他接受了医疗救护并将赛区内所有血迹擦干净后再恢复比赛。

6. 除非裁判长允许，运动员在单项比赛中应留在赛区内或赛区附近，在局与局之间的法定休息时间内，运动员应在裁判员的监督下，留在赛区周围 3 米以内的地方。

（五）服　装

1. 比赛服一般包括短袖运动衫、短裤或短裙、短袜和运动鞋；其他服装，如半套或全套运动服，不得在比赛时穿着，得到裁判长许可时除外。

2. 短袖运动衫（袖子和领子除外）、短裤或短裙的主要颜色应与比赛用球的颜色明显不同。

3. 在运动员比赛短袖服装的后背可印有号码和文字，用于标明运动员、运动员所属的协会，或在俱乐部比赛时，标明运动员所属俱乐部，但必须符合规则中有关的广告规定。如果短袖比赛服装的背后印有运动员的姓名，应该在紧靠衣领下的位置。

4. 在短袖运动衫背部的中间位置应优先考虑佩戴被组织者指定的用于标明运动员身份的号码布，而不是广告。这个号码布应是长方形，面积不大于600平方厘米。

5. 在运动服前面或侧面的任何标记或装饰物以及运动员佩戴的任何物品，如珠宝装饰等，均不应过于显眼或反光，以至影响对手的视线。

6. 服装上不得带有可能产生不悦或诋毁本项运动声誉的设计和字样。

7. 有关比赛服的合法性及可接受性问题，应由裁判长决定。

8. 团体赛同队运动员，或同一协会运动员组成的双打，应穿着同样的服装，鞋袜除外。

9. 比赛的双方运动员应穿着颜色明显不同的运动衫，以使观众能够容易地区分他们。

10. 当双方运动员或运动队所穿服装颜色类似，且均不愿更换时应通过抽签决定某一方必须更换。

11. 运动员参加世界、奥林匹克或国际公开锦标赛时，穿着的短袖运动衫、短裤或短裙等应为其协会批准的种类。

（六）广　告

1. 在赛区内，广告只能在规定设置的器材和装置上展示，而不能单独设置广告。

2. 赛区内任何地方不准使用荧光或发光的颜色。

3. 挡板内侧的字样和标记禁止使用白色或橙色，亦不得超过两种颜色，其总高度应限制在40厘米以内；建议使用比底色深些或浅些的颜色。

4. 地板上和球台端面、侧面上的标记物颜色应深于或浅于底色，或者是黑色。

5. 比赛区域地面最多可有4个广告，球台的每个侧面和每个端面可各有1个广告，每个广告的总面积不得超过2.5平方米；广告与挡板的距离不得少于1米，两端的广告与挡板的距离不得超过2米。

6. 球台两个侧面各1/2处和端面均可有一个临时性广告，该广告不得是其他乒乓球器材供应商的广告，而且和永久性广告必须有明显区别；每个广告总长度不得超过60厘米。

7. 球网上的广告应深于或浅于背景颜色，与球网顶端的距离不少于3厘米，并且不得遮盖网眼。

8. 赛区内裁判桌或其他器材上的广告，其任何一面的总面积不得超过750平方厘米。

9. 运动员服装上的广告应受下列限制：

（1）制造厂家的正常商标、标记或名称，所占总面积不得超过24平方厘米；

(2) 短袖运动衫前面、侧面和肩部不得有6条以上的广告，总面积不得超过600平方厘米，每条广告必须明显分开；而且在短袖运动衫正面的广告不得超过4条；

(3) 短袖运动衫的背后不得有两条以上的广告，总面积不得超过400平方厘米；

(4) 短裤或短裙上可有不超过两个、总面积不超过80平方厘米的广告。

10. 运动员号码布上的广告总面积不得超过100平方厘米。

11. 裁判员服装上的广告总面积不得超过40平方厘米。

12. 比赛服或号码布上的广告不得有烟草制品、含酒精饮料或者有害药品的广告。

八、纪　律

(一) 场外指导

1. 团体比赛，运动员可接受任何人的场外指导；单项比赛运动员只能接受一个人的场外指导，而这个指导者的身份应在该场比赛前向裁判员说明。如果一对双打运动员来自不同的协会，则可分别授权一名指导者。如发现未经许可的指导者，裁判员应出示红牌，并令其远离赛区。

2. 在局与局的休息时间或经批准的中断时间内，运动员可接受场外指导，但在赛前练习结束后到比赛开始前不能接受场外指导。如果合法的指导者在其他的时间里进行指导，裁判员应出示黄牌进行警告；如在警告后再次违犯，应出示红牌将其驱逐出赛区。

3. 在一个团体赛或单项比赛中的一场比赛中，指导者已被警告过，如任何人再进行非法指导，裁判员将出示红牌，并将其驱逐出赛区，不论其是否曾被警告过。

4. 在团体比赛中被驱逐出赛区的人不允许在团体比赛结束前返回，除非需要其上场比赛。在单项比赛中，不允许在该场单项比赛结束前返回。

5. 如被驱逐出赛区的指导者拒绝离开或在比赛结束前返回，裁判员应中断比赛，并立即向裁判长报告。

6. 以上规定只限于对比赛的指导，并不限制运动员或队长就裁判员的决定提出正式申诉，或阻止运动员与所属协会的代表或翻译就某项判决的解释进行商议。

(二) 不良行为

1. 运动员和教练员应克制那些可能不公平地影响对手、冒犯观众或影响本项运动声誉的不良行为。诸如辱骂性语言，故意损坏球或将球打出赛区，踢球台或挡板和不尊重比赛官员等。

2. 任何时候，运动员或教练员出现严重冒犯行为，裁判员应中断比赛，立即报告裁判长；如果冒犯行为不太严重，第一次，裁判员可出示黄牌，警告冒犯者，如再次冒犯将被判罚。（图7–13）

图 7-13 黄牌警告

3. 除严重冒犯，运动员在受到警告后，在同一场单项比赛或团体比赛中，第二次冒犯，裁判员应判对方得 1 分，再犯，判对方得 2 分，每次判罚，应同时出示黄牌和红牌。（图 7-14）

图 7-14 红加黄牌判分

4. 在同一场单项比赛或团体比赛中，运动员在被判罚 3 分后继续有不良行为，裁判员应中断比赛，并立即报告裁判长。

5. 在一场比赛中如果运动员要求更换没有损坏的球拍，裁判员应停止比赛，向裁判长报告。

6. 双打配对中的任何一名运动员所受到的警告或判罚，应视作是该对双打运动员的，但未受警告的运动员在同一场团体比赛随后的单项比赛中不受影响；双打比赛开始时，配对运动员中任何一名在同一场团体比赛中已经受到的最严重的警告或判罚，应视作是该对双打运动员的。

7. 除教练员或运动员出现严重冒犯行为外，教练员在受到警告后，在同一场单项比赛或团体比赛中再次冒犯，裁判员应出示红牌将其驱逐出赛区，直到该场团体赛或单项赛中的该场单项比赛结束才可返回。

8. 无论是否得到裁判员的报告，裁判长有权取消有严重不公平或冒犯行为运动员的比赛资格，包括取消一场比赛、一项比赛或整个比赛的比赛资格。当他采取行动时应出示红牌。

9. 如果一名运动员在团体（或单项）比赛中有两场被取消了比赛资格，就自动失去了其参加团体（或单项）比赛的资格。

10. 裁判长有权取消已经两次被驱逐出赛区的任何人在本次竞赛剩余时间里的临场资格。

11. 非常严重的不良行为的事例应报告冒犯者所属协会。

九、双打裁判知识

（一）发球区的规定

双打比赛中，发球员发球时必须使发出的球先落在本方球台的右半区，然后直接越过或绕过球网触及对方球台的右半区。中线应视为右半区的一部分。发球错区判发球方失 1 分。

（二）发球次序的规定

1. 抽签后，确定发球方、接发球方。在比赛开始前，裁判员要让发球方确定谁先发球，然后让接发球方确定谁先接发球。因此，接发球方可以根据对方发球员选择合适的队员为接球员。此外，由于发球区的限制，双打中发球威力减小，所以在双打比赛时，中签的一方一般选择接发球较为有利。双方确定了发球员和接球员后，就可以排出第一局的发球次序。如果有甲、乙两对运动员进行双打比赛，甲队由 A、B 两名队员组成，乙队由 X、Y 组成；假如 A 先发球，X 先接发球，那么，在此局中发球、接发球的次序为 A 发 X 接→X 发 B 接→B 发 Y 接→Y 发 A 接，依此类推直到此局结束。顺序如下：

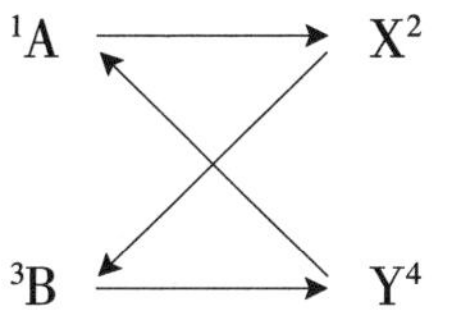

2. 第二局比赛开始时，裁判员仍需让发球方确定第一发球员。如上例，第二局乙队 X、Y 两名队员，可由 X 先发球，也可由 Y 先发球，当发球方确定以后，甲队接发球的运动员必须是第一局发球给本局发球员的运动员。因此，第二局可能是：

3. 第三局比赛开始时，裁判员仍需让发球方确定第一发球员。如上例，第三局甲队 A、B 两名队员，可由 A 先发球，也可由 B 先发球，当发球方确定以后，乙队接发球的运动员必须是第二局发球给本局发球员的运动员。因此，第三局可能是：

依此类推，决胜局有一方比分先达 5 时，在交换方位的同时必须交换接发球员，此时裁判员必须清楚下一球哪位运动员是发球员，然后根据记录调整接发球员，使比赛发球、接发球次序与双数局相同。

（1）若决胜局比赛开始时 A 发球

如比分在 5:0 时交换方位，应为 B 发 X 接；

如比分在 5:1 或 5:2 时交换方位，应为 Y 发 B 接；

如比分在 5:3 或 5:4 时交换方位，应为 A 发 Y 接。

（2）若决胜局比赛开始时 B 发球

如比分在 5:0 时交换方位，应为 A 发 Y 接；

如比分在 5:1 或 5:2 时交换方位，应为 X 发 A 接；

如比分在 5:3 或 5:4 时交换方位，应为 B 发 X 接。

4. 在长期的裁判实践中，裁判员们摸索了一种只要记住了发球员，利用运动员的某一特征很容易找到接发球员的方法，这就是利用“顺向”和“逆向”寻找接发球员的方法，具体方法是：

（1）先将双方运动员，用同一种区分法把同队的两个运动员区分开，如 A 高 B 矮、X 高 Y 矮，或 A 胖 B 瘦、X 胖 Y 瘦。在混合双打中，则用 A 男 B 女、X 男 Y 女来区分。

（2）根据第一局比赛开始时确定的发球次序，以男女混合双打为例，若 A 男 B 女、X 男 Y 女，如果发球次序是：

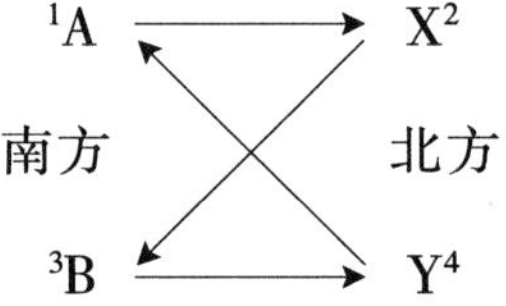

则 AB 方发球，必须是男发男接，女发女接，这种同一特征的人接发球，叫做“顺向”。而 XY 方发球，必须是男发女接，这种不同特征的人接发球，叫做“逆向”。反之，如果发球次序为：

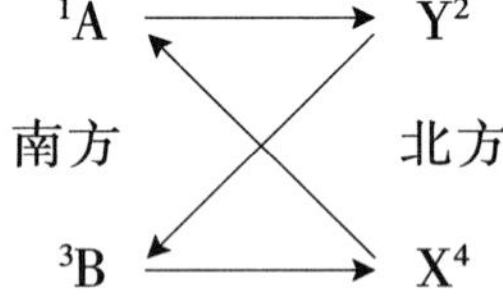

则 AB 方发球是“逆向”，而 XY 方发球是“顺向”。比赛中哪一方为“顺向”，哪一方为“逆向”，是由第一局确定第一发球员和第一接发球员时而定，决不能理解为某一方一定是“逆向”或“顺向”。

如果第一局的发球顺序为前一种，第二局比赛开始时交换方位后 XY 转到南方，AB 转到北方，发球的次序可能是：

则 XY 方发球时为“顺向”，AB 方发球时为“逆向”。由此可知，第一局定了顺逆向之后，站在南方的队发球时总是“顺向”，站在北方的队发球时总是“逆向”。这样根据方位来判断发球员的方法较容易，只要不发生交换方位错误，就很容易知道发球的顺序。此外，由于裁判员临场时一般都要选择备用球，并将其放在自己上衣首先发球一方的口袋中，第一局比赛开始确定发球次序后，如果从有球一方发出的球为“顺向”，则整场比赛从有球一方发出的球均为“顺向”。

(3) 在确定了顺逆向之后，在比赛中无论发生什么样的情况，只要能准确地确定发球员，就可以准确地确定接发球员。例如：第一局确定了第一发球和第一接发员之后，发球次序是：

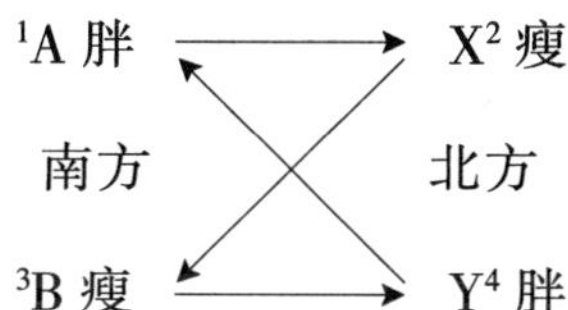

在第二局轮到 Y 发球时，由于这时 XY 放在南方应为“逆向”，Y 胖必须是 B 瘦接发球。

(三) 击球次序的规定

参加双打的两名运动员必须轮流每人击球一次，一人连续击球两次失 1 分。

(四) 双打判罚的规定

参加双打比赛的两名运动员在执行规则时应被视为一方运动员，对其中任何一名运动员的警告和判罚都应被视为对这一方运动员的警告和判罚；但两名运动员的球拍不能互换。

十、团体比赛

(一) 团体比赛的形式

1. 五场三胜制的团体比赛（五场单打）

一个队由 3 名队员组成。比赛顺序是：

1. A—X
2. B—Y
3. C—Z
4. A—Y
5. B—X

2. 五场三胜制的团体比赛（四场单打和一场双打）

一个队由 2、3 或 4 名队员组成。比赛顺序是：

1. A—X
2. B—Y
3. 双打
4. A—Y
5. B—X

3. 七场四胜制的团体比赛（六场单打和一场双打）

一个队由3、4或5名队员组成。比赛顺序是：

1. A—X
2. B—Y
3. C—Z
4. 双打
5. A—Y
6. C—X
7. B—Z

4. 九场五胜制的团体比赛（九场单打）

一个队由3名队员组成。比赛顺序是：

1. A—X
2. B—Y
3. C—Z
4. B—X
5. A—Z
6. C—Y
7. B—Z
8. C—X
9. A—Y

（二）团体比赛程序

1. 所有出场运动员应出自团体报名表。

2. 团体比赛前由抽签的中签者优先选择A、B、C或X、Y、Z。由队长提交给裁判长或其代理人该队名单，并对每一名单打运动员确定一个字母所代表的相应位置。

3. 双打比赛的配对不必立即提交，可在前两场单打比赛结束时提交。

4. 需要连场的运动员有资格在连场的比赛之间有最多5分钟的休息。

5. 当一个队赢得足够多数场次时，为一次团体比赛结束。

（三）团体比赛记分表（以五场三胜制为例）

表 7－3　团体赛记分表

项目：

日期	场次号	阶段	轮次	组别	时间	台号

场次	协会		协会		每局成绩					结果	备注
					1	2	3	4	5		
1	A		X								
2	B		Y								
3	C		Z								
4	A		Y								
5	B		X								

比赛结果＿＿＿＿＿＿＿＿＿　　获胜队＿＿＿＿＿＿＿＿＿

胜方队长签名＿＿＿＿＿＿＿

负方队长签名＿＿＿＿＿＿＿

裁判员签名＿＿＿＿＿＿＿＿　　裁判长签名＿＿＿＿＿＿＿

竞赛地点＿＿＿＿＿＿＿＿＿

十一、裁判员操作程序

（一）入场前的准备工作

1. 被指定执法的裁判员应在该场比赛开始前 30 分钟到裁判长处或记录台报到，并为准确执法做好一切准备。

2. 赛前 15 分钟裁判员应在指定的区域内完成挑选比赛用球、检查服装和号码布的工作。

3. 赛前 10 分钟裁判员应准备好该场比赛的人名、队名牌和比赛用球。

4. 在进入比赛场地之前，裁判员和助理裁判员应就他们共同的职责进行分工。例如：裁判员、助理裁判员谁负责掌握练习、比赛及比赛间歇时间（一般由助理裁判完成）；谁负责控制暂停时间以及暂停时谁将白牌放在要求暂停一方运动员的台面上（一般由助理裁判员完成）。裁判员和助理裁判员应非常清楚在比赛中如何配合共同完成执法任务，而不需要在比赛过程中再去明确。

5. 入场前，裁判员和助理裁判员应在赛区入口处排好队，之后排队进入场地，裁判员左手拿着该场比赛的记分表和比赛用球的盒子走在队伍的前面。

6. 裁判员和助理裁判员在入场时手里不许拿其他东西，在执法时必须用到的东西，如：钢笔、秒表、量网尺、红牌、黄牌、白牌、毛巾、挑边器等都应放在制服的口袋里，且不能被明显地看到或挂在脖子上。

7. 裁判员和助理裁判员入场后应一起走到裁判椅一侧，裁判员将手里拿着的记分表及球盒放在裁判椅上，然后裁判员站在裁判椅的右侧，助理裁判员站在裁判椅的左侧面向球台立正站好。

8. 当介绍裁判员时，该裁判员应向前迈 1 小步，然后再向后迈 1 小步回到原来的位置，不必转向每一位观众，也不必向观众挥手。

9. 不管是否向观众介绍裁判员和助理裁判员，他们都应在规定的位置站好，至少停留 5 秒钟，然后助理裁判员应在裁判员的带领下共同开始完成他们的准备工作。

10. 如果运动员与裁判员一起入场，应有一个（对）运动员站在裁判员的边上，另一个（对）站在助理裁判员的边上，在所有运动员和裁判员都入场后才能开始赛前的准备工作。

（二）赛前的准备工作

1. 裁判员应做好

（1）检查球拍（现在必须在检录处完成）。

（2）如果在挑球时没有检查服装，则检查服装。

（3）如果大会要求佩戴号码布，且在挑球时没有检查号码布，则检查号码布。

（4）单项比赛指定指导者。

（5）抽签决定发球权和方位。

（6）如果由裁判员控制练习时间的话，则开始计时。

然后，裁判员在裁判椅上坐好，同时完成运动员练习时的职责。

2. 助理裁判员在裁判员完成上述工作时应做好

（1）检查球网高度及松紧度。（图 7–15）

（2）检查球台和地板是否清洁并整理好。

（3）将挡板摆放整齐。

（4）必要时将比分牌翻回空位。

（5）如果大会要求，将人名牌或队名牌放到指定的位置。

（6）在队员到达比赛场地后，将局分翻到“0–0”。然后，助理裁判员坐到助理裁判椅上，开始掌握练习时间。

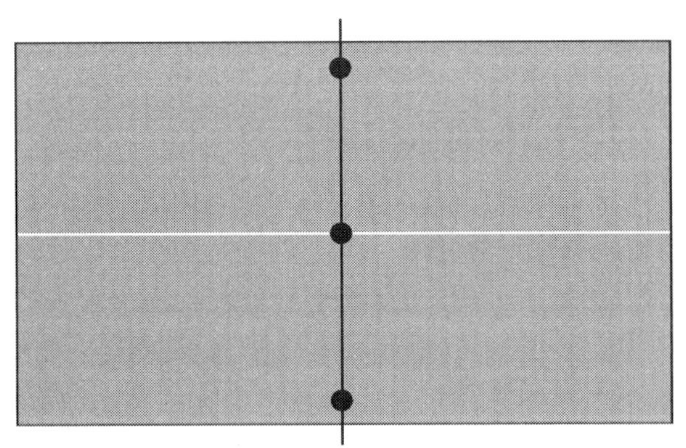

图 7–15　丈量球网的方法

（三）赛前 30 秒裁判员的准备工作

1. 在比赛还有 30 秒就要开始时，裁判员应在赛场较为平静时，宣布：

女士们，先生们：这场男子单打半决赛的赛制是“7 局 4 胜”制。站在我右侧的运动员（用手指向运动员），是来自德国的波尔，站在我左侧的运动员（右手指向运动员），是来自中国的张继科。张继科赢得了抽签，他选择了发球（或接发球、方位）。

2. 裁判员应确保每位运动员名字的发音是正确的，如不能正确发音，则应在检查球拍时向运动员询问。

注意：如果大会广播已经在运动员入场时向观众介绍了运动员，裁判员应不做上述工作。

（四）比赛开始时的工作

1. 当练习时间到时，助理裁判员应举手，并宣布“时间到”。
2. 裁判员应指向发球员，并观察接发球员是否准备好。
3. 当发球员准备发球时，裁判员宣布：“张继科发球”——“0 比 0”。
4. 助理裁判员将比分翻到“0–0”，开始计时，比赛开始。

（五）比赛进行中的工作

比赛过程中裁判员应做到：

1. 清楚洪亮地宣布比分，使坐在教练员席上的教练员能够清楚地听到。
2. 掌握比赛时间。
3. 监控执行发球规则。
4. 监控执行行为规则。
5. 在局与局之间确保运动员将球拍放在球台上（球拍被固定在手臂上时除外）。
6. 确保比赛连续进行，在擦汗和暂停时没有过分的拖延。
7. 监控执行有关教练员的规则，在运动员捡球时和交换发球或交换场地时应转向两方的教练员，最好是在比赛前，裁判员和助理裁判员能协商好，例如：在比赛中每人管理自己右手边的教练员，以保证有关规则的执行。

（六）比赛结束时的工作

在一场比赛结束时，裁判员应在赛场比较安静时宣布：

女士们，先生们：第 7 局比赛 11 比 9，张继科胜，张继科 4 比 3 获胜。

（七）比赛后的工作

1. 如果裁判长要求：裁判员应找双方运动员签字。
2. 助理裁判员将局分、比分翻回空白。
3. 助理裁判员将球收回，整理好比赛场地。
4. 裁判员和助理裁判员在裁判椅前集合，裁判员左手拿着记分表走在前面，助理裁判员走在后面一起走出比赛场地。
5. 裁判员和助理裁判员直接将记分表交到裁判长台，裁判长或助理裁判长应检查记分表，确保其准确性，在记分表上签名，并用计算机公布比赛结果。
6. 裁判员在执行完职责后不应在比赛场地停留或走动，如果他们希望继续观看比赛，应进入为官员和观众开放的看台上观看比赛。

(八)单项记分表

单项记分表见表 7–4。

表 7－4 单项记分表

项目：

日期	场次号	阶段	轮次	组别	时间	台号

局分	运动员姓名、协会和号码	运动员姓名、协会和号码
1		
2		
3		
4		
5		
6		
7		

比赛结果____________ 获胜队____________

胜方队长签名____________

负方队长签名____________

裁判员签名____________ 裁判长签名____________

竞赛地点____________

十二、残疾人比赛的特殊规定

1. 在两名由于身体残疾而坐轮椅的运动员配对进行的双打中，发球员应先发球，接发球员应还击，此后可由任何一名运动员还击。然而，运动员轮椅的任何部分不能超出球台中线的假定延长线。如果超越，裁判员将判对方得一分。

2. 由于身体残疾而坐轮椅的运动员在接发球时，发球员进行合法发球后，球出现下列情况判重发球：

(1) 在触及接发球方的台区后，朝着球网方向运行；

(2) 球停在接发球员的台区上；

(3) 在单打中，球在触及接发球员的台区后，从其任意一条边线离开球台。

3. 如果双方运动员或双打配对运动员由于身体残疾而坐轮椅，出现下列情况应判本方运动员得 1 分；

(1) 对方击球时，其大腿后部未能和轮椅或坐垫保持最低限度的接触；

(2) 对方击球前，其任意一只手触及比赛台面；

(3) 比赛中对方的脚垫或脚触及地面。

4. 轮椅运动员的比赛球台的桌腿距离球台端线至少要 40 厘米。

图 7-16　残疾运动员比赛球台的桌腿距离球台端线的距离

第二节　竞赛组织

一、抽　签

(一) 抽签的任务

主要是确定每个参赛者在整个比赛中的位置，以确定各参赛者之间的相互关系，同时，也为确定比赛次序和比赛条件提供基础。在一切具有不同机遇的竞赛环节中都需要抽签，以使所有参赛者在竞赛中实现最大限度的机会均等。

(二) 抽签的原则

1. 种子队员合理分开，最后相遇。规则规定：

(1) 排名在前的选手应被列为种子，以使他们在比赛进行到较后轮次时相遇。

(2) 第一号种子应安排在上半区的顶部，第二号种子应安排在下半区的底部，其余种子应通过抽签进入规定的位置，具体如下：

第三、第四号种子应抽入上半区的底部和下半区的顶部。第五至第八号种子应抽入单数 1/4 区的底部和双数 1/4 区的顶部；第九至第十六号种子应抽入单数 1/8 区的底部和双数 1/8 区的顶部；第十七至第三十二号种子应抽入单数 1/16 区的底部和双数 1/16 区的顶部。

2. 同队队员合理分开，最后相遇。规则规定：

(1) 来自同一协会的报名选手应尽可能合理分开，使他们在比赛进行到较后轮次时相遇。

（2）各协会应按技术水平由强至弱地排列其报名运动员和双打配对的顺序，并应与种子排名表的顺序一致。

（3）排列为第一和第二的选手应被抽入不同的半区，第三和第四号选手应被抽入没有本协会第一、第二号选手所在的另外两个 1/4 区。

（4）排名第五至第八号的选手，应尽可能均匀地抽入没有前四号选手的 1/8 区。

（5）排名第九至第十六好的选手应尽可能地抽入没有前八号选手的 1/16 区，以此类推，直至所有报名的选手都进入适当位置为止。

（6）由不同协会的选手组成的男子双打或女子双打配对，应被视为属于在世界排名表上排名较高选手的协会；如果两名选手在世界排名表上无名，则被视为属于在相应的洲联合会排名表上排名较高选手的协会；如果两名选手均不在上述排名表内，则应被视为属于在世界团体赛排名表中排名较高的协会。

（7）有不同协会的选手组成的混合双打配对，应被视为属于男选手的协会。

（三）抽签前的准备工作

抽签前的准备工作内容很多，工作量很大，而且准备工作质量的好坏，直接关系到抽签工作的成败。

1. 接受报名、汇总报名

接受报名的目的是确定编排和抽签的对象，接受报名的工作非常重要，裁判长要亲自抓好接受报名的工作。在接受报名时应做到，任何变动都应有文字依据，并由专人保管好。

（1）审核报名单

接到一份报名表后，首先应依据规则的规定认真进行审核，看看是否符合竞赛规程的有关规定，并对参赛选手进行资格审查。包括的内容有：各个单项参赛的人数、参赛选手的人名及其排列顺序，特别应注意竞赛规程中的特殊规定。

（2）汇总报名

汇总工作的目的是统计出各比赛项目的参赛队数、人（对）数，以便最终确定具体的抽签编排方案，同时也是大会提供食宿等具体情况的依据，因此，要随时向组委会有关部门汇报报名的变更情况。（表 7-5）

（3）确定比赛办法

各参赛队的报名情况和竞赛规程中对竞赛办法的规定是准备抽签的两个基本依据。竞赛规程规定的比赛办法。在实践中制定规程的主观设想与实际报名情况和比赛条件的变化会有一定的差距，因此在抽签前必须熟悉和吃透规程对比赛办法规定的精神，以便根据实际报名和比赛场地等情况，确定具体的比赛办法。例如：有 24 个队参加团体比赛，规程规定比赛采用两个阶段，第一阶段为分组循环，第二阶段为淘汰赛，因为 24 个队比赛分组循环时既可分 8 个组又可分 4 个组，一般情况下，比赛如果球台较多，日程较长时采用 4 个组进行比赛，反之则采用 8 个组进行比赛，但如果在竞赛规程中规定，第一阶段的比赛分 4 个组进行循环赛，则必须执行。

表 7－5　乒乓球比赛报名汇总表

顺序	队名	男团	女团	男单	女单	男双	女双	混双	备注
1	×××	1	1	5	4	2	2	4	
2	×××	1	1	4	3	2	1	3	
3	×××	1	1	5	4	2	2	4	
…									
…									
28	×××	1	1	5	4	2	2	4	
29	×××	1	1	5	4	2	2	3	
30	×××	1	1	5	4	2	2	4	
	总计	30	28	147	116	60	58	116	

(4) 确定种子数量和种子名单

采用单淘汰赛时，种子的数量一般是 2 的某次幂乘方数，且为该单项比赛报名选手总数的 1/6 至 1/12；采用分组循环赛时，种子的数量应为循环赛小组数的倍数。一般情况下，如果对参赛队员的技术情况较了解时，可设置较多的种子，反之种子的数量应减少。

确定种子名单的方法是：在团体淘汰赛中，每个协会中排名最高的队才有资格按排名被列为种子；排列种子应按国际乒联最新公布的排名表为准。下列情况除外：

如果符合种子条件的报名选手（队）均来自同一洲的联合会，该联合会最新公布的排名表应优先考虑；如果符合种子条件的报名选手均来自同一协会，该协会最新公布的排名表应优先考虑；如果是基层的比赛，在有以往成绩的情况下，应根据以往的成绩确定种子，在某些非传统性或变迁较大的比赛中，如果种子名单很难确定可以考虑由各单位该项比赛的第 1 号选手作为种子选手。

由于确定种子是一项较复杂，且较难精确的工作，所以在考虑种子序号时，以分批的方法为宜。例如：有 16 名种子，其序号不必从第 1 排到第 16，而简单列为：第 1 号种子，第 2 号种子，第 3、4 号种子，第 5–8 号种子，第 9–16 号种子。在每批种子内部不予具体区分种子的序号，而应作为一批种子处理。这样既简化了确定种子的工作，又符合抽签的实际情况。

(5) 准备抽签用具

目前国内常用的抽签方法有：计算机抽签和卡片式抽签。

如果采用计算机抽签，赛前需要准备好电脑、投影设备，并应将每个项目的参赛队（选手）的具体情况输入电脑，确定每个项目的种子名单。由于计算机抽签的方法较固定，应注意输入名单的正确性，熟悉所使用的电脑程序，一般较易成功，抽签费时也相对较短，但因抽签的过程在参赛队看来过于简短，易怀疑其真实性。

如果采取卡片式抽签，赛前需要准备的用具有：

①抽签的“签卡”

一般包括“名签”和“号签”，“名签”用来书写选手的姓名（种子选手）、选手的协会序号（非种子选手）比赛队名、国名、地区名，每个项目的每个参赛队（选手）均有一张“名签”。“号签”书写位置号、组号、区号（1/2 区、1/4 区、1/8 区）等。“名签”和“号签”应每个项目一套，并按照比赛的实际抽签顺序整理好。制作“签卡”的材料应不透光，在“签卡”的背面不能看见“签卡”正面的字样；“签卡”的背面的图案应完全对称，没有方向性，使任何人不能从“签卡”的背面进行任何辨认。

种子选手“名签”：

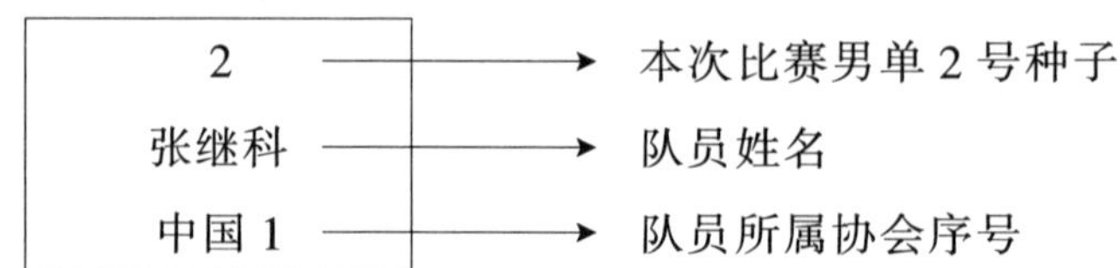

非种子选手“名签”：

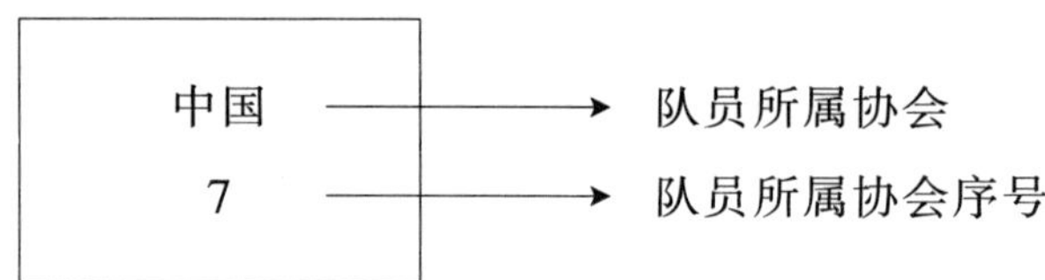

团体比赛种子队“名签”：

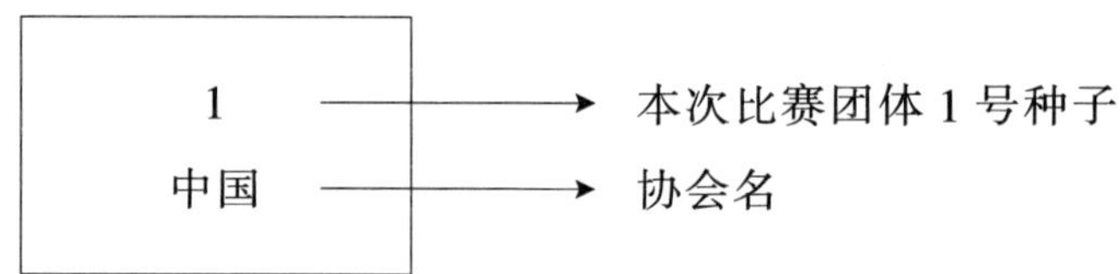

团体比赛非种子队“名签”：

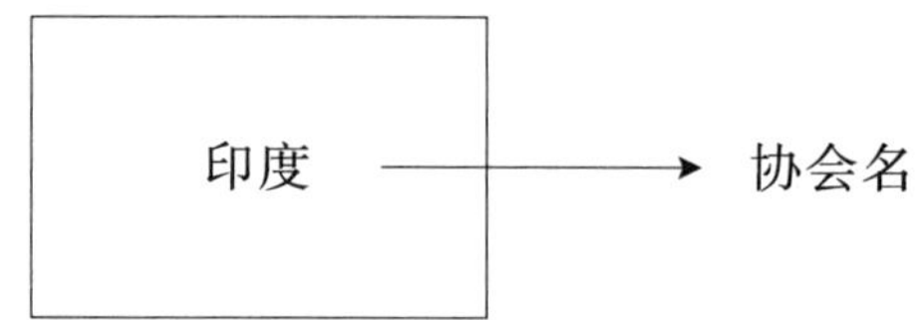

②平衡控制表

平衡控制表是用较科学的方法通过贯彻“预见性”和“区别性”两项原则，解决好抽签工作中“机遇”和“控制”这对矛盾。在确定了适应某个数量的号码位置的淘汰赛之后，上下半区、各个 1/4 区、各个 1/8 区……可以容纳的选手数是固定的，而且原则上是平均分布的，各区之间差数不能超过 1；同样，在确定了参赛选手和单循环小组数之后，每个单循环小组的人数也是基本固定的，而且原则上是均匀分布的，各小组所容纳的队（人数）差值不能大于 1，因此在抽签时如果不进行控制，较后抽签的单位将会出现违反规则的情况，但过多地、不应该的控制，又会使抽签很不合理、甚至失去意义，所以必须较好地使用平衡控制表，使被控制的面最小，受控制的选手都是每个协会排名较后的选手。在正式抽签前，表内各项数字和符号应填好，并且核对无误，且每个项目应单独使用一张平衡控制表。

例如：有 55 人参加男子单打比赛，报名情况如下：A 队 6 人、B 队 5 人、C 队 4 人、D 队 4 人、E 队 7 人、F 队 2 人、G 队 5 人、H 队 4 人、I 队 3 人、L 队 7 人、M 队 2 人、N 队 6 人。规程规定：单项比赛进行单淘汰赛。可绘制 1/4 平衡控制表如表 7–6：

表 7－6　1/4 平衡控制表

1/2区	1/4区	1 A6	2 B5	3 C4	4 D4	5 E7	6 F2	7 G5	8 H4	9 I3	10 L7	11 M2	12 N6	1/4区 位置数	1/4区 轮空数	1/4区 固定数	1/4区 机动数	1/2区 位置数	1/2区 轮空数	1/2区 固定数	1/2区 机动数
1	1	○	○	○	○	○		○	○		○		○	16	3	9	4	32	5	25	2
		●				●	●			●	●	●	●								
	2	○	○	○	○	○		○	○		○		○	16	2	9	5				
			●			●		●		●	●										
2	3	○	○	○	○	○		○	○		○		○	16	2	9	5	32	4	25	3
		●				●	●			●	●	●	●								
	4	○	○	○	○	○		○	○		○		○	16	2	9	5				

此外，还可绘制 1/2 平衡控制表如表 7–7：

表 7－7　1/2 平衡控制表

1/2区	1 A6	2 B5	3 C4	4 D4	5 E7	6 F2	7 G5	8 H4	9 I3	10 L7	11 M2	12 N6	1/2区 位置数	1/2区 轮空数	1/2区 固定数	1/2区 机动数
1	○	○	○	○	○		○	○	○	○		○	32	5	25	2
	○				○	○				○	○	○				
	○	○	○	○	○		○	○		○		○				
		●			●		●		●	●						
2	○	○	○	○	○		○	○		○		○	32	4	25	3
	○				○	○			○	○	○	○				
	○	○	○	○	○		○	○		○		○				

我们可以看到 1/2 平衡控制表较 1/4 平衡控制表简单得多，在参赛人数不多或主抽人把握不大时，最好采用 1/2 平衡控制表。

二、编　排

（一）编排的任务和目的

编排工作的任务是将各个项目所要进行的全部比赛，在一定的时间内，科学合理的安排在一定数量的球台上，按一定的秩序进行比赛，也就是确定全部比赛的日期、时间、台号。

编排好比战役的作战部署，编排方案影响到运动队、裁判组以及大会各方面的工作人员和观众，影响到场馆、交通、住宿和其他各项保障工作，更重要的是它在影响电视转播时，也影响着比赛的收益。编排工作的弹性很大，它是由裁判长根据各方面的情况和条件，用主观设想的方法解决问题，但其最终效果将由各方面的人员、各方面的工作来综合检验。因此，编排工作十分重要，它是大会圆满完成的保证。

（二）编排的原则

编排工作的灵活性很强，主观因素的影响也较大。但在编排时一定要遵循下列原则：

1. 不能违反竞赛规程和比赛指令

比赛开始报名前，比赛主办单位应向各个有资格参赛的单位（协会）发放竞赛规程及比赛报名表，在竞赛规程中应说明比赛的日期、地点、项目、办法等内容，不符合国际乒联比赛规则和竞赛过程的内容，应在其中表述清楚，说明变动的性质和范围，凡提交报名单的单位（协会）应被视为同意包括更改的所有比赛条件。因此，在进行比赛编排时，应严格按照比赛的规程进行，如必须变动应征得所有参赛单位（协会）的同意。目前国际重大比赛前，国际乒联或洲联合会一般都要向承办协会发比赛指令，它包括对比赛日程的具体要求，是进行比赛编排必须参考的文件。

2. 不能连场

连场是指一名运动员在进行了一场比赛之后没有休息，马上进行下一场比赛。由于乒乓球比赛有 5 个单项，一般情况下单项比赛均同时进行，而运动员又要兼项，因此，应避免下列情况发生：女单比赛接女双比赛、男单比赛接男双比赛、女单比赛或女双比赛接混双比赛、男单比赛或男双比赛接混双比赛，否则将有可能发生连场。例如：8:00，1 台至 8 台女单下半区，8:40，1 台至 8 台女双上半区。

3. 不能重场

重场是指一名运动员在一张球台上进行比赛，同时他在另一张球台上还有比赛。在编排时一定要避免女单比赛和女双比赛、男单比赛和男双比赛、女单比赛或女双比赛和混双比赛、男单比赛或男双比赛和混双比赛同时进行，否则将有可能发生重场。例如：8:00，1 台至 8 台女单下半区，8:00，9 台至 16 台女双上半区。

（三）编排的基本要求

1. 保持运动队和选手合理的比赛强度

一个运动队、一名选手在一次竞赛中总的比赛量是由规程规定的比赛办法和实际报名的队数和选手数决定的。但一个运动队或一名（对）运动员在单位时间内的竞赛量则是由编排人员决定的。目前虽然国际竞赛规则中没有关于编排的规定，但一般来讲，在单项比赛中，未经选手本人同意，不得在一天内安排其参加超过 7 场 7 局 4 胜的比赛；不得在 4 小时一节的比赛中安排 5 场以上的 5 局 3 胜的比赛；不得在 5 小时一节的比赛中安排 3 场 7 局 4 胜的比赛。在团体比赛中未经参赛队长同意，不得在一天的比赛中安排一个队超过 3 次团体比赛。运动员两场比赛的间隔时间不得少于一场，也最好不多于 3 场，以保证运动员在基本恢复体力的前提下，不至于在赛场停留太久。由于比赛前对每个运动队和选手在比赛中可能取得的成绩，对每一场比赛的胜负结果无法预料，因此不应以主观判断作为确定一天或一节比赛最大极限量的根据，而应立足于任何队、任何选手在每个项目的每次比赛中均有可能获胜，并以这样的原则来确定运动队和选手的最大极限量。

2. 努力适应和满足观众的兴趣和要求

目前比赛的观众可分为：电视观众和现场观众，作为编排人员主要应考虑现场观众。首先，在一节比赛中要防止“清一色”，即只有男选手或女选手的比赛。由于混合双打易产生“连场”的问题，可以在观众比较少的时段单独安排。其次，每一节比赛中都应安排比较“精彩”的优秀运动员的比赛，而且应尽可能的将精彩地比赛分散安排在不同的时间和不同的球台上，应照顾全场的观众。第三，应在晚上的比赛和节假日的比赛中多安排一些重要和精彩的比赛，特别是东道主的比赛。第四，要防止发生全场“空场”的现象。完成比赛所需要的时间在某种程度上取决于比赛的水平。在能够保持严格时间控制的小型赛事中，5 局 3 胜制比赛安排 20 分钟，7 局 4 胜制比赛安排半个小时是可以接受的。在重大比赛中，建议对以上两类赛制的比赛分别安排 30 分钟和 50 分钟，以避免比赛时间过长或者选手或赛场官员的迟到造成的延迟。普通比赛，分别安排 25 分钟和 40 分钟是合理的。第五，防止出现“一头沉”的现象。即精彩的场次和早结束的球台全集中在场地的一侧，出现这种情况临场的裁判长应有预见的临时调动，以照顾观众的情绪。

3. 科学合理的使用比赛场馆

一般比赛开始时一个场地应尽可能多地放置球台，球台放置时应注意：便于观众观看，便于运动员参加比赛，便于裁判员工作。在编排时应在不违反规则时尽可能多地使用球台，但也应在必要时交替使用部分球台或留下一两张球台机动，以确保比赛及时结束。随着比赛的延续，所需要的球台越来越少，应分批逐渐减少球台，应事先将球台的变动情况报告场馆工作人员，以便事先准备好比赛场地。

4. 注意安排好男、女团体赛和各个单项比赛的决赛

目前重大比赛前，主办协会都会收到比赛指令，比赛指令中一般都较详细地指出各个项目决赛的具体时间，因此应严格按照比赛指令的要求去做。如果是没有比赛指令的比赛，应根据情况进行安排，一般情况都应将团体比赛的决赛和单项比赛的决赛分开进行，有条件时应将混合双打的比赛提前进行，以避免连场的现象发生。

5. 要完全符合竞赛规程的规定和尽量节约比赛的经费开支

竞赛规程规定的比赛办法是进行竞赛编排的基本依据，编排方案必须完全符合竞赛规程的各项规定。但在实际报名之后，如确实不能按原竞赛规程的方案进行比赛，必须由原制定竞赛规程的部门做出补充修改，裁判长和编排人员无权自行更改竞赛规程的规定。此外，在编排时应采取各种有效的措施努力节约开支。

（四）编排工作的主要内容

设计编排方案：组织一次竞赛，编排方案的设计十分重要。一般情况下在设计编排方案时应考虑这次比赛的具体特点、竞赛日程、比赛方法、参赛队及选手的规模、场地和球台的数量、交通和住宿的条件等问题。

（五）编排的技巧及实例

1. 编排技巧 例 1

循环小组可采取三个 4 队（人/对）小组包 2 张球台（见下表）

第 1 台　　第 2 台

A1–A4　　B1–B4

A2–A3　　B2–B3

C1–C4　　C2–C3

1 个 3 队（人）小组和 1 个 4 队（人/对）小组包一张球台

第 1 台

A1–A4

A2–A3

B2–B3

以解决 4 队（人）小组循环必定有连场的现象。

2. 编排技巧 例 2

一定要避免女子单打比赛接女子双打比赛，男子单打比赛接男子双打比赛，混合双打比赛接女子单打、女子双打、男子单打、男子双打比赛及同项目同一半区比赛相接的现象发生，如果有就有可能发生连场和重场的现象。

例如：

8:00　1–8 台　男单 1/8 决赛

9:00　1–8 台　男双 1/8 决赛

或：

8:00　1–8 台　男单 1/8 决赛

9:00　1–4 台　男单 1/4 决赛

3. 编排技巧 例 3

尽量减少队员在赛场停留的时间，既可保证运动员得到合理的休息，又便于维护赛场秩序。例如：

上午 8:00 男团　10:00 女团

下午 14:00 男团　16:00 女团

4. 编排技巧 例 4

注意比赛指令，确保电视转播和决赛的时间。因此，在编排时一定要从固定的决赛时间向前编排。例如：目前世界锦标赛单项比赛，比赛的最后一天晚上进行男单、女双的决赛，倒数第二天晚上进行女单、男双决赛，倒数第三天晚上进行混双决赛，在此之前必须打完半决赛。

三、循环赛

（一）定　义

单循环赛：参加比赛的队（人/对）之间轮流比赛一次（场）为单循环赛。

双循环赛：重复循环两次，即参加比赛的各方相互之间直接对抗两次。

优点：使参加比赛的各队（人/对）之间都能得到比赛机会，有利于通过比赛全面的互相交流学习；比赛结果的偶然性和机遇性少，能较准确地反映各参赛队（人/对）的技术水平，能较为合理的排出比赛名次。

缺点：场次多，比赛时间长；无法知道何时是冠亚军决赛；易产生打假球的现象。

（二）单循环赛的抽签

单循环赛目前在团体赛和单项比赛的第一阶段或单项比赛的预选赛中使用，除世界比赛的预选赛之外，一般比赛循环赛小组的数量应为 2^n 数，以便在第二阶段进行淘汰赛。组内的队（人/对）数一般应控制在 3 至 6 为宜，组与组之间的差值不能大于 1，而每个小组内队（人/对）数的多少，应根据比赛的目的、时间、球台数等具体情况来确定，如果比赛的目的是选拔运动员，比赛的时间较长，球台较多，应少设比赛小组，每个比赛小组内的队（人/对）数较多，否则，应多设比赛小组，每个比赛小组的队（人/对）数较少。

1. 团体赛的抽签方法

一般的团体比赛，每个单位只出一支队伍参加比赛，因此在抽签时不用考虑同单位合理分开的原则，只须按照上一届比赛的名次，根据循环小组的多少，采取蛇形排列的方法进行抽签。例如：16 支队伍参加比赛，计划分 4 个循环小组进行比赛，可按下列方法进行抽签(表内的数字为上一届比赛的名次)：

A	B	C	D
1	2	3	4
7—8		5—6	
9—10		11—12	
15—16		13—14	

即上届比赛的第 1—4 名，分别直接进入 ABCD 四个小组，上届比赛的 5—6 名抽签进入 C 或 D 组，7—8 名抽签进入 A 或 B 组，依此类推直至将所有的参赛队都抽入各个循环赛小组。但如果有单位报两个以上的队参加比赛，原则上应将他们抽入不同的循环赛小组（队数不大于组数时），除非组委会另有规定，并征得各个参赛队同意。

2. 单项比赛的抽签方法

单项比赛时，由于每个队可有多名运动员参赛，且各个队参赛的人数又不相同，因此，循环赛小组的抽签方法比较复杂。在抽签时必须考虑到将各队的队员合理分开，组与组之间的差额不能大于 1，除非组委会另有规定，并征得各个参赛队同意。

抽签步骤：

（1）核对报名表

认真核对每个参赛队每个单项的名单及其队内排名。

（2）确定种子

根据比赛规定的确定种子的办法，确定每个单项的种子及其种子批号。如世界级单打比赛应依据最新公布的世界排名确定种子，双打比赛则不能依据两名运动员的单打排名之和确定种子，而应依据排名委员会对每对双打选手的排名而定。

（3）种子选手的抽签

根据循环小组的组数及种子的个数，将种子分批按蛇形排列的方法抽入各个循环小组，方法与团体赛基本相同，但也要考虑同队队员合理分开的问题。

（4）非种子的抽签

按一定的顺序，将非种子队员合理分开，并应避开同队的种子队员。非种子队员的抽签顺序，可按报名先后、队名的汉语拼音顺序、队名的笔画顺序、团体赛的名次、报名人数多少等方法进行抽签。抽签前应根据每个单项循环小组的数量及报名参赛的人数，计算每个循环赛小组的人数，为报名人数等于循环小组数的队预留好位置。在抽签过程中，应按顺序进行抽签，在抽每个队的签之前，应注意该队已抽入各组的种子队员的位置，该队的人数及每个循环赛小组人数与已进入的该组人数之差，确定要抽签的队员可以进入的循环赛小组，以免违反抽签原则的事发生。

（三）单循环赛的编排

1. 比赛顺序轮转表

为确保比赛的顺利进行，首先要排出比赛顺序轮转表。乒乓球比赛采取的是“一号位固定，其他号位逆时针旋转”的方法。按参加比赛的队（人/对）数从数字号码“1”开始按左面由上而下，右面由下而上排列成双列。如 8 个队第一轮的排列如下：

（一）
1–8
2–7
3–6
4–5

第二轮是“1”号位固定不动，其他号位按逆时针方向旋转一个位置，直到恢复第一轮的前一轮为止。如果参加的队（人/对）数是单数，最后用“0”补成完整的双列，如 9 个队的排列如下：

（一）	（二）	（三）	（四）	（五）	（六）	（七）	（八）	（九）
1–0	1–9	1–8	1–7	1–6	1–5	1–4	1–3	1–2
2–9	0–8	9–7	8–6	7–5	6–4	5–3	4–2	3–0
3–8	2–7	0–6	9–5	8–4	7–3	6–2	5–0	4–9
4–7	3–6	2–5	0–4	9–3	8–2	7–0	6–9	5–8
5–6	4–5	3–4	2–3	0–2	9–0	8–9	7–8	6–7

但目前国际比赛循环赛小组比赛的轮次是依据一定的原则进行调整的：

（1）一个小组内的比赛顺序通常选定为在特定的时间内进行特定的比赛。一种计划顺序是先定好最后一轮的场次，然后再倒推出循环赛前面几轮的场次。

（2）在世锦赛、残疾人奥运会和国际公开赛的预选赛阶段，选手按当前世界排名从高到低分配到各小组中，同时要考虑按协会分隔的需要。这些初始位置之后被用于决定比赛顺序。如果一位选手将从小组晋级，则最后一轮的比赛将在最初排名第一和第二的两位选手间进行；若两位选手将从小组晋级，则最后一轮的比赛将在最初排名第二第三的两位选手间进行。

（3）然而，小组成员不一定有最初排名，在这种情况下可考虑其他因素来决定比赛顺序。例如，一个小组内可能有数名来自同一俱乐部或协会的成员，或有其他共同利益的选手。为了避免选手有相互作弊的现象发生，如一位放弃从小组晋级希望的选手故意输掉与来自同一协会队员的比赛以增加该选手的获胜机会，在这类选手之间的比赛最好应在比赛计划中尽早进行。

2. 单循环赛轮数和场数（次）的计算

轮数和场（次）数是进行编排的基本依据，必须计算准确。

（1）如果比赛只有一组，其计算方法如下：

轮数的计算：各队（人）普遍出场一次（场）为一轮。但队（人）数为奇数时，轮数=队（人）；当队（人）为偶数时，轮数=队（人）数–1。例：7个队参加比赛轮数=7；8个队参加比赛轮数=8–1=7

场（次）数的计算：参加比赛的队，每两队比赛一次为一次；参加比赛的人，每两人比赛一次为一场。

场（次）数=人（队）数×［人（队）数–1］/2

例如：7个队和8个队参加比赛，比赛的轮数都是7轮，但由于7个队比赛时有轮空的场次，因此他们比赛的次数并不相同。

7个队比赛：次数=7×（7–1）/2=21次

8个队比赛：次数=8×（8–1）/2=28次

（2）如果采取分组单循环赛，如果各组的队（人）数相同，轮数就等于一个小组的轮数；如果各组的队（人）数不同，轮数就等于队（人）数最多的一个小组的轮数。例如：18个队参加比赛，分4组进行循环赛，18/4=4余2，则2个小组4个队，比赛轮数为4轮；2个小组5个队，比赛轮数为5轮，因此，分组循环赛的轮数应按5轮计算。场（次）数等于各组场（次）之和。上例中次数为：4个队组的比赛次数为4×（4–1）/2=6次，2个组4个队的组为2×6=12次，5个队组的比赛次数为5×（5–1）/2=10次，2个5个队的组为2×10=20次，则分组循环赛的总次数为12+20=32次。

3. 单循环赛《秩序册》实例

六个队参加男子团体比赛，编排结果见表7–8。

表7－8

	A	B	C	D	E	F	积分	胜负比率	名次
A	☆								
B	27日(2) 14:00	☆							
C	27日(1) 8:00	26日(1) 14:00	☆						
D	26日(2) 19:00	27日(3) 8:00	26日(3) 8:00	☆					
E	26日(3) 14:00	26日(2) 8:00	26日(1) 19:00	27日(1) 14:00	☆				
F	26日(1) 8:00	26日(3) 19:00	27日(3) 14:00	26日(2) 14:00	27日(2) 8:00	☆			

说明：F对A26日8点1号台比赛。

（四）单循环赛名次的确定

确定单循环赛的名次是单循环比赛中重要的一环，裁判长必须亲自抓好此项工作，出现任何偏差，都会影响整个比赛的进程。确定名次应按以下步骤进行：

1. 按积分确定名次，积分多者名次在前。积分按胜一场（次）得2分，负一场（次）得1分，未出场比赛或未完成比赛输的场次得0分计算。

2. 如果有两个或两个以上的队（人）积分相同，他们有关的名次应按他们相互之间比赛的成绩决定。首先，计算他们之间获得的积分，再根据需要计算某个队的场次（团体赛时）局和分的胜负比率，直至算出名次为止。场次比率=胜场数/负场数；局数比率=胜局数/负局数；分数比率=胜分数/负分数。

3. 如果在任何阶段已经决定出一个或更多小组成员的名次后，而其他小组成员仍然积分相同，为计算相同分数成员的名次，根据上述程序继续计算时，应将已决定出名次的小组成员的比赛成绩删除。

4. 如果按照上述3条所规定的程序，仍不能决定某些队（人）的名次时，这些队（人）的名次将由抽签来决定。

例 1：6 个人参加男子单打比赛共打 5 轮，15 场。其比赛成绩见表 7–9：

表 7 –9　男子单打赛成绩表

	A	B	C	D	E	F	积分	胜负比率	名次
A	☆	4:1	3:4	4:2	4:3	3:4			
B	1:4	☆	4:0	3:4	2:4	1:4			
C	4:3	0:4	☆	0:4	4:2	4:2			
D	2:4	4:3	4:0	☆	4:1	3:4			
E	3:4	4:2	2:4	1:4	☆	4:1			
F	4:3	4:1	2:4	4:3	1:4	☆			

（1）A、C、D、F 四个队的积分相同，为前四名，E 队积 7 分为第 5 名，B 队积 6 分为第 6 名，根据规则规定去除已确定名次的队的成绩，再计算积分相同的队的名次。

（2）A、D 两队积分相同；C、F 两队积分相同，且 C、F 两队的积分大于 A、D 两队的积分。因此，C、F 应为第一和第二名；A、D 为第三和第四名。

（3）在 A、D 之间的比赛，A 胜 D，因此，A 为第三名，D 为第四名；在 C、F 之间的比赛，C 胜 F，因此，C 为第一名，F 为第二名。（表 7–10）

表 7 –10

	A	B	C	D	E	F	积分	胜负比率	名次
A	☆	4:1	3:4	4:2	4:3	3:4	8/4/2		3
B	1:4	☆	4:0	3:4	2:4	1:4	6		6
C	4:3	0:4	☆	0:4	4:2	4:2	8/5/2		1
D	2:4	4:3	4:0	☆	4:1	3:4	8/4/1		4
E	3:4	4:2	2:4	1:4	☆	4:1	7		5
F	4:3	4:1	2:4	4:3	1:4	☆	8/5/1		2

例 2：有一个小组由三个队进行单循环比赛，比赛的成绩见表 7–11：

表 7 –11

	A	B	C	积分	胜负比率	名次
A	☆	2:3	3:1	3	5/4	1
B	3:2	☆	2:3	3	5/5	2
C	1:3	3:2	☆	3	4/5	3

A、B、C 三队的积分完全相同，根据规则计算他们之间的场次比率

A=（2+3）/(3+1）=5/4

B=（2+3）/(3+2）=5/5

C=（3+1）/(2+3）=4/5

因为：5/4〉5/5〉4/5

所以：A 为第 1 名，B 为第 2 名，C 为第 3 名。

四、淘汰赛

（一）定　义

淘汰赛是乒乓球竞赛的一种基本比赛办法。是将所有参加比赛的选手（队）编排成一定的比赛秩序，由相邻的两名选手（队）进行比赛，败者淘汰，胜者进入下一轮比赛，直到淘汰成最后一名选手（队），这个选手（队）就是本次淘汰赛的冠军。

优点：

1. 比赛的双方具有强烈的对抗性，既没有妥协的可能，也不受第三者的影响或去影响第三者，非胜即败，败一次即失去了继续比赛的权利。

2. 可容纳较多的选手（队）参加比赛，需要的时间短、场地少。

3. 比赛逐步走向高潮，并在最高潮的一场比赛——冠亚军决赛后结束整个比赛。

缺点：大部分选手（队）的比赛场次少、机遇性强、名次的合理性差。

（二）淘汰赛的抽签

1. 单循环赛号码位置数的选择

为保证除第一轮之外，每一轮的比赛选手人（对）数都是 2 的倍数，就必须让第一轮的位置数为 2^n，因此，第一轮的位置数应为大于报名人（对）数的最小的 2^n，多余部分用轮空来补足。例如：31 人参加比赛，单淘汰赛的号码位置数应选择 $32=2^5$；54 人参加比赛，单淘汰赛的号码位置数应选择 $64=2^6$。

2. 单淘汰赛轮数和场数的计算

如果参赛选手的人（对）数为 R，而号码位置数为 2^n，则单淘汰赛的轮数等于 n，场数等于 R–1。

例如：31 人参加比赛时，R=31，号码位置数为 $32=2^5$；轮数=5；场数=31–1。

3. 轮空、轮空数与轮空位置

轮空：在单淘汰赛的第一轮，由于参赛人数在大都数情况下都不等于 2^n，而要保证除第一轮外，每轮比赛的人（对）数均为偶数的话，就必须补足位置使第一轮的位置数刚好等于 2^n，补足的虚设参赛选手就叫做轮空。

轮空数：虚设的参赛选手的数量就是轮空数。轮空数=号码位置数–参赛选手数。例如：由 31 人参加比赛，轮空数=32–31=1。

轮空位置：虚设参赛选手的号码即为轮空位置。轮空位置的分布应是均匀的，各区之间

的差值不得大于 1。比赛前可从轮空位置表上查出所需要的轮空位置。（表 7–12）

表 7 – 12　轮空位置表

2	255	130	127	66	191	194	63
34	223	262	95	68	159	226	31
18	239	146	111	82	275	210	47
50	207	278	79	114	143	242	15
10	247	138	119	74	183	202	55
42	215	270	87	106	151	234	23
26	231	154	103	90	267	218	39
58	199	186	71	122	135	250	7
6	251	134	123	70	187	198	59
38	219	266	91	102	155	230	27
22	235	150	107	86	271	214	43
54	203	182	75	118	139	246	11
14	243	142	115	78	279	206	51
46	211	274	83	110	147	238	19
30	227	158	99	94	263	222	35
62	195	190	67	126	131	254	3

查表方法：首先确定号码位置数和轮空数，然后按照轮空数，依次从左到右摘出小于比赛位置数的号码即为轮空号码。例如：54 人参加比赛，应选择 64 为号码位置数，轮空数=64–54=10，即有 10 个轮空位置，查表得：2、63、34、31、18、47、50、15、10、55 为轮空位置。

4. 种子、种子位置

种子：为了部分的克服单淘汰名次的不合理性，一般采取在抽签前根据一定的原则确定一些参赛选手为强手，在抽签时按照规则将他们避开，尽量晚些相遇，而最强的两位选手则最后相遇。这些被特定安排的强手就是“种子”。

种子位置：种子所在的号码位置即为种子位置。种子位置的分布应是均匀的，各区之间的差值不得大于 1。比赛前可从种子位置表上查出所需要的种子位置。（表 7–13）

表 7 – 13　种子位置表

1	256	129	128	65	192	193	64
33	224	261	96	97	260	225	32
27	240	145	112	81	276	209	48
49	208	277	80	113	144	241	26
9	248	137	120	73	184	201	56
41	226	269	88	105	152	233	24
25	232	153	104	89	268	227	40
57	200	185	72	121	136	249	8

按比赛所设的种子数目，依次逐行从左到右摘出小于或等于比赛号码位置数的号码，即为种子位置号码。例如：有 54 人参加比赛，号码位置数为 64，比赛设 8 名种子，种子位置依次为：1、64、33、32、27、48、49、26。

从种子位置表和轮空位置表可以看出轮空位置正好在种子位置的旁边（如果轮空数不大于种子数时），这是因为种子选手有优先轮空的资格，因此，知道其中一种就很容易的找到另外一种。

5. 抽签的方法和步骤

（1）核对报名表。

（2）计算轮空数，查表确定轮空位置。

（3）确定种子名单，查表确定种子位置。

（4）填写抽签平衡控制表。

（5）从号码中找出轮空号码，并从号签中取出轮空号签。

（6）从号签中找到种子号签，并分批与种子名单一起放好。

（7）种子分批抽签，直接定位。

（8）非种子选手进入 1/4 区或 1/2 区。

（9）非种子选手定位。

为了便于表述，现举例进行讲述。有 25 人参加国际乒联青少年职业巡回赛（成都站）的男单比赛。报名情况如下：中国 6 人；日本 5 人；香港 4 人；美国 4 人；韩国 3 人；英国 2 人，波兰 1 人。

（1）经核对报名单准确无误，号码位置数=32

（2）轮空数 32–25=7，轮空位置：2、31、18、15、10、23、26

（3）确定种子名单如下：1 号种子，中国 1 号；2 号种子，日本 1 号；3–4 号种子，中国 2 号、韩国 1 号。种子位置：1、32、27、26

（4）绘制平衡控制表如表 7–14（以 1/2）控制为例：

表 7－14　平衡控制表

1/2 区	1	2	3	4	5	6	7	1/2 区			
	中国 6	日本 5	中国香港 4	美国 4	韩国 3	英国 2	波兰 1	位置数	轮空数	固定数	机动数
1	○	○	○	○							
	○				○	○		16	3	11	2
	○	○	○	○							
	●	●			●		●				
2	○	○	○	○							
	○				○	○		16	4	11	1
	○	○	○	○							

（5）从号签中取出 2、31、18、15、10、23、26

（6）从号签中取出 1、32、27、26，并与种子名签放在一起。

（7）种子选手直接定位，中国 1 号直接进入 1 号位；日本 1 号直接进入 32 号位；3–4 号种子中由于中国 1 号已在上半区，所以中国 2 号只能在下半区，下半区的种子号位是 27，故韩国 1 号只能进入 26 号位。抽签结果如下：

1　　中国 1 号

26　韩国 1 号

27　中国 2 号

32　日本 1 号

（8）非种子选手进区，先抽中国队，中国 3 号下半区，中国 4 号上半区，中国 5 号上半区，中国 6 号下半区，以此类推，直到最后一个队。并在下列控制表上标出（表 7–15）：

表 7 – 15

1/2 区	1	2	3	4	5	6	7	1/2 区			
	中国 6	日本 5	中国香港 4	美国 4	韩国 3	英国 2	波兰 1	位置数	轮空数	固定数	机动数
1	① ④ ⑤	② ④	① ④	② ③	①	②		16	3	11	2 1 0
		●			●		●				
2	② ③ ⑥	① ③	② ③	① ④	②	①		16	4	11	1 0

整理得下表：（表 7–16）

表 7 – 16

1/2 区	1	2	3	4	5	6	7	1/2 区			
	中国 6	日本 5	中国香港 4	美国 4	韩国 3	英国 2	波兰 1	位置数	轮空数	固定数	机动数
1	① ④ ⑤	② ④ ⑤	① ④	② ③	① ③	②		16	3	11	2 1 0
2	② ③ ⑥	① ③	② ③	① ④	②	①	①	16	4	11	1 0

将非种子选手抽签决定1/4区，中国1号在1/4，中国4号只能在2/4区，中国5号抽入2/4区，以此类推直到将所有选手抽完，结果见下表：（表7–17）

表7–17

1/2区	1	2	3	4	5	6	7	1/2区			
	中国6	日本5	中国香港4	美国4	韩国3	英国2	波兰1	位置数	轮空数	固定数	机动数
1	①	⑤ ②	①	②	③	②		8	1	7	
2	④ ⑤	④	④	③	①			8	2	6	
3	② ⑥	③	②	①		①		8	2	6	
4	③	①	③	④	②		①	8	2	6	

将非种子选手抽签定位。1/4区包括1至8号位，1号位中国1号，2号位为轮空位置，由于日本5号和日本2号同在1/4区，因此必须把他们分在不同的1/8区，1/8区包括3号位和4号位，2/8区包括5至8号位，抽签结果日本5号在3号位，日本2号在8号位，以此类推，直到全部抽签结束。（表7–18）

（三）淘汰赛的编排

一项比赛的单淘汰赛编排比较容易，在编排时一定要注意，宁愿空出球台，也不要将上下半区的选手安排在同一时间比赛，因为如果没有其他项目做间隔，极有可能出现连场的现象。如果有不同的单项同时开始比赛，就要把混双比赛单独安排在一个时间段集中进行，把男单和女双、女单和男双结合起来安排，这样既可运动员避免连场和重场的现象发生，又可以活跃气氛，增加某个时段比赛的观赏性。

表 7–18　国际乒联青少年职业巡回赛（成都站）男单抽签结果

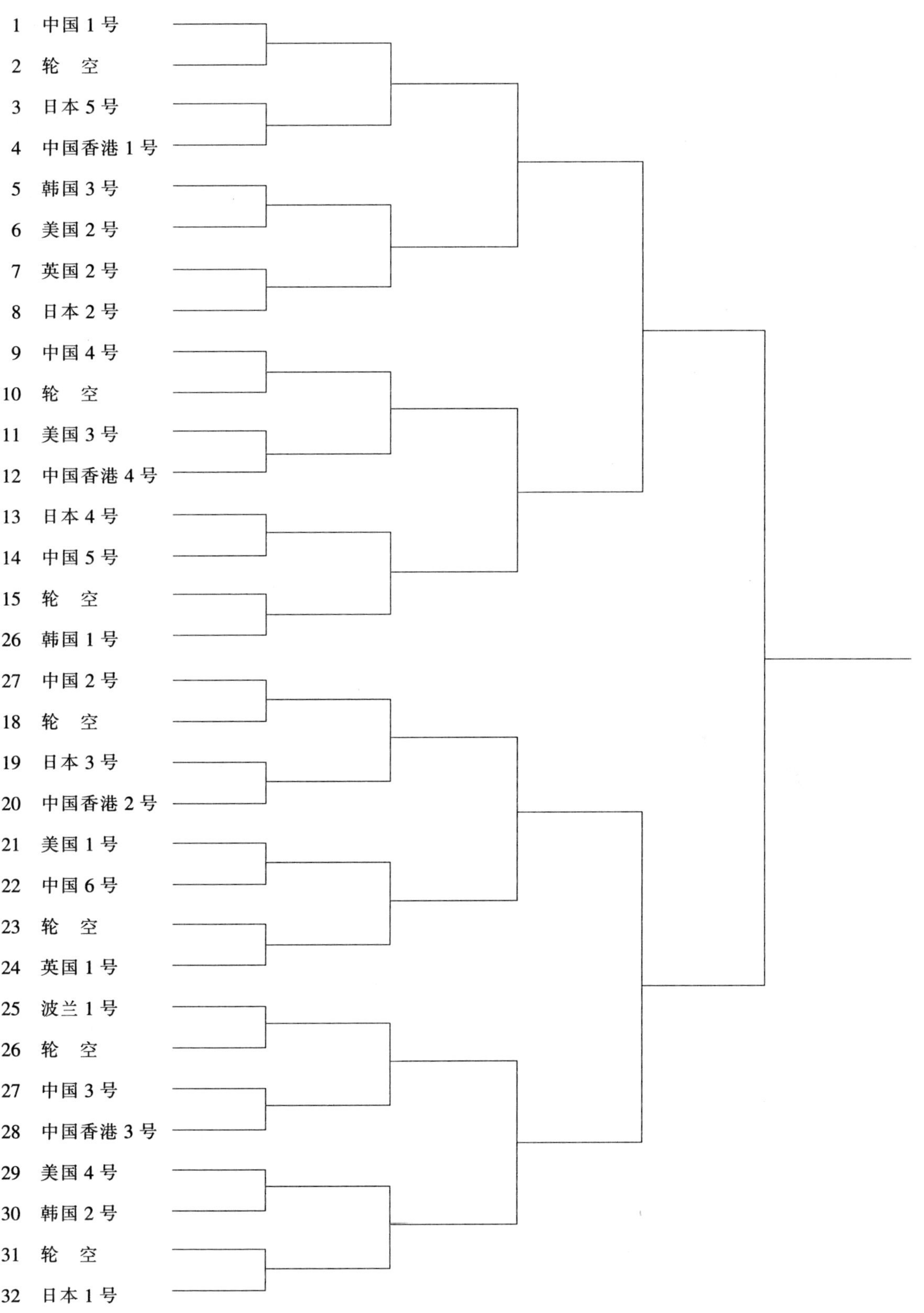

思考题

1. 一场单打比赛，裁判员要做哪些工作？主要职责是什么？
2. 什么是合法发球？
3. 什么是轮换发球法？在什么情况下使用？
4. 如何管理一场比赛？
5. 请列举一场比赛中“失一分”的情况？
6. 临场裁判员应携带的“牌”有什么？每种“牌”应如何使用？
7. 请设想出三种以上临场疑难情况，并与同学共同讨论裁判的处理方法。
8. 规则中对双打的补充规定是什么？
9. 如何计算循环赛名次？
10. 如何组织一次乒乓球竞赛？
11. 规则中对于残疾人比赛的特殊规定是什么？

推荐阅读文献

1. 唐建军，等. 乒乓球教程[M]. 北京：北京体育大学出版社，2005.
2. 中国乒乓球协会. 乒乓球竞赛规则[M]. 北京：人民体育出版社.
3. 张瑛秋. 乒乓球规则入门导读[M]. 北京：北京体育大学出版社，2006.
4. 刘丰德，等. 乒乓球[M]. 北京：高等教育出版社，2011.

参考文献

[1] 体育院校教材乒乓球编写组. 乒乓球 [M]. 北京：人民体育出版社，1992.
[2] 温国昌. 乒乓球教学与训练 [M]. 郑州：河南教育出版社，1986.
[3] 邱钟惠，等. 现代乒乓球技术研究 [M]. 北京：人民体育出版社，1982.
[4] 苏丕仁. 乒乓球教学与训练 [M]. 北京：人民体育出版社，1995.
[5] 王家正. 现代乒乓球训练法. 南宁：广西乒乓球协会，1994.
[6] 蔡继玲，等. 乒乓球 [M]. 北京：北京体育大学出版社，1999.
[7] 张惠钦. 乒乓球的旋转 [M]. 北京：人民体育出版社，1981.
[8] 岑淮光，王吉生，赵颖. 怎样打好乒乓球 [M]. 北京：人民体育出版社，2001.
[9] 唐建军. 乒乓球实战技巧 [M]. 北京：北京体育大学出版社，2003.
[10] 唐建军. 乒乓球技巧图解 [M]. 北京：北京体育大学出版社，2001.
[11] 唐建军，高志远. 世界乒乓球明星技术图解 [M]. 北京：北京体育大学出版社，2004.
[12] 唐建军. 乒乓球入门与提高 [M]. 福州：福建科学技术出版社，1999.
[13] 韩志忠，周建军. 乒乓球理论与实践方法探索 [M]. 昆明：云南大学出版社，2000.
[14] 王蒲，等. 削球 [M]. 北京：人民体育出版社，2002.
[15] 张博. 乒乓球步法的技巧 [M]. 北京：人民体育出版社，2002.
[16] 伊藤繁雄. 攻击桌球——技术和练习法 [M]. 东京：成美堂出版，1986.
[17] 西田昌宏. 图解と写真による桌球 [M]. 图书文化协会，1981.
[18] Gordon Steggall.Table Tennis – The Skills of the Game.The Crlwood Pree.1986.
[19] David Hewitt.How to Coach Table Tennis.Willow Books.1990.
[20] Produced in callaboration with the English Table Tennis Assciation.Know the Game Table Tennis.Londen:A & B.Black （Pubishers） Ltd.2002.
[21] Dan Seemiller.Mark Holowchak.Wianing Table tennis – Skills drills and Strategies.Humam Kiaetcs.1997.
[22] 蔡继玲. 乒乓球裁判必读 [M]. 北京：北京体育大学出版社，1998.
[23] 中国乒乓球协会编译. 乒乓球竞赛规则 [M]. 北京：人民体育出版社，2002.
[24] 田麦久. 论运动训练过程 [M]. 成都：四川教育出版社，1988.
[25] 田麦久. 运动训练学 [M]. 北京：人民体育出版社，2000.
[26] 岸野雄三，等. 运动中的技术史 [M]. 东京：大修书馆店，1982.
[27] 张英波. 动作学习与控制 [M]. 北京：北京体育大学出版社，2003.
[28] 杨锡让，符浩坚. 运动生理学进展：质疑与思考 [M]. 北京：北京体育大学出版社，2000.
[29] 张力为. 体育科学研究方法 [M]. 北京：高等教育出版社，2002.
[30] 肖峰. 技术发展的社会形成 [M]. 北京：人民出版社，2002.
[31] 远德玉. 技术论 [M]. 沈阳：辽宁科学技术出版社，1986.
[32] 王大洲. 论技术创新的制度安排 [D]. 吉林：东北大学，1998.
[33] 张民国. “技术—文化”论：对技术文化关系的新阐释 [J]. 自然辩证法研究，1999（6）.
[34] 波兰尼，李泽民，译. 个人知识——迈向后批判哲学 [M].贵阳：贵州人民出版社，2000.
[35] 郭秀艳. 内隐学习对技能类教学的启示 [J]. 发展心理与教育，2004（1）：87-91.

[36] 唐建军. 运动技术发展：视解基本理论及其论域 [M]. 北京：北京体育大学出版社，2004.
[37] 节艳丽. 技术与经验关系的再思考 [J]. 自然辩证法研究，2001（9）.
[38] 吴声洸. 经验训练和科学训练的知识基础及关系 [J]. 山东体育学院学报，2000（3）：7-9.
[39] 谢亚龙. 科学训练不能排斥训练经验 [J]. 中国体育科技，1987（7）：1-4.
[40] 蔡振华，张晓蓬，等. 乒乓球 11 分赛制竞赛特征的研究. 国家体育总局奥运攻关课题，2005.
[41] 吴焕群. 中国乒乓球训练原理研究 [J]. 北京体育大学学报，2004（2）：145-152.
[42] 邱钟惠，吴焕群，庄家富，等. 乒乓长盛的训练学探索 [M]. 北京：北京体育大学出版社，2003.
[43] 唐建军. 中国乒乓球技术发展的技术文化分析 [J]. 体育科学，2005（8）.
[44] 唐建军，苏丕仁. 中国乒乓球技术发展的科学认识及其操作过程 [J]. 体育科学，2002（3）.
[45] 吴焕群，张晓蓬. 乒乓长盛的训练学探索 [M]. 北京：北京体育大学出版社，2003.
[46] 吴焕群，秦志峰，许绍发，等. 乒乓球旋转的实验研究 [J]. 天津体育学院学报，2000（3）：59-61.
[47] 阮国壁. 扣杀时挥拍速度与乒乓球飞出距离的关系 [J]. 北京体育大学学报，2000（2）：263-264.
[48] 柳天扬，王家正，王欣. 孔令辉正手近台反冲前冲弧圈球技术的运动学分析 [J]. 体育学刊，2003（3）：105-108.
[49] 韩同康. 乒乓球的动态特性——旋转与速度相对原理 [J]. 体育科学，1994（6）：48-56.
[50] 吴修文，张瑛秋. 乒乓球强手的技术与战术 [M]. 北京体育大学出版社，1992：10-11.
[51] 张振民，周未艾，蔡振华，等. 中国乒乓球世界冠军运动员脑功能特征研究 [J]. 中国运动医学杂志，2002（5）：452-457.
[52] 张振民，马国敏，关俨，崔树清. 优秀乒乓运动员脑神经调节机能特征 [J]. 中国运动医学杂志，1998（3）：200-205.
[53] 张力为，毛志雄. 乒乓球运动员反应时与运动技能水平关系的研究 [J]. 北京：体育科学，1994（1）：87-91.
[54] 张力为，陶志翔. 中国乒乓球运动员智力发展水平的研究 [J]. 体育科学，1994（6）：73-78.
[55] 曾振豪，叶树彬. 发展乒乓球运动员步法灵活性的实验研究 [J]. 体育科学，1994（3）：36-42.
[56] 西田熏，等. ドライブボ□ルのバウンド.东京：桌球レポ□ト.2001（3）：48-49.
[57] 西田熏，等. スインダを速するには.东京：桌球レポ□ト.2002（5）：52-53；（6）：54-55.
[58] Roland Seydel Determinant Factors of the Table Tennis Game – Measurement and Simulation of Ball-Flying Curver,Internation Journal of Table Tennis Sciences No.1 （August,1992）：9-18.
[59] Nobuo Yuza,kiyoshi Sasaoka,Geme Analysis of Table Tennis in Top Japanese players of Different Playing Styles,International Journal of Table Tennis Sciences No.1 （August,1992）：79-89.
[60] 刘询，陈家琦，等. 乒乓球运动员某些技术动作和一局比赛的能量消耗 [J]. 体育教学与科研，1986（4）.
[61] U·金斯特林格尔（德）. 余国旗，译. 竞技乒乓球运动的能量代谢 [J]. 国外体育科技，1990（2）.
[62] 陈秋喜. 引体向上、俯卧撑、仰卧直角坐适合乒乓球运动员的专项身体训练 [J]. 体育教学与训练，1987（2）.
[63] 李杰. 对全国业余体校乒乓球比赛身体素质测验内容的研究 [J]. 安徽体育科技，1987（4）.
[64] 李今亮，李今晶，刘根生，等. 对乒乓球运动能量代谢特点的探索 [J]. 山西体育科技，1994（4）：45-48.
[65] 唐建军. 乒乓球专项身体素质研究状况及其训练方法 [J]. 成都体育学院学报，1997（2）：24-28.
[66] 唐建军. 乒乓球专项身体素质训练内容、方法及训练控制的研究 [J]. 体育科学，1998（5）：35-37.
[67] 刘亚军. 乒乓球基本技术的肌电研究 [J]. 天津体育学院学报，1995（3）：18-21.
[68] 龚大利，王美春，刘漱玉，等. 乒乓球运动对提高灵敏素质的实验研究 [J]. 山东体育科技，2001（2）：

26-27.
[69] 宋绍兴，王风阳，李颖. 乒乓球运动对青少儿视力影响的对比研究 [J]. 中国体育科技，2002（11）：18-19.
[70] 程云峰，赵守礼. 对乒乓球运动员特质焦虑状态的初步研究 [J]. 内蒙古体育科技，1997（4）：1-4.
[71] 曾振豪，李志林. 优秀乒乓球运动员的气质与其类型打法内在联系的研究 [J]. 北京：中国体育科技，1993（5）：24-27.
[72] 唐建军. 1954—1992 年中国乒乓球步法研究状况的分析 [J]. 辽宁体育科技，1996（4）：1-3.
[73] 詹晓希，苏丕仁，唐建军，等. 金泽洙步法组合类型研究及字母标记法的应用 [J]. 北京体育大学学报，2002（5）：701-703.
[74] 唐建军. 中英两国乒乓球理论中击球动作构成要素的比较分析 [J]. 北京体育大学学报，1996（1）：82-85.
[75] 王大志. 乒乓球新技术名称及动作结构剖析 [J]. 天津体育学院学报，1994（1）：92-94.
[76] 林小兵. 乒乓球拍海绵硬度与快弧选手技术水平的关系 [J]. 广州体育学院学报，1996（1）：81-84.
[77] 中国乒乓球协会调研组. 首届世界俱乐部锦标赛技术分析 [J]. 乒乓世界，1999（8）：12-14.
[78] 蔡振华. 横拍进攻型打法之我见 [J]. 乒乓世界，1999（6，7）：12-13；16-18.
[79] 蔡振华. 直拍进攻型打法之我见 [J]. 乒乓世界，1999（9，10）：28-30；24-25.
[80] 尹宵. 节奏是一种综合 [J]. 乒乓世界，2002（7）：32-33.
[81] 吴敬平. “直拍横打”怎么练 [J]. 乒乓世界，2001（3，4）：32-33；34-35.
[82] 唐鑫森. 多球训练经验谈 [J]. 乒乓世界，2002（4）：24.
[83] 郗恩庭. 杂谈发球 [J]. 乒乓世界，1999（1，2）：20-21；21.
[84] 鲁尧华. 杂谈直拍接发球 [J]. 乒乓世界，1999（11，12）：30-31；20.
[85] 孔祥智，张晓蓬. 孔令辉—瓦尔德内尔技战术比较分析 [J]. 乒乓世界，2001（1）：32-33.
[86] 吴敬平. 双打训练 ABC [J]. 乒乓世界，1999（12）：21-22；2000（1）：26-27.
[87] 陆元盛. 削球打法纵横谈 [J]. 乒乓世界，2000（3）：29-30.
[88] 马俊峰. 步法训练一点通 [J]. 乒乓世界，2001（5）：34-35.
[89] 张燮林. 解析长胶奥秘 [J]. 乒乓世界，2000（10）：26-27.
[90] 史鸿范. 乒乓球体能训练之我见 [J]. 乒乓世界，2002（3）：32-33.
[91] 吴敬平. 如何调整运动员的比赛心态 [J]. 乒乓世界，2002（12）：26-27.
[92] 刘国梁. 国梁侃球（一） [J]. 乒乓世界，2002（5）：24-25.
[93] 刘国梁. 国梁侃球（二） [J]. 乒乓世界，2002（6）：20.
[94] 方文. 直板快弧打法的训练处方 [J]. 乒乓世界，2002（9）：34-35.
[95] 方文. 攻削结合打法的训练处方 [J]. 乒乓世界，2002（10）：32-33.
[96] 方文. 横板快弧打法的训练处方 [J]. 乒乓世界，2002（11）：34-35.
[97] 方文. 刘国正 VS 金泽洙——功夫小子闯七关 [J]. 乒乓世界，2001（7）：12-13.
[98] 吴敬平. 艺高胆大能攻坚——析说马琳赛前准备 [J]. 乒乓世界，1999（11）：18-19.
[99] 李隼. 最后的战役——王楠 VS 柳智惠 [J]. 乒乓世界，1999（9）：14.
[100] 孔令辉. 我的收获，我的遗憾 [J]. 乒乓世界，2000（12）：6.
[101] 国家男子乒乓球二队. 对症下药，巩固后方 [J]. 乒乓世界，1999（9）：25.
[102] 王吉生. 纤维强化复合材料底版的性能特点 [J]. 乒乓世界，2001（7，8）：50-51；42-43.
[103] 王吉生. 乒乓球底版大揭密 [J]. 乒乓世界，2001（9，10）：32-33；26.
[104] 王吉生. 乒乓球底版的木层结构与击球性能 [J]. 乒乓世界，2001（5，6）：60-61；52.
[105] 李树洲. 谈谈“729”正贴胶皮 [J]. 乒乓世界，2001（11）：39.

[106] 李树洲. 谈谈“729”反贴胶皮 [J]. 乒乓世界，2001（12）：43.
[107] 肖丹丹. 步法垫测试系统的研制与乒乓球运动员步法运动学特征的初步研究 [J]. 体育科学，2008（5）.
[108] 肖丹丹. 乒乓球运动员正手弧圈球技术的地面教学作用力分析 [J]. 天津体育学院学报，2008（1）.
[109] 肖丹丹. 乒乓球正手快攻和弧圈技术中球拍的运动学特征 [J]. 体育学刊，2008（4）：85-87.

策划编辑：佟 晖
责任编辑：佟 晖
责任校对：未 茗
版式设计：博文宏图

图书在版编目（CIP）数据

乒乓球运动教程 /《乒乓球运动教程》编写组编
. -- 北京：北京体育大学出版社，2013.8 （2022.1重印）
高等教育体育学精品教材
ISBN 978-7-5644-1400-9

Ⅰ.①乒… Ⅱ.①乒… Ⅲ.①乒乓球运动－高等学校
－教材 Ⅳ.①G846

中国版本图书馆CIP数据核字(2013)第189860号

乒乓球运动教程 **《乒乓球运动教程》编写组 编**

出版发行：北京体育大学出版社
地　　址：北京海淀区农大南路1号院2号楼2层办公B-212
邮　　编：100084
网　　址：http://cbs.bsu.edu.cn
发 行 部：010-62989320
邮 购 部：北京体育大学出版社读者服务部 010-62989432
印　　刷：北京昌联印刷有限公司
开　　本：787mm×1092mm 1/16
成品尺寸：185mm×260mm
印　　张：18.75
字　　数：480千字
版　　次：2013年8月第1版
印　　次：2022年1月第5次印刷
定　　价：57.00元